U0115847

江西通史

元代卷下冊

第二章｜元代江西的經濟

第四章——元朝在江西統治的終結

第一節 ▶ 順帝前期的江西社會

至順四年（1333 年）六月，年僅十三歲的妥歡貼睦爾在上都繼位，是為順帝。元朝從此進入風雨飄搖的統治後期。這一時期，先是長達七年的伯顏擅權，社會矛盾進一步加劇；隨後是力圖廢除伯顏「舊政」的所謂「至正新政」，但無法改變積重難返的局面。這一時期的江西，因吏治腐敗、通貨膨脹、災害頻發，也經歷了社會矛盾由積聚到爆發的過程，且是南方較早出現動盪的地區，白蓮教在江西迅速傳播，並產生了元末江淮紅巾軍的白蓮教首領——彭瑩玉，從而使江西成為元末農民大起義的策源地之一。

一　順帝前期江西的社會狀況

妥歡貼睦爾繼位後，面臨著一系列嚴重的社會危機：吏治腐敗、財政匱乏、權臣擅權、社會動盪。權臣伯顏在專權的七年之間（1333-1340 年），推行了一系列「變亂祖宗成憲」的政策，包括廢除科舉，禁止漢人、南人學習蒙古和色目文字，禁止漢人、南人持有軍器，拘括馬匹，乃至建議殺掉張、王、劉、李、趙五姓漢人，以達到政治上排斥、軍事上削弱、數量上遏制漢人、南人的目的。結果，七年之間，各種社會矛盾持續激化。後至元六年（1340 年）六月，妥歡貼睦爾與脫脫聯合，貶逐伯顏。此後的九年間，二人推行一系列新政，試圖挽救元朝的頹勢。所謂「新政」，包括恢復伯顏當政時期廢除的科舉取士，並搜訪隱逸，以籠絡人心；設置宣文閣，開經筵，編修宋、遼、金三史，以收拾儒臣；恢復太廟四時祭祀及其他禮儀制度，調整蒙古統治集團內部的關係，以增強統治能力；頒行《至正條格》，制定薦舉守令法，派遣奉使宣撫巡行天下，以澄清吏治；開馬禁，減鹽額，蠲逋負，以減輕對百姓的需索。這些措施在一定程度上加強了文治，調整了統治階級內部的矛盾，但無法從根本上解決吏治腐敗、財政匱乏等深層社會問題。

順帝前期（1333-1350 年），江南的吏治腐敗愈演愈烈，其中一批危害酷烈的蒙古、色目官吏，他們以貪賄為能事，假借各種名目收受錢物，「所屬始參曰拜見錢，無事白要曰撒花錢，逢節曰追節錢，生辰曰生日錢，管事而索曰常例錢，送迎曰人情錢，句追曰齎發錢，論訴曰公事錢，覓得錢多曰得手，除得州美曰好地分，補得職近曰好窠窟」[1]。上司對屬下需索無限，那麼，後者在上納錢物後，必然以種種方式誅求於民。對此，負責監督路州縣官吏的肅政廉訪司官員又是如何呢？《草木子》對此有充分說明：

廉訪司官分巡州縣，每歲例用巡尉司弓矢、旗幟、金鼓迎送，其音節則二聲鼓一聲鑼。起解殺人強盜，亦用巡尉司金鼓，則用一聲鼓一聲鑼。後來風紀之司贓污狼籍，有輕薄子為詩嘲之曰：「解賊一金並一鼓，迎官兩鼓一聲鑼。金鼓看來都一樣，官人與賊不爭多。」及元之將亂，上下諸司其濫愈甚，又有無名子為詩嘲之曰：「丞相造假鈔，舍人做強盜。賈魯要開河，攪得天

1　葉子奇：《草木子》卷之四下《雜俎篇》。

下鬧。」於此觀之，民風國勢於是乎可知矣。[2]

可見，當時民間百姓將廉訪司官員與盜賊視同一路。

有鑒於如此污濫的吏治，至正五年（1345 年）冬，順帝派遣奉使宣撫巡行各地，監察包括廉訪司官員在內的各級官吏。這次巡行，總的結果是「政跡昭著者十不一二」[3]，即絕大多數官吏為庸碌貪鄙之輩，巡行江西、福建二地的官員散散和王士宏也不例外。二人「巡行」後，江西書生黃如征攔駕上書，向順帝呈告二人的巡行情況：

然江西、福建一地，地處蠻方，去京師萬里外。傳聞奉使之來，皆若大旱之望雲霓，赤子之仰慈母。而散散、王士宏等不體聖天子撫綏元元之意，鷹揚虎噬，雷厲風飛，聲色以淫吾中，賄賂以緘吾口，上下交征，公私朘剝，贓吏貪婪而不問，良民塗炭而罔知。閭閻失望，田裡寒心，乃歌曰：「九重丹詔頒恩至，萬兩黃金奉使回。」又歌曰：「奉使來時驚天動地，奉使去時烏天黑地。官吏都歡天喜地，百姓卻啼天哭地。」又歌曰：「官吏黑漆皮燈籠，奉使來時添一重。」如此怨謠，未能枚舉，皆萬姓不平之氣，鬱結於懷而發諸聲者然也。此蓋廟堂遴選非人，使生民

2 葉子奇：《草木子》卷之四上《談藪篇》。
3 陶宗儀：《南村輟耕錄》卷十九《闌駕上書》。

感陛下憂恤之虛恩，受奉使掊剋之實禍。[4]

此次派遣奉使宣撫，不但沒能在一定程度上澄清吏治，反而演變為斂財之旅。元世祖時期已經充分顯現的吏治腐敗問題是元朝始終無法有效解決的痼疾，順帝這次事與願違的努力只是延續了仁宗、英宗以來的失敗經歷。

同時，江西地區與吏治腐敗問題密切相關的豪民勢力依然強大。以北宋時期政務清簡、民風淳厚而被黃庭堅譽為「江西道院」的高安一帶為例。至正前期，劉基任職高安時，當地「多虎狼之卒。凡居城郭者，非素良家咸執鞭以為業，根據蔓附，累數百千輩以鷹犬於府縣，民有忤其一，必中奇禍；官斥弗任，則群構而排去之；獄訟興滅，一自其喜怒；有訴於官，非其徒為之所，雖直必曲，獲其助者反是。百姓側足畏避，號曰『笳鼓』。人莫解其意，或曰：『謂其部黨眾而心力齊也』」[5]。此處，「虎狼之卒」的「卒」，是指在官府中從事各類雜務的人員，主要包括為官員「出入訶喝，左右任使」的首領（總領）、面前、祗候、「守狴犴，防囚徒」的禁子、「追呼保任逮捕」[6]的曳剌等公使人以及協同捕盜的弓手等[7]，他們基本上全部由當地人擔任。

4 陶宗儀：《南村輟耕錄》卷十九《闌駕上書》。
5 劉基：《誠閅伯文集》卷五《送月忽難明德江浙府總管謝病去官序》。
6 蘇天爵：《元文類》卷四一《經世大典序錄・政典・祗從》。
7 《元典章》卷二四《戶部十・租稅・軍兵稅・弓手戶免差稅》；《通制條格》卷一七《賦役・弓手稅糧》。

憑藉著與官府的密切關係，他們在地方上為所欲為，甚至誣陷排擠不與之沆瀣一氣的官員，最終發展為「虎狼之卒」。他們在地方上盤根錯節，一些「非素良家」又依附於他們，仗勢淩人。由此，貪官污吏、「虎狼之卒」和「非素良家」共同構成一股龐大的惡勢力，成為壓在民眾身上的大山，使其無喘息之機。這是導致元後期江西較早爆發大規模社會動盪的重要因素。

順帝面臨的另一個大難題是財政匱乏。伯顏擅權時期，曾通過濫發紙幣緩解財政壓力。此舉無異於飲酖止渴，進一步破壞了鈔法。加之當時偽鈔氾濫，至正十年（1350 年），元廷醞釀變更鈔法，次年正式發行「至正交鈔」和「至正通寶」，用新鈔壓低民間原用舊鈔，達到增加國庫收入、排擠偽鈔的目的。但是，新鈔「行之未久，物價騰踴，價逾十倍」，出現惡性通貨膨脹，以致「所在郡縣皆以物貨相易」[8]。

此次變更鈔法實際是運用國家權力對小民進行無恥剝奪，民間甚至用「人喫人，鈔買鈔，何曾見」予以形容[9]。對鈔法改革，民間壓抑著深深的不滿情緒，一旦出現風吹草動，這種不滿極易爆發而使民眾起事形成燎原之勢。

順帝前期，各地民眾的武裝反抗風聲漸起，江西及周邊地區開始騷動不安。後至元三年（1337 年）正月，廣州增城縣民朱光卿發動起事，石崑山、鐘大明率眾響應，稱「大金國」，改元

8　《元史》卷九七《食貨志五》。
9　陶宗儀：《南村輟耕錄》卷二三《醉太平小令》。

「赤符」。四月，惠州歸善縣民聶秀卿、譚景山私造軍器，拜戴甲為定光佛，與朱光卿聯合反元[10]。面對動盪不定的江西行省南部，元廷在這年九月設置湖廣江西行樞密院，以便就近處理軍務，加強鎮遏。但是，民眾起事依然如點點星火，在江西及其周邊不斷迸發。後至元四年（1338 年），福建彰州路南勝縣李志甫領導畲民起事，袁州爆發彭瑩玉、周子旺領導的起事；六年（1346 年），福建汀州連城縣民羅天麟、陳積萬起事，攻克長汀縣；八年（1348 年），彭國玉起於萬載[11]；十年（1350 年），周良起於鉛山州，等等。

總體說來，順帝前期雖然存在著嚴重的社會危機，天下尚未大亂。元末明初人葉子奇這樣描述當時的局面：「輕刑薄賦，兵革罕用，生者有養，死者有葬，行旅萬里，宿泊如家，誠所謂盛也矣。」[12]完全是一派昇平景象。江西諸如學校、書院、官署、寺觀的建設，有相當一部分發生在這一時期。當然，葉子奇的描

10 《元史》卷三九《順帝紀二》。

11 吳晗、邱樹森等認為策動萬載白蓮教徒起事的彭國玉與袁州白蓮教領袖彭瑩玉是同一人，楊訥則認為彭國玉另有其人，由此引發了對彭瑩玉籍貫和死亡時間的多種論爭。詳見吳晗：《朱元璋傳》，生活・讀書・新知三聯書店 1965 年版，第 21 頁；邱樹森：《彭瑩玉事蹟考略》，載邱著《賀蘭集》，江蘇古籍出版社 1997 年版，第 258-276 頁；楊訥：《天完大漢紅巾軍史述論》，見《元史論叢》第一輯，中華書局 1982 年版，第 109-136 頁；楊訥：《元代白蓮教研究》，上海古籍出版社 2004 年版，第 151-155 頁。在沒有確切資料證明二者實是同一人的情況下，本書採楊訥之說。

12 葉子奇：《草木子》卷之三上《克謹篇》。

述是相對於元末的兵革蜂起、哀鴻遍野而言，換一個角度看，此時的元王朝已處於山雨欲來風滿樓的前夜，距社會大動盪已為期不遠了。

二　白蓮教及彭瑩玉的活動

元順帝統治前期，江西地區總體平靜，偶有小規模的民眾起事，袁州即爆發了彭瑩玉、周子旺領導的白蓮教徒起事，萬載則有彭國玉「詭白蓮教以惑眾，倡言『撒豆成兵，飛茅成劍』，謀為不軌」[13]。這些起事均與元末江淮一帶大規模的紅巾軍起事有直接聯繫。

白蓮教是南宋紹興年間（1131-1162 年）產生的一種民間宗教，淵源於佛教淨土宗。相傳淨土宗始祖東晉慧遠（西元 334-416 年？）在廬山東林寺與劉遺民等結白蓮社，共同唸佛，期生阿彌陀佛所在的西方淨土。北宋時期，淨土宗流傳很廣，結社唸佛之風盛行，多稱白蓮社或蓮社，僧侶與居家信徒均可參與其間。南宋紹興初年，吳郡崑山（今屬江蘇）僧人茅子元（法名慈照）在崑山淀山湖建白蓮懺堂，在淨土結社的基礎上，編成《白蓮晨朝懺儀》和《圓融四土三觀選佛圖》，崇奉阿彌陀佛，以往生西方淨土為修行宗旨，勸修僧人，普化居家清信之士，創建新的教門，稱白蓮宗，即白蓮教。該教產生之初曾遭官方禁止，茅子元於四十六歲時被流放江州。在江州，茅子元堅持不懈，「隨

13　正德《瑞州府志》卷十《遺事志》。

方勸化」，引起官府重視。孝宗乾道二年（1166 年），已經退位的高宗趙構調閱了江州官府的奏議，召其赴京，詔書中稱其「專修敬業，委有道行」。後，茅子元奉詔在臨安德壽殿演說淨土法門，獲賜號「勸修淨業白蓮尊師、慈照宗主」[14]。南宋前期，白蓮教已在江州廣泛流傳[15]。南宋後期，因該教教義淺顯、修行簡便，江南到處有人傳習，甚至流傳到蒙古人統治的北方。在江西，撫州的東館白蓮堂的田業相當可觀，吉州廬陵虎溪蓮社堂則有十餘社友[16]，白蓮教的傳播進一步擴大。元朝統一中國後，白蓮教受到官方的承認和獎掖，進入全盛時期[17]。

廬山東林寺是元代白蓮教的中心之一（另一個為崑山的淀山湖白蓮堂）。該寺住持淨日禪師在南宋咸淳年間（1265-1274 年）

---

14 釋普度：《廬山蓮宗寶鑑》卷四《慈照宗主》，楊訥編《元代白蓮教資料彙編》，中華書局 1989 年版。以下《廬山復教集》亦為此版本。

15 乾道六年（1170 年）八月，陸游入蜀經過江州，記事如下：「……七日，往廬山，小棲新橋市，蓋吳蜀大路……自江州至太平興國宮三十里，此適當其半。是日，車馬及徒行者憧憧不絕，云上觀，蓋往太平宮焚香，自八月一日至七日乃已，謂之白蓮會。蓮社本遠法師遺跡，舊傳遠公嘗以一日借道流，故至今太平宮歲以為常。東林寺亦自作會，然來者反不若太平之盛，亦可笑也。」見陸游：《陸游集・入蜀記》，中華書局 1976 年版，第 2432 頁。

16 參閱黃震：《黃氏日鈔》卷七五《申安撫司乞撥白蓮堂田產充和糴狀》，景印文淵閣四庫全書本；劉辰翁：《須溪集》卷三《虎溪蓮社堂記》，景印文淵閣四庫全書本。

17 本書關於白蓮教的內容並請參閱《中國大百科全書・中國歷史》，楊訥、李濟賢、許曾重「白蓮教」條，中國大百科全書出版社 1992 年版，第 18-19 頁；楊訥：《元代的白蓮教》，刊於《元史論叢》第二輯；楊訥：《元代白蓮教研究》。

已「率善士修遠公（引者註：指慧遠）法，來於江西者踵不絕」[18]。淨日，號東岩，都昌人，俗姓廖。十六歲在廬山香林寺祝發為僧，後游袁州仰山，參謁石霜禪師，又入浙，游於靈隱、徑山、天童諸名剎。咸淳年間，江東漕使錢真孫禮請入主東林寺。他久居東林，化俗警眾，影響很大。入元，淨日奉元世祖聖旨，繼續住持東林寺，修造寺宇。後移主慶元育王、天童諸寺。在淨日的影響下，東林寺聲名日盛。成宗時期，該寺住持祖誾禪師獲賜號白蓮宗主、通慧大師，且受襴袈裟。祖誾（1234-1308年），俗姓周，南康路人，自號悅堂。出身儒家，幼年隨馮去非習儒，工於文辭，師徒二人的文集曾合刊於東林寺。祖誾十三歲入南康嘉瑞寺為僧，後遊歷廬山東林、金陵蔣山、鎮江焦山、杭州淨慈、徑山等名剎，參謁名僧，宋末歸廬山東岩寺，錢真孫禮請入主西林。入元，至元二十五年（1288 年）遷主開先寺，法會盛極一時。至元三十年（1293 年），任東林寺住持。元貞元年（1295 年）奉詔赴闕，入對稱旨，獲賜尊號。祖誾住持東林寺達十二年，大德九年（1305 年）遷主杭州靈隱寺，四年後圓寂。祖誾在東林期間，該寺日益受到朝廷眷顧。元貞元年（1295 年）正月，東林述明居士燕覺道破衣和尚奉元成宗聖旨，在該寺建白蓮宗善法堂，護持白蓮教。大德五年（1301 年），東林寺又受賜御香、金幡。世祖、成宗對東林寺的屢次關注，使東林寺的地位得以維持不墜，「白蓮宗主」的賜號也一直為東林寺住持所擁

18　柳貫：《清容居士集》卷三一《天童日禪師塔銘》。

有。

但是，元代的白蓮教在長期流傳過程中，其組織和教義發生了變化，成分趨於複雜。部分教徒開始改奉彌勒佛，宣揚「彌勒下生」這一本屬於彌勒淨土法門的宗教讖言，對現狀不滿，希望藉助未來佛彌勒下生的契機，將人們從「末世」狀態中解救出來，因而具有反政府傾向[19]。這時，由有家室的職業白蓮道人組成的堂庵遍佈南北各地。南豐劉壎說元代「歷都過邑無不有所謂白蓮堂者，聚徒多至千百，少不下百人，更少猶數十，棟宇宏麗，像設嚴整，乃至與梵宮道殿匹敵，蓋誠盛矣」[20]，吳澄亦說白蓮教「禮佛之屋遍天下」[21]。白蓮教堂庵供奉阿彌陀佛、觀

19 關於元代白蓮教教義的變化，學界有多種觀點：有學者主張以佛教淨土宗的彌陀淨土信仰為主，其中的「明王」為阿彌陀佛，「部分參加農民戰爭的白蓮教徒轉以彌勒佛為信仰中心」，綜合了佛教淨土宗的彌勒淨土和彌陀淨土兩種教義，參閱楊訥《元代白蓮教研究》；有學者主張其在十三世紀前期將明教（摩尼教）、彌勒淨土和彌陀淨土三者混而為一，「明王」即摩尼教的光明神——明尊，參閱吳晗：《朱元璋傳》，生活・讀書・新知三聯書店 1965 年版，第 15-20 頁；有學者認為元代白蓮教融合了彌陀淨土、彌勒下生、摩尼教以及各種民間巫術，參閱姚大力：《千秋興亡・元朝》，長春出版社 2000 年版，第 292-293 頁；還有學者主張將白蓮宗與白蓮教分開，一為佛徒嚴格尊奉，一為民間廣泛流傳，日本學者小川貫道、小笠原宣秀、竺沙雅章、中國學者任宜敏均持此見，參閱楊訥《元代白蓮教研究》第 187-188 頁，及任宜敏《白蓮宗的興衰及其與白蓮教的區別》，載《人文雜誌》2005 年第 2 期，第 111-119 頁。本書采楊訥説。楊訥在《元代白蓮教研究》中對影響最廣的吳晗觀點辟專章批駁，請參閱。

20 劉壎：《水雲村泯稿》卷三《蓮社萬緣堂記》。

21 吳澄：《會善堂記》，見《永樂大典》卷七二四二引《羅山志》。

音、大勢至（合稱淨土三聖）佛像，信徒燒香，誦偈，上為皇家祝福祈壽，下為地方民眾辦理佛事，也做些修路築橋之類的善舉。許多堂庵擁有大量田地資產，有些頭面道人勾通官府，交結豪強，實際成為地方一霸。有些教徒則夜聚曉散，集眾滋事，甚至武裝反抗朝廷。有鑒於此，元廷兩次抑制或禁止白蓮教。第一次是在至元十八年（1281 年）都昌杜可用以白蓮會為名號召反元被鎮壓之後，元廷對假借白蓮會名義的五公符、推背圖、血盆經及某些天文圖書和「一切左道亂正之術」統加禁止[22]，但白蓮教仍然擁有合法地位。隨著白蓮教信眾越來越多，日益成為社會不安定的因素，至大元年（1308 年）五月，元廷宣佈禁止白蓮教，拆毀白蓮堂舍，佛像移至寺院安放，教徒還隸民籍，甚者，「或燃一香，點一燭，而小吏巡軍見之，便以犯禁之罪加之，乘時脅詐，靡不至焉。甚者拆其堂，毀其像，破家散宅者有諸」[23]。白蓮教面臨著自產生以來最嚴重的危機。

這時，作為白蓮教中心之一的東林寺開始積極努力，力圖恢復白蓮教的合法地位。該寺善法堂勸修淨業僧普度早在大德八年（1304 年）就「憫諸眾生沈迷自性」[24]，蒐集歷代白蓮社緣起，著成《蓮宗寶鑑》[25]。普度自敘編輯該書的目的：

22 黃時鑑點校：《通制條格》卷二八《雜令・禁書》，浙江古籍出版社 1986 年版。

23 釋普度：《上白蓮宗書》，見果滿《廬山復教集》捲上。

24 釋道成：《蓮宗寶鑑序》，見普度《廬山蓮宗寶鑑》卷首。

25 該書又稱《廬山蓮宗寶鑑》、《蓮宗唸佛寶鑑》。

嘗見稱蓮宗者未諳唸佛旨趣，棄本逐末，著相修行，淨業正因逮將沈沒，皆是懷寶迷邦，背真向偽。從其事者紛如牛毛，具正見者尠若麟角，致令上慢之徒輕忽吾佛之道。悲夫！去古時遙，法久成弊，正道湮微，邪法增熾，人多錯解，蹉入邪途。不思淨土一門乃出輪迴之捷徑，其直如弦，其朗如日，奧旨在於經懺之間。不遇明師啟迪，猶若群盲摸象，各說異端，從冥入冥，永纏邪見，可痛惜哉！……（此書）非敢有助於宗風，為益於未聞者也。欲其枉者直之，邪者正之，疑者決之，迷者悟之，盡大地人於一念中同得唸佛三昧，共證菩提，不亦偉大歟！[26]

普度欲借《蓮宗寶鑑》將慧遠以來的彌陀淨土白蓮教與民間流傳的雜有其他思想的白蓮教加以區別，闡明白蓮正宗教義。全書共十卷，第一卷「唸佛正因，謂入室必由戶也」，第二卷「正教，乃示唸佛法門漸偏頓圓，使進修者隨根器而歸乎至道也」，第三卷「正宗，蓋示唸佛三昧正心之理，俾修習者明其宗而達其本也」，第四卷「正派，蓋明佛祖暨諸宗師得道之本末，欲令後學知有其自也」，第五卷「正信」，第六卷「正行」，第七卷「正願」，此三卷「俾信正法、修正行、發正誓而求生西方也」，第八卷「往生正訣，蓋示臨終生淨土之路也」，第九卷「正報，蓋明修行所得淨土依正之功德莊嚴也」，最後一卷「正論，蓋引諸佛誠言，破群邪異見，欲令改不善而從善也」。從全書的內容

26　釋普度：《廬山蓮宗寶鑑敘》，見普度《廬山蓮宗寶鑑》卷首。

看，層層遞進，標正除偽，實是白蓮正教的修行指南[27]。

至大元年五月禁止白蓮教後，普度親率弟子十人，芒屨草服，親至京師，上獻《蓮宗寶鑑》。該書先上於國師、罽賓國公毗奈耶室利。國師閱後，認為該書「證無叢脞，契合佛經」[28]，在當年十月將其獻於崇佛的太子愛育黎拔力八達。太子給予肯定，下令刊印此書。

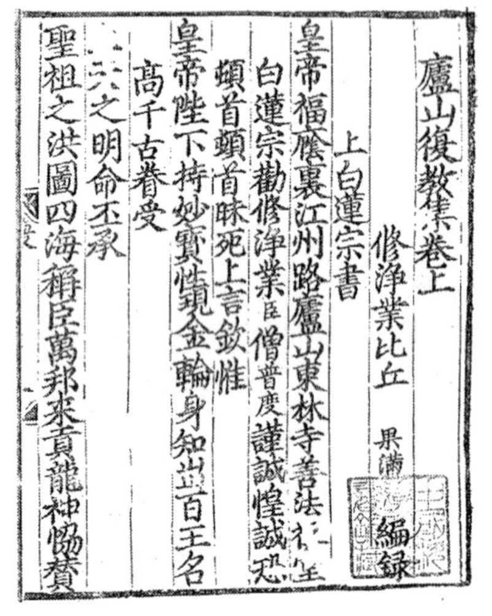
廬山復教集卷上
修淨業比丘 果滿 編録
上白蓮宗書
皇帝福廕裏江州路廬山東林寺善法
白蓮宗勸修淨業臣僧普度謹誠惶誠恐
頓首頓首昧死上言欽惟
皇帝陛下持妙寶性現金輪身知出百王名
高千古眷受
天之明命丕承
聖祖之洪圖四海稱臣萬邦來貢龍神協贊

・釋普度撰《上白蓮宗書》
圖片說明：南京大學圖書館藏影元刊本。

但是，太子的肯定並沒有使白蓮教立即恢復合法地位。至大三年正月，普度再撰《上白蓮宗書》七千言，上進武宗。書中，普度首先闡釋白蓮教輔助治化的作用。他說，白蓮教的三皈（佛、法、僧）「即儒之三畏也，所謂畏天命，畏大人，畏聖人之言也」，五戒「即儒之五常也：蓋不殺，仁也；不盜，義也；不邪淫，禮也；不妄語，信也；不飲酒，智也」，白蓮教「實益陛下政化者多矣」。然後，他充分解釋白蓮正教與其他邪教的不同：

27 錢士升：《蓮宗寶鑑序》，見普度《廬山蓮宗寶鑑》卷首。
28 釋希陵：《蓮宗寶鑑序》，見普度《廬山蓮宗寶鑑》卷首。

欽惟聖祖皇帝累降聖旨條畫，嚴戒不法之事一十三款，內禁迎神賽社、夜聚曉散、佯修善事、男女混雜、妖言惑眾，豈非聖朝懲惡勸善之明制矣。其禁止者，所謂左道四果、香緣、吃菜事魔之徒，其人卻與吾祖遠公唸佛之教事體各異；若以邪正論之，猶草之比金，黑之方白也。但本宗東林寺雖有祖宗之名，而實難檢而束之。蓋戒法不行，清規未舉，致令妄濫之徒以邪作正，以偽雜真，往往佯修善事，苟求衣食，誤犯條章，實為重弊。雖則累奉官司明禁，奈何邪正未分，玉石混淆，真偽難辨。或他郡一人有犯而禁治之法遍行天下，而吾教祖宗例遭恥辱，迨今天下不能雪屈。州縣之間更無分揀，遽以白蓮社會，例皆禁之，則邪人不知其為邪，善人不得以為善。……臣嘗見近世遊蕩之民眾矣，既非出家，亦非在家，多是詐稱白蓮名色，不知理法，妄修妄作，其事不可枚舉，略而言之，有十不應：假道好閒，不事生理，一不應也；傳授邪言，夜聚明散，二不應也；男女混雜，悖亂人倫，三不應也；私用給由，各黨其黨，四不應也；妄建庵堂，群居竊食，五不應也；密傳生死，誤人性命，六不應也；行業不修，攙僧應副，七不應也；妄談般若，亂說災祥，八不應也；妄撰偽經，自稱《真宗妙義歸空集》、《達磨血脈金沙論》等，九不應也；庶俗僭稱活佛、如來，婦人擅號佛母、大士，十不應也。[29]

29　《上白蓮宗書》，見釋果滿《廬山復教集》捲上。

既然白蓮正教與諸邪教有如許不同，《蓮宗寶鑑》正是為引邪入正而作，普度希望武宗能將《蓮宗寶鑑》頒行天下，勸導唸佛之民修行正教；除廬山正宗白蓮教，其餘假冒白蓮之名的邪宗異教均應嚴行禁止。

普度的《上白蓮宗書》及《蓮宗寶鑑》是否上達武宗，不得而知。在武宗朝，東林寺恢復白蓮教合法地位的努力沒有成功。很快，武宗病逝。至大四年（1311 年），武宗之弟愛育黎拔力八達登位，是為仁宗。閏七月，仁宗宣佈恢復白蓮教的合法地位，稱「自在先起立來的供養阿彌陀佛精持齋戒好勾當有，如今白蓮宗和尚每、清信的優婆塞每，似在先那一等夜聚曉散的勾當休做者，各自庵堂在家，依著在先遠公法師起立來的體例供養念阿彌陀佛精持齋戒的勾當休交斷絕了，與俺每根底祈福祝壽者」[30]。此後，普度在大都建蓮池會，東林寺僧果滿編修《廬山復教集》二卷和《廬山白蓮正宗曇華集》二卷。前者收錄《上白蓮宗書》、《高麗國王唸佛發願文》、《大都建蓮池會疏》及行中書省右丞相明理不花、翰林學士玉霄滕、名僧仰山希陵等代表正統與官方頌揚支持白蓮教的詩文，以輔證白蓮教的正統與合法。後者則是修行白蓮教的偈語、頌文、韻歌等的彙編，淺顯易懂，朗朗上口，便於記誦，可引導初入者漸入正途。

江西是元代白蓮教非常活躍的地區，既有東林寺那樣的白蓮正教，亦有普度所謂的「邪教」。贛北南康路都昌縣的杜可用在

30 《抄白全文》，即元仁宗聖旨全文，見釋果滿《廬山復教集》捲上。

元初借白蓮教之名發動反元鬥爭，擁眾數萬。贛西的高安縣務農鄉有李覺通在大德四年（1300 年）創立蓮社集善堂[31]，甚至有白蓮道人將蒙山銀場內的書院改為白蓮堂[32]。贛東北的上饒一帶，白蓮教徒甚多。延祐（1314-1320 年）初，安仁人李存經過上饒，「道中所見通川橋樑凡五六，大者至百楹，概其瓦石椽桷構結黝堊之費，動數百萬錢，而皆白蓮社中人成之。彼白蓮社中人非有公卿貴人之資，率多行乞四方，亦或伺夫過車馬也者，而丐聚焉」[33]。贛東的撫州在南宋後期就有許多白蓮堂田產，入元，崇仁縣長安鄉的白蓮教會善堂得到邑士易濤、鄧焱等人的支持，其田土擁有官府頒給的公據。贛東南南豐的蓮社萬緣堂始於至元十六年（1279 年），該堂的創建者覺全是蓮社道人，其家在南宋時期已是白蓮教徒，「斷葷血持經法五世矣」[34]。覺全在創建萬緣堂的過程中得到地方人士的大力支持，南城吳某捐地，過用昭捐資，吳文容捐田。新城（今黎川）亦有白蓮師虞覺海的活動[35]。都昌、高安、上饒、撫州、南豐、新城等地白蓮教徒的活動說明該教在當地已有較大的影響。

仁宗恢復白蓮教的合法地位後，白蓮教徒的活動又趨活躍，但東林寺等白蓮正教依舊難以對遍布各地的民間白蓮教徒加以有

31 《永樂大典》卷七二四二引《瑞陽志》。
32 《永樂大典》卷一三一三五引《瑞陽志》。
33 李存：《俟庵集》卷十七《送張平可序》。
34 劉壎：《水雲村泯稿》卷三《蓮社萬緣堂記》。
35 張宇初：《峴泉集》卷二《新城縣金船峰甘露雷壇記》。

效鈐東，「男女混雜」「夜聚曉散」等弊端仍然存在。於是，英宗至治二年（1322 年）閏五月，元廷再次「禁白蓮佛事」[36]。但是，禁令無法阻止該教的繼續傳播，而且，越來越多的下層民眾加入白蓮教。他們有一定的組織、相同的信仰以及「明王（阿彌陀佛）出世」、「彌勒下生」等讖言，使得社會矛盾趨於尖銳時，白蓮教徒很容易以有組織的形式起而反抗官府，迎接「明王」及其帶來的光明。就在至治禁令頒佈後的第四年，即泰定二年（1325 年），河南息州民趙丑斯（一作廝）、郭菩薩就公然倡言「彌勒佛當有天下」[37]，韓山童的祖父也因白蓮會燒香「惑眾」而被謫徙廣平永平縣。

進入順帝統治時期，各種社會矛盾進一步激化，白蓮教徒公開反抗官府的活動趨向頻繁。後至元三年（1337 年）二月初一日，河南信陽州民棒胡「以燒香惑眾，妄造妖言」，公開起事，攻破歸德府鹿邑，焚燬陳州[38]。第二年，袁州便發生了彭瑩玉、周子旺領導的白蓮教徒起事。

彭瑩玉本是袁州路南泉山慈化寺東村民之子。慈化寺是江西名剎，由臨濟宗僧人印肅建於宋代。入元，該寺住持慈昱號稱「普蓮宗主」，賜封「明照慧覺圓應大禪師」，寺院規模「為天下最」[39]，「四方之人懷金負貨，沖衢溢陌，所祈必應，如食得

36　《元史》卷二八《英宗紀二》。
37　《元史》卷二九《泰定帝紀一》。
38　《元史》卷三九《順帝紀二》。
39　揭傒斯：《揭文安公全集》卷十一《袁州宜春縣逄溪山聖壽寺記》。

飽。寺無釜庾之田，日飯數千之眾」[40]，經濟實力很強，影響頗大。延祐三年（1316 年），仁宗下詔，親封印肅靈塔為定光靈瑞塔，足見其在元代的地位。當時，袁州佛寺住持多由該寺派出。

慈化寺有彭姓僧人，在彭瑩玉出生的次日要求彭父舍瑩玉為僧。權衡《庚申外史》對彭瑩玉為僧有一段神話般的記載：「（慈化）寺僧有姓彭者，年六十餘歲，善觀氣色。一夕夜雪，見寺東約二十丈紅焰半天。翌日，召其莊老，詢之曰：『昨夜二更時，汝村中得無失火乎？抑有他異事乎？』內有一老曰：『村中無事，惟舍下媳婦生一兒。』僧遽喜曰：『曷與我為徒弟，可乎？』老遂舍為僧。於是遂以谷、帛若干酬之。其子年十歲，始送入寺。」[41]彭瑩玉入寺後，常預言吉凶禍福，皆有所驗。十五歲時，南泉山下出一眼清泉，恰逢當地民眾受疾疫之苦，瑩玉以泉水為民治病。袁州民事之如神。權衡未明言彭瑩玉信奉並傳播白蓮教，但從同書所記瑩玉徒周子旺之母稱「佛母」、《明太祖實錄》記其「以妖術惑眾」[42]以及他後來的活動分析，此「妖術」應是白蓮教。

後至元四年（1338 年）六月為寅年寅月，彭瑩玉及其徒周子旺於當月寅日舉起反元大旗。起事者背心皆大書「佛」字。彭、周宣揚背心書「佛」，可獲保佑，兵器不能傷。周子旺稱周

40　程鉅夫：《雪樓集》卷十九《大慈化禪寺大藏經碑》。

41　權衡：《庚申外史》捲上，豫章叢書本。

42　《明太祖實錄》卷八「庚子（至正二十年，1360 年）閏五月戊午」，第 99 頁。

王，改年號，隨從者達五千餘人。袁州駐軍立即征討，擒殺周子旺及其母佛母和二子天生、地生。起事失敗後，彭瑩玉逃至淮西，「淮民聞其風，以故爭庇之。雖有司嚴捕，卒不能獲」[43]。

後，彭瑩玉在江淮一帶傳教，情況不甚明晰，只知其在民間威望甚高。麻城鐵工鄒普勝傳承其術，宣揚「彌勒佛下生，當為世主」[44]。至正十一年（1351 年），鄒普勝等起兵反元，擁徐壽輝為主，建立天完政權。另一徒周時中，吉安龍泉人，「元季從彭瑩玉以妖言惑眾起兵，因改姓彭」[45]，後成為徐壽輝天完政權的平章，鎮守龍泉。降附朱元璋後，復姓周。權衡說：「（起）蘄、黃者宗彭瑩玉和尚，又推徐真逸（引者註：即徐壽輝）為首」，可見彭瑩玉在蘄春、黃州一帶的影響。

根據鄒普勝、彭時中的經歷以及史普清、張普憲、況普天等後來的江淮紅巾軍將領姓名，筆者推測，袁州失敗以後，與彭瑩玉有關的白蓮教徒大體可以分成兩類。一類改姓彭。也許，彭瑩玉原本也不姓彭，是隨慈化寺彭姓僧改了姓。彭瑩玉沿襲了乃師的做法。另一類定名「普」，遵照的是茅子元所擬白蓮教徒以「普覺妙道」命名的規定。甚至還可進一步推測，彭姓白蓮教徒可能是彭瑩玉的徒弟，是僧人；「普」名白蓮教徒可能是信眾，是所謂的「蓮社道人」。後來的淮西紅巾軍中多有「彭和尚」的

43 權衡：《庚申外史》卷上。
44 《明太祖實錄》卷八「庚子（至正二十年，1360 年）閏五月戊午」，第 100 頁。
45 《明太祖實錄》卷一三四「洪武十三年十月乙酉」，第 2126 頁。

活動，重要將領歐普祥「從徐壽輝以燒香起兵」，人稱「歐道人」[46]，「彭和尚」「歐道人」等稱謂或許有助於證實這種推測。

現存史料中，較早的明確提及「彭瑩玉」的只有《庚申外史》、《明實錄》、《明史》三種。《明史》據《明實錄》而來，《明實錄》卷八所載彭瑩玉史事基本是《庚申外史》的略寫，卷一三四所載彭時中事則不見於《庚申外史》。

以上三種史料之外，其他還有「瀏陽有彭和尚能為偈頌，勸人念彌勒佛」、「瀏陽有彭和尚名翼，號妖彭」、「萬載妖人彭國玉詭白蓮教以惑眾」、「至正十一年夏彭翼兵起」、「彭祖倡妖術於兩淮」、「蘄、黃紅巾彭黨祖構亂」、「妖寇彭和尚攻之」、「彭和尚陷杭州」、「妖彭、項甲陷徽、饒」、「蘄、黃賊偽彭萬戶」諸多說法[47]。有學者認為，「彭和尚」、「彭國玉」、「彭翼」、「彭祖」、「妖彭」、「彭萬戶」等都是指彭瑩玉，是其在不同情況下使用的化名，或不同人物對他的稱呼，並由此串聯起袁州失敗後，彭瑩玉奔波於江淮、江西、湖南、湖北傳教，至正十一年（1351 年）起兵於淮西，後轉戰江南，去九江，克饒州，戰徽州（治今安徽省歙縣），過昱嶺關，破杭州，占湖州，轉戰浙西，攻常州、京口，威脅集慶（治今江蘇省南京市），江浙失利後退

46 《明太祖實錄》卷十五「甲辰（至正二十四年，1364 年）六月丁巳」，第 197 頁。

47 彭瑩玉在袁州失敗以後的活動，學界多有討論，以上史料均見於相關論著中，恕不一一羅列出處。可參閱邱樹森《彭瑩玉事蹟考略》，載邱著《賀蘭集》，江蘇古籍出版社 1997 年版，第 258-276 頁。

入徽州，撤至瑞州，至正十三年（1353 年）十一月死於瑞州被元軍攻破之時這樣一個清晰完整的過程[48]。

但是，以彭瑩玉在淮西白蓮教徒中的影響，他似乎不太可能僅僅以萬戶的身分一路攻城略地（時鄒普勝已任太師），瑞州城破時，其姓名甚至列在況普天、閔總管某之後。如果筆者前述對彭瑩玉徒弟和信眾的分類成立的話，那麼，「彭和尚」、「彭國玉」、「彭翼」、「彭萬戶」、「彭祖」等其實是彭瑩玉的徒弟，鄒普勝、史普清、張普憲、況普天、趙普勝、項普略等淮西紅巾軍將領則是他的信眾。由此，袁州失敗後，彭瑩玉主要在淮西傳教，其徒眾有一定的組織系統。他是元末淮西起事民眾的重要組織者和精神領袖，徒眾多有成為後來淮西紅巾軍重要將領者。彭瑩玉本人的最終下落則不明。

第二節 ▶ 元朝統治在江西的終結

至正十一年（1351 年）五月，因「開河」和「變鈔」直接引發的元末農民大起義爆發，元朝在各地的統治逐漸陷於崩潰。

48 關於彭瑩玉的死亡時間，學界有四說：一是至正十二年（1352 年）死於徽杭說，二是至正十三年（1353 年）死於瑞州說，三是至正十八年（1368 年）為陳友諒所殺說，四是下落不明說。詳情請參閱邱樹森《彭瑩玉事蹟考略》，載邱著《賀蘭集》，第 258-276 頁。陳得芝主編《中國通史》第八卷《中古時代・元時期（上）》中關於元末農民大起義的章節由邱樹森執筆，持「死於瑞州」說，詳見該書第 520-524 頁。

至正二十八年（1368 年）八月初二日，明兵攻入大都，元朝滅亡。這十幾年間，江西地區經歷了紅巾軍與元軍的反覆爭奪，相繼成為徐壽輝天完政權和陳友諒漢政權的重要控制區。至正十九年（1359 年），江西地區已基本不為元朝所有，是元朝統治較早崩潰的地區。隨後，江西又經歷了為期幾年的戰亂，於至正二十五年（1365 年）成為朱元璋的穩定轄區。由於地處長江中游和下游之間的中間地帶，這一時期，各種勢力在江西境內的爭奪頻繁而殘酷，出現了諸如鄱陽湖水戰那樣在中國軍事史上頗有影響的重大戰役，由此造成的社會凋敝、人力消乏、生產不舉、賦役加重等弊端，有些影響長達幾百年。

一　徐壽輝部在江西的活動

至正十一年（1351 年）五月初，韓山童、劉福通在河南行省潁州潁上縣殺黑牛白馬，誓告天地，宣布起事，揭開了元末席捲全國的農民起事大幕。八月，河南行省黃州路（今湖北省黃岡市）麻城鐵工鄒普勝、羅田布販徐壽輝等起兵於蘄州（今湖北省蘄春縣），推徐壽輝為主。他們宣傳「彌勒下生，當為世主」，燒香拜佛，以紅巾為號，稱「紅巾軍」「紅軍」或「香軍」。十月，鄒普勝等攻破蘄水縣（今湖北省浠水縣），又擊敗元威順王寬徹不花，占據黃州路。徐壽輝稱帝，國號「天完」（壓倒「大元」之意），改元「治平」，以蘄水為都城。鄒普勝任太師。

淮西紅巾軍起事後，江西民眾隨即響應，時稱「土寇蜂起」[49]。與省城南昌毗鄰的新建鄧南二於至正十一年（1351年）十一月在黃鶴鄉聚眾，向西進攻瑞州。鄧南二被誣為「妖人」，有可能是白蓮教徒。江西行省遣萬戶張妥因與瑞州總管禹蘇福領兵夾擊，擒殺鄧南二[50]。江西暫時保持著暴風驟雨到來之前的寧靜。

江西上游的蘄、黃一帶為天完政權占據後，江西將隨時面臨紅巾軍的進攻。為此，江西的元軍很快進入警戒狀態。時任江西行省最高長官的平章政事道童「素不知兵事，倉皇無所措」[51]，只有某些路州的官員採取了一定的防禦措施。江州路總管李黼因所守為江西門戶，又是江之東西的襟喉，開始修治城壕，整修兵械，招募丁壯，分守要害，加強防禦。同時，他上書行省，請求進援淮西，屯兵江北：「苟淮西失守，長江之險與彼共之，非所恃矣」[52]。行省長官未理會李黼的申告。十一月，元廷「以九江為西南都會，調江西平章政事禿堅不花總諸郡兵來援」[53]。但禿堅不花在江州未採取積極的防禦措施，只是坐觀形勢變化，且對李黼形成牽掣。李黼哀嘆：「吾不知死所矣。」[54]與江州形成對

49 《元史》卷一四四《道童傳》。

50 《元史》卷四二《順帝紀五》；萬曆《南昌府志》卷二四《紀事》，台北成文出版有限公司1989年版。

51 《元史》卷一四四《道童傳》。

52 陶宗儀：《南村輟耕錄》卷十四《忠烈》。

53 劉崧：《槎翁文集》卷十六《劉國器先生墓表》。《元史》卷一四四《道童傳》中，「禿堅不花」作「禿堅理不花」。

54 《元史》卷一九四《李黼傳》。

照的是，省府南昌的防禦工作積極而有序：江西肅政廉訪司僉事瑣魯灘拿出贓罰鈔，以供軍需；路總管安謙捐獻俸祿，督修城防；廉訪司經歷吳伯都剌與路儒學教授趙睿對軍士時加勸勵，暫居南昌的清江文人范梈也參與謀劃，路推官董某則專掌軍紀與刑賞。他們「求人才，募壯勇，具戰備，充資儲」，禮請熟知軍務的前湖廣行省左丞章伯顏擔任本省左丞，專任軍旅調遣。整治後的南昌，「城門十二，各建樓櫓，定職守，凡文武之在位需期者，分掌管鑰，捍制稽察，右榜進士十有六人在焉。城內則四廂設官，立巷置長。編民兵為十七屯，環列城上，與廂巷之兵晝巡夜警，少長頜頷，什伍相維，首尾相應，隱若連雉。民始有堅守之志」[55]。南昌是當時江西守禦最完密的城邑。此外，吉安、贛州等路州縣也開始復修元初被毀的城牆，吉安路總管梁克中在郡東大洲「備濠豎柵為壘，益募丁壯，置舟師節制屬縣義兵」[56]，以備防禦。

至正十二年（1352 年）正月，天完軍隊分兵四出，重鎮漢陽、武昌相繼被攻破，與贛西北陸路相連的興國路（治今湖北省陽新縣）也被占領。江西進入天完軍隊的視線。負責攻略江西的是太師鄒普勝率領的天完軍主力。江州路瑞昌縣首先被攻占。負責增援江州的江西行省平章政事禿堅不花與奉命增援武昌卻停駐

55 包希魯：《守城記》，見同治《南昌府志》卷十八。

56 李興元修，歐陽主生等纂：順治《吉安府志》卷一《郡紀》，台北成文出版有限公司 1989 年版。

江州不前的江西行省右丞孛羅帖木兒聞瑞昌失陷，隨即逃遁[57]，江州只剩總管李黼孤守。因有前期的準備，李黼擊退了天完軍隊的陸路進攻，但無力抵禦隨後的水陸聯攻。江州形勢危急，李黼固守城池，無日不戰。在內外援絕的情況下，二月十一日，經過激烈的巷戰後，江州失陷，李黼與侄秉昭俱死。江西北部門戶洞開。

此後的兩三個月間，天完紅巾軍分別從西北、西面、東面和南面四個方向迅速推進。

西北方向，二月，張普憲（一作張普獻）攻陷武寧、寧州（今修水），既而數萬紅巾軍圍攻靖安[58]。四月，陶八都攻奉新，據守南鄉[59]。紅巾軍從西面逼近省府南昌。

西面，二月，歐普祥（又稱歐祥、歐道人）率天完軍從湖南醴陵經萍鄉黃花渡進入江西。萍鄉州同知脫脫集鄉兵守禦失敗[60]，歐普祥隨即進攻袁州。袁州守將別速堅遣萬戶李陽奕、劉原住等迎戰[61]。李萬戶棄印奔逃，歐普祥據有袁州，其子歐文廣則守新喻。三月，陶九與況普天、彭國玉等攻陷瑞州[62]，新昌州

57 《元史》卷一九四《李黼傳》記孛羅帖木兒為右丞，陶宗儀《南村輟耕錄》卷十四《忠烈》載其為左丞，有歧。或許，在此期間，孛羅帖木兒由左丞升為右丞。

58 《元史》卷一九五《潮海傳》。

59 同治《南昌府志》卷十八《武備志》。

60 正德《袁州府志》卷六《名宦》。

61 《元史》卷四二《順帝紀五》；正德《袁州府志》卷一《建置沿革》。

62 正德《瑞州府志》卷十《遺事志》；《元史》卷四二《順帝紀五》。

（今宜豐）亦被攻破。閏三月十二日，陳普文從西北方向攻陷廬陵[63]。四天後，歐普祥南下攻陷安福州。

東面，三月，紅巾軍項普略部攻陷饒州路，總管魏中立被擒。天完政權隨即設立江南行省，都昌人於光等任參知政事[64]，以加強對長江以南新占領區的管理。同時，信州路總管於大本以鄉兵抵禦紅巾軍失敗，信州被占[65]。江西東北部陷於紅巾軍之手。

南面，江州報捷後，紅巾軍隨即南下，迅速攻克小郡南康，然後兵分兩路，一路由鄒普勝率領，經水路沿鄱陽湖、贛江繼續往南，目標是龍興及其以南地區；另一路由項普略率領，越鄱陽湖向東部的饒州、信州推進，目標為財賦重地江浙。

鄒普勝部進攻龍興前，江西行省左右司郎中普顏不花曾率兵救援江州，在石頭渡被擊敗後，退回南昌。平章政事道童聽聞敗績，當即懷省印躲匿於民家，數日後才返回。普顏不花退至南昌，與章伯顏詳定守城之計。二月下旬，紅巾軍進圍南昌城，「眾百萬，驅馬揚塵，張帆蔽空，集城西之石頭口」[66]。此後的一個多月裡，南昌城內全民皆兵，死守堅拒。道童、章伯顏、韓准、瑣魯灘、普顏不花、阿思蘭等官員皆無逃意，其餘「廂官、

63 《元史》卷四二《順帝紀五》。

64 邱樹森：《元末紅巾軍的政權建設》，見《元史論叢》第一輯，中華書局 1982 年版，第 91-108 頁。

65 《元史》卷四二《順帝紀五》，卷一九五《魏中立傳》。

66 包希魯：《守城記》，見同治《南昌府志》卷十八。

巷長乃率丁壯、兒童、婦女，運甓礫石，嗷呼馮陵（引者註：即「憑凌」），併力以拒」[67]。閏三月，守軍在萬戶章妥因卜魯哈歹的率領下，開城出戰，紅巾軍大敗，「戰船千艘無一返，馬、步凡空」[68]。被圍五十四天後，南昌終於解圍。為進一步解除外圍的威脅，道童派周山領兵攻取南昌西南的富州，遣程德寶率軍控制東北，水軍千戶定住和進賢縣尹辛敬則搜捕東南部進賢縣的紅巾軍。秋，鄒普勝自興國經武寧、奉新重入南昌之境，欲再度攻城。因鄉兵黃季中、劉仲升在城外抵禦，鄒普勝的企圖失敗[69]。

南昌失利是淮西紅巾軍進入江西后遭到的最大挫折。這是因南昌乃元軍的重點駐防區，守軍充足。道童曾「密召死士數千人，面塗以青，額抹黃布，衣黃衣，為前鋒。又別選精銳數千為中軍，而募助陣者殿後」[70]。當時，南昌僅精銳守軍就可能超過萬人。其次，元初摧毀江西各地城池時，南昌因瀕江，城牆具有極強的防洪功能，得以保全。戰事來臨後，有利於防守。復次，南昌城內的防禦工作準備充分，措施嚴密，避免了倉促應戰，臨陣慌亂。又次，南昌得到很多外部支援，臨江楊萬戶率民兵來援，駐守撫州門，減輕了來自東南面的壓力；夏益卿、熊君佐、阿都赤等率鄉兵屯守城西的生米章家渡及大塘嶺等，減輕了來自

67 包希魯：《守城記》，見同治《南昌府志》卷十八。
68 周霆震：《石初集》卷二《豫章吟》，豫章叢書本。
69 萬曆《南昌府志》卷二四《紀事》。
70 《元史》卷一四四《道童傳》。

西部的壓力。[71]最後，當時城內官吏軍民團結一心，這是保證城池不失的重要因素。元軍堅守南昌，對暫時維持元政權在江西的統治意義重大。

南昌一戰阻止了紅巾軍主力沿贛江往南，或沿撫河向東南推進的步伐。此後，元軍在鄉兵的協助下，漸次收復被占地區。

南面廬陵方向，吉安邑民羅明遠、劉明道等率領鄉丁，協同太和州達理馬識禮在紅巾軍攻占廬陵七天之後收復該城[72]，陳普文向西北敗走安福。四月二日，安福在知州虞囧的率領下，又被元軍收回[73]。廬陵南部太和州的元軍嚴兵保境，牢固控制吉安以下的贛江河段，且西援龍泉、萬安，東拒安福、新喻，保證了吉安大部不失。贛州的元軍在萬安以南的皇恐、大蓼諸灘廣設坑阱，眾建寨柵，造屋三千餘間，募民兵自守[74]。

東南撫州方向，雖有小股紅巾軍經臨江、富州進入撫州路，但在路達魯花赤完者帖木兒、萬戶章士謙與城外地方武裝的努力下，撫州城得以堅守[75]。另，至正十二年（1352 年）四月，臨川起事民眾鄧忠攻下建昌路[76]，其後，宜黃涂佑、涂乙、新城童遠等繼續向東南進入福建，與當地起事領袖應必達聯合，攻陷邵

71 萬曆《南昌府志》卷二四《紀事》。
72 《元史》卷四二《順帝紀五》；周聞孫：《羅明遠廟碑》，見宣統《廬陵縣誌》卷十三上；劉崧：《槎翁文集》卷二《達理馬識禮傳》。
73 周霆震：《石初集》卷五《紀事》；順治《吉安府志》卷一《郡紀》。
74 宋濂：《宋文憲公全集》卷三一《岐寧經歷熊府君墓銘》。
75 弘治《撫州府志》卷二七《兵氛》。
76 《元史》卷四二《順帝紀五》。

武[77]。但是，這支在贛東南和閩西十分活躍的力量已不是淮西紅巾軍主力，它是以江西起事民眾為主體。此時，紅巾軍主力在江西中部征進的步伐已經基本停止。

東北方向，饒州、信州被陷前，元廷對紅巾軍在江西的攻城略地沒有給予充分重視，只調集江西本省守軍進行抵禦。饒、信被占後，紅巾軍進展十分順利。閏三月二十一日，紅巾軍據有婺源，轉向徽州績溪，過昱嶺關，進入浙北，於七月攻占杭州。與此同時，江淮一帶的趙普勝（雙刀趙）、李普勝（李扒頭）於至正十二年（1352 年）春渡江南下，連克無為、繁昌，占領銅陵、池州（治今安徽省池州市），進圍安慶，再下湖口、彭澤，一路勢如破竹，百萬水師擁有江州以下、蕪湖以上的長江下游西段，與淮西紅巾軍聯為一體，從水路對財賦重區蘇南浙北形成嚴重威脅。元廷開始調集重兵。

至正十二年（1352 年）三月，元廷任命江浙行省左丞相亦憐真班為江西行省左丞相，位居江西行省平章政事道童之上，同時任命火你赤為江西左丞，二人負責調集江西、江浙兩省之兵，收復饒州、信州[78]。閏三月，因紅巾軍主力已越過饒州進入徽州，元廷重新部署江南兵力，以亦憐真班專守昱嶺關、玉山等江東、西要隘，阻止紅巾軍繼續進入江浙；以江浙行省右丞兀忽失、左丞老老與江西行事平章政事星吉、不顏帖木兒、南台御史

77　《元史》卷四二《順帝紀五》。
78　《元史》卷四二《順帝紀五》。

中丞蠻子海牙等率兩省重兵，進攻饒、信兩地的紅巾軍；江西行省左丞火你赤與參知事先事朵歹專攻江西紅巾[79]。同時，允許亦憐真班「便宜從事」，即遇有重大軍情，可不經申稟，直接處理。從兵力部署看，元廷以江西、江浙兩省重兵攻饒、信二路，派遣江西最高長官鎮守江東、江西要隘，而以次重兵力征討江西，均是為了力保江浙萬無一失。

至正十二年（1352 年）五月起，各支元軍陸續到位，從水、陸兩路對紅巾軍展開反撲。陸路反攻在十二月初現成效，杭州、常州、湖州、信州等相繼被元軍收復[80]。至正十三年（1253 年）四月，亦憐真班、左丞老老率兵十萬，取道信州，元帥韓邦顏、哈迷取道徽州、饒州浮梁，兩軍從東北和西面同時對饒州展開進攻。在安仁團湖，亦憐真班部與天完政權彭浩所部七萬人展開激戰，彭浩損兵三萬。五月一日，元軍攻下鄱陽城，擒天完平章一人、萬戶八人。同時，樂平、安仁、貴溪、玉山等亦被元軍重據[81]。隨後，元軍掃蕩鄱陽湖兩岸的紅巾軍，攻下南康路。水路方面，至正十二年（1352 年）夏秋間，江西行省平章政事星吉攻下池州、安慶、江州，令王惟恭設柵守彭澤小孤山，自己駐防湖口，江州城亦留部分兵力。由於當時贛北及沿江周邊地區仍屬紅巾軍占領區，星吉所部乏援，無力繼續向西推進。九月，趙普

79 《元史》卷四二《順帝紀五》。
80 《元史》卷四二《順帝紀五》。
81 《元史》卷四三《順帝紀六》；宋濂：《宋文憲公全集》卷十《張府君新墓碣》；趙汸：《東山存稿》卷五《江浙省都鎮撫哈密公紀功之碑》。

勝再陷江州[82]。至正十三年（1353 年）夏，元軍卜顏鐵木兒、脫火赤等部從池州進發，八月重占江州[83]。

至正十三年（1353 年）夏秋，由於南昌、撫州的堅守以及廬陵、饒州、江州、南康等地相繼被元軍重新占據，淮西紅巾軍在江西的重要據點只剩下贛西袁州的歐普祥部和瑞州的況普天、彭國玉部。二者仍然對龍興構成威脅。九月，江西行省左丞火你赤率元軍、鄉兵、苗軍等從南昌進發，於十一月攻下瑞州，「擒況普天、閔總管、彭國玉，並家屬無少長釁之。民之應者，亦戮以徇」[84]。隨後，況普天的部將李五為復仇，攻瑞州城達三個月之久，最後失敗。因歐普祥仍據有袁州[85]，為了從西部遏制紅巾軍，保證龍興的安全，火你赤長期停駐瑞州，達五年之久。

至正十三年（1353 年）十二月，卜顏帖木兒、蠻子海牙等會同四川元軍，聯攻天完政權都城蘄水。城破，天完四百多名官員遭屠戮，徐壽輝等遁入黃梅山中，另有部分官員和將領逃入沔陽湖中。淮西紅巾軍連續兩年多的戰鬥陷入低潮。此前此後，中

82 宋濂：《宋文憲公全集》卷三四《忠肅星吉公神道碑銘》；權衡：《庚申外史》卷上。

83 《元史》卷一四四《卜顏鐵木兒傳》，《元史》卷四三《順帝紀六》。前者記江州被元軍占領的時間是至正十三年（1353 年）的五月至七月間，後者則記為八月。前者以事系人，所記時間較粗略，後者以事系時，時間較準確，故本書采後者。

84 《元史》卷四三《順帝紀六》；韓准：《桐樹廟碑》，見同治《南昌府志》卷十三；正德《瑞州府志》卷十一《遺事志》。

85 火你赤率元軍主力攻下瑞州後，未乘勝攻打袁州，使歐普祥得以長據袁州或周邊地區，不知出於何故。也許與李五的進攻有關。

原、徐州、南陽、襄陽及漢水流域的紅巾軍也相繼遭受重挫。至此，包括江西在內的元軍對紅巾軍的反撲基本取得成功。

從至正十二年（1351 年）年初到次年年底的兩年間，紅巾軍在江西經歷了從勢如破竹到節節敗退的轉變。至正十二年的前幾個月，紅巾軍進展神速，除南安和贛州的部分州縣外，江西大多數地區都或長或短地被紅巾軍占領過。形成這種局面，是由諸多因素造成的。首先與元軍軍備弛廢有關。元成宗以後，江南基本沒有大規模的軍事行動，元軍戰鬥力逐漸削弱，明初葉子奇對此有形象說明：「元朝自平南宋之後，太平日久，民不知兵。將家之子累世承襲，驕奢淫佚，自奉而已。至於武事，略之不講，但以飛觴為飛炮，酒令為軍令，肉陣為軍陣，謳歌為凱歌，兵政於是不修也久矣。及乎天下之變，孰能為國爪牙哉。」[86]紅巾軍進入江西后，守土將士「狎於承平，束手無措」[87]，少有能如撫州萬戶章士謙那樣從容應對者，多數是像袁州萬戶那樣棄城奔逃。其次，面對強兵壓境，多數民官延續酷暴、貪腐的舊習。吉安人周霆震說元末「方面多貴遊子弟，貪鄙庸才，漫不省君臣大義，草芥吾民，虛張戰功，肆意罔上，誅求冤濫，慘酷百端。重以吏習舞文，旁羅鷹犬，意欲所陷，則誣與賊通，其弊有不忍言者。間存一二廉介，則又矜獨斷，昧遠圖，坐失機會。民日以蔽，盜日以滋」[88]。當時江西的民官少有如江州總管李黼那樣奮

86　葉子奇：《草木子》卷之三上《克謹篇》。
87　萬曆《南昌府志》卷一八《人物》。
88　周霆震：《石初集》卷二《古金城謠》。

力振起者。第三，元初為防止反抗，曾大規模摧毀江南各地的城牆，江西只有南昌城牆得以保留。元軍得以堅守南昌，城牆發揮了重要作用。其他城邑就沒有南昌那麼幸運，致使紅巾軍攻城略地如入無人之境。如張普憲攻武寧時，該縣便無城可守[89]。第四，元朝一直嚴禁漢人、南人持有軍器，順帝前期，又重申這一禁令，且嚴禁拘刷馬匹，使民間平時自衛禦寇、戰時保家護國的能力不足，紅巾軍逼近時，多數地方「人無定志，凡所侵迫，如升虛邑」[90]。第五，白蓮教的廣泛傳布使紅巾軍在江西擁有較好的民眾基礎，當紅巾軍大規模進入，江西民眾易起而響應。況普天、彭國玉占瑞州後，「鄉民立寨自保者，亦稱紅巾應之」[91]；紅巾軍進至饒州，「所在無賴子多乘間竊發，不旬日，眾輒數萬，皆短衣草屨，齒木為杷，削竹為槍，截緋帛為巾襦，彌野皆赤」[92]；史普清率數百紅巾進入奉新、新建，「土寇喻謙可、屈詳、喻升、余玉等佐之」[93]，等等。

至正十三年（1353 年）元軍反撲成功，最重要的原因是尚有可供調遣的優勢兵力和經濟資源。江浙一直是元軍重兵屯戍之區，至正十二、十三年間，蘇南浙北尚未大亂，其軍隊，包括駐軍、招募的鄉兵和苗軍得以大量進入江西，同時進入的還有大量

89 同治《南昌府志》卷九《建置志》。
90 包希魯：《守城記》，見同治《南昌府志》卷十八。
91 正德《瑞州府志》卷十一《遺事志》。
92 《元史》卷一九五《魏中立傳》。
93 萬曆《南昌府志》卷二四《紀事》。

「北軍」，即從北方調集而來的軍隊。調兵對擊退江西境內的紅巾軍起到關鍵作用。與此同時，江浙的財賦也大量進入江西。至正十二年（1352 年），龍興大旱，公私匱乏，道童「乃移咨江浙行省，借米數十萬石、鹽數十萬引，凡軍民約三日人糴官米一斗，入昏鈔貳貫，又三日買官鹽十斤，入昏鈔貳貫，民皆便之。由是按堵如故，而賊亦不敢犯其境」[94]。江浙輸入的鹽糧對穩定江西局勢起到了重要作用。另外，地方豪紳對元軍實現成功反撲功不可沒。亦憐真班攻饒州時，安仁張理、張琭率鄉兵為先導；元軍缺糧，張理「率縣大姓輸糧一萬二千斛散之」[95]；傳遞軍情的元廷使臣絡繹不絕，張理傾力接待，以致家貧。再如永新的劉綸、劉琚兄弟，「出資粟，募勇敢，喻以逆順，且悉驅其蒼頭與相雜伍，給衣食，備器械，分屯要害」[96]，成為元軍在贛西的一支重要輔助力量。其他如南豐戴良、樂平許則祖、余干湯自願和湯自善兄弟、武寧胡紹遠等，都傾力幫助元軍。元朝還於至正十三年（1353 年）設義兵千戶水軍千戶所於江西[97]，吸納地方力量，以增強其水上作戰能力。可以說，元軍的每一步推進都有地方豪紳的功勞。與此形成對比的是，紅巾軍方面，虛幻的教義宣傳、分散的兵力部署、盲目的進軍路線、流動的作戰方式以及龐雜的隊伍組成使其不注重也無法經營既得城池，許多地區隨得隨

94 《元史》卷一四四《道童傳》。
95 宋濂：《宋文憲公全集》卷十《張府君新墓碣》。
96 李祁：《雲陽集》卷八《劉綸劉琚傳》。
97 《元史》卷九二《百官志八》。

失，從而被元軍迅速擊敗。

至正十四年（1354 年）十一月，元丞相脫脫率百萬元軍抵達蘇北高郵，進攻勢力不算強大但對蘇南構成嚴重威脅的張士誠部。就在垂成之際，因元廷內部的鬥爭，脫脫於軍前被削奪兵權，百萬元軍不戰自潰，從此再無能力糾集強勢兵力鎮壓紅巾軍，形勢開始朝著有利於紅巾軍的方向轉變。各地紅巾軍以此為契機，重新再起，陸續掀起更大規模的鬥爭。

至正十五年（1355 年），淮西紅巾軍部將倪文俊復起，連克沔陽、中興（治今湖北省江陵市）、武昌、漢陽。次年正月，天完政權建都漢陽，迎徐壽輝來居，仍以鄒普勝為太師，倪文俊任丞相，改元「太平」。隨後，天完政權西克襄陽，南取湘北諸路州，趙普勝所領巢湖水師則連下樅陽、池州、青陽，兩圍安慶。淮西紅巾軍日趨活躍。當時，江西的上、下游均有激烈戰事，但江西尚未捲入其中。然而，這並不意味著江西平靜如常。至正十三年（1353 年）十一月紅巾軍瑞州失敗後，江西境內以本土起事民眾為主的反元力量仍很活躍，部分地區處在元軍與起事民眾的交替爭奪中，有些州縣則由起事民眾長期占據，形成多個小規模的割據勢力。

東北部，至正十三年（1353 年）秋，饒州出現饑荒，民眾中多有起而抗元者。七月至十二月，元軍與起事民眾展開拉鋸戰。至正十五年（1355 年）十一月，吳宏等圍饒州城，江浙平章三旦八不善調度，加以援兵不至，糧盡箭竭，鎮守官韓邦彥死，鄱陽城被攻破[98]。浮梁、婺源等地也是幾次易手[99]。都昌人於光在此期間成長為饒州的一支重要反元力量[100]。贛東北非常動盪。

西部，袁州經歷了反覆爭奪。至正十二年（1352 年）二月，歐普祥攻占宜春，四月，元將別速堅、分宜彭繼凱、安福袁明東分率元軍與鄉丁，合力克復袁州，彭繼凱承行省之命任本路同知[101]。九月，歐普祥再攻袁州，失敗，轉攻分宜、新喻等縣，結寨固守。次年二月，歐復攻袁州，元帥別速堅與萬戶寶童等經過十個月的固守，城中食盡，十一月，元軍失守[102]。歐繼以袁州為中心，分兵攻陷安福、上高等地。至正十四年（1354 年），湖南的天保一度以所部答剌罕軍攻陷袁州，很快被歐驅逐[103]。此後，江西行省參政全普庵撒裡一度奉命攻取袁州，失敗而歸。十六年（1356 年），歐所部一度逼近廬陵，屯駐半年之久，次年退兵[104]。

98 《元史》卷四四《順帝紀七》。
99 李祁：《雲陽集》卷八《新安節士俞君墓誌銘》。
100 宋濂：《宋文憲公全集》卷五《指揮於君墓誌銘》。
101 正德《袁州府志》卷八《人物・彭繼凱》。郭鈺《靜思集》卷七《哭宜春義士彭維凱》中，彭繼凱作「彭維凱」。
102 正德《袁州府志》卷六《名宦・別速堅》。《明太祖實錄》卷十五「甲辰（至正二十四年，1364 年）六月丁巳」載歐普祥占袁州的時間是至正十三年（1353 年）十二月。
103 正德《袁州府志》卷一《建置沿革》；周霆震：《石初集》卷二《悲東姚》。
104 郭鈺：《靜思集》卷二《悲廬陵》。

中部，跟隨陳普文起事的新淦人鄧克明（一作鄧克銘）兄弟長期據有本州修德、欽鳳、太平、玉笥等鄉。新喻州由邑人黃士能占據，直至後來歸附朱元璋[105]。奉新先後被史普清、吳三復所占，至正十七年（1257 年）轉入武寧胡紹遠之手。富州李明道長期據有本州及相鄰十餘州縣，各置軍將統之[106]。吉安為李明父子所據，一度占有十餘州縣，各設將帥管轄。永新人周安起初與歐共據袁州，不久率眾還據永新，自立山寨，「重斂厚賦，恣睢殺人，暴橫日甚，民怨苦之」[107]。

東南部，至正十二年（1352 年）撫州城雖未被攻下，但所屬各縣中，鄧克明占宜黃、崇仁、樂安；臨川民胡志學、鄧和，崇仁民杜四、熊三、劉世英等「各署將校，攻劫不已」[108]；安仁人王溥據有建昌路，人稱「路主」。

有鑒於江西境內起事民眾的活躍，至正十五年（1355 年）二月，元廷命刑部尚書董銓、兵部尚書黃昭、江西肅政廉訪使吳當等協助已升任江西行省參知政事的火你赤平定江西[109]。黃、吳二人均為撫州人，瞭解鄉邦情況，且有一定聲望，有助於發動民

105 同治《臨江府志》卷十一《武備志》。

106 宋濂：《宋學士文集》卷二一《故吉安府安福縣主簿潘景岳甫墓銘》；同治《南昌府志》卷十八《武備志》；《明太祖實錄》卷十四「甲辰（至正二十四年，1364 年）二月癸丑」，第 179-180 頁。

107 《明太祖實錄》卷一八「乙巳（至正二十五年，1365 年）閏十月戊辰」，第 250 頁。

108 弘治《撫州府志》卷二七《兵氛》。

109 《元史》卷四四《順帝紀七》；《元史》卷一八七《吳當傳》。

間力量。吳當一路招募民兵，從福建進入江西。入建昌路後，招降新城（今黎川）孫塔，克復南豐與建昌。至正十六年（1368年），吳當、黃昭分別從建昌和龍興夾攻撫州，殺胡志學，占崇仁、宜黃。不久，二人隨火你赤鎮戍瑞州，加強對龍興西面的鎮遏。九月，元廷又設江州等處宣慰使司都元帥府，宣慰使都元帥出自廷授，佐貳僚屬則由江西行省長官道童和火你赤任命[110]，以期加強對龍興北路及沿江地區的控制。

至正十二年（1352 年）至十六年（1356 年）的五年間，江西地區只有贛州和南安相對平靜，但也並非波瀾不驚。至正十二年，陳普文所部紅巾軍在吉安受挫後，主力逃至安福，另一支從撫州的樂安、宜黃一帶南下，進入贛州轄境，於四月占據寧都。贛州路判官王榮忠與之七戰皆捷，克復寧都。他們轉攻興國，又被王榮忠擊潰。至正十三年（1353 年）春，紅巾軍攻下會昌。贛州為加強對東部寧都、石城、會昌、瑞金、安遠等較遠州縣的控制與救援，在雩都設立分府，王榮忠「廣設義兵千戶以聯其民，習武以備用，置斜站以報警，棋布三堡於近郊為外防，建鐘鼓樓縣治之左，以明禁令，矚奸慝」[111]。即便如此，至正十三年（1353 年），贛州南陲的信豐還是遭到廣東循州、梅州一帶起事民眾的攻擊，縣尹李廉死之[112]。隨後，雩都又受攻，被王榮忠率

110 《元史》卷九二《百官志八》。

111 王禮：《麟原文集》卷一《贛州路總管府判官王侯紀勳碑》。

112 鐘瓘：《雙節祠記》，見同治《贛州府志》卷十二。

兵民擊退。此後，贛州基本平靜。至正十六年（1355 年），贛州路達魯花赤全普庵撒裡因守贛有功，升任江西行省參政，分省於贛州[113]。

由此可見，至正十三年（1353 年）底到十六年（1356 年）間，江西境內除贛州、南安之外，總體呈現元軍與起事民眾拉鋸作戰、互爭雄長的動盪態勢，元軍控制區與反元武裝占領區處於犬牙交錯的變動之中。

江西境內之所以出現這種態勢，首先是因為元軍經歷了對紅巾軍的成功反撲，實力大損。紅巾軍主力退出江西后，江西行省長官朵歹、火你赤等奉令掃除境內的起事民眾，實是力不從心，久而無功。其次，元朝一貫奉行的排斥漢人、南人，禁止其掌握兵機的政策不利於團結調動地方豪強鄉紳。至正十六年（1356 年）撫州人吳當、黃昭在安靖撫州、建昌兩地的戰鬥中卓有功勛，之前負責此事的江西行省參政朵歹積年無功，「因忌（吳）當屢捷，功在己上，又以為南人不宜總兵，則構為飛語，謂當與黃昭皆與寇通」[114]。聽信讒言的元廷解除二人兵權，降吳當為撫州路總管，黃昭為臨江路總管。後，火你赤又說二人難以勝任牧民官，元廷遂將二人貶黜為民。吳、黃招募的大批鄉兵雖未即刻解散，但鬥志大減。陳友諒進入江西后，吳當隱居鄉間，黃昭則改投陳友諒。二人的離去對元朝實是重大損失。而且，吳、黃二

113 《元史》卷一九五《忠義傳三・全普庵撒裡傳》。
114 《元史》卷一八七《吳當傳》。

人的經歷在江西絕非個案。安福州姚正叔舉族抵抗紅巾軍，「監州普剌、同知脫歡答失蠻擁兵咫尺，素忌其能。眾踴躍求自效，二人力遏之。姚死，安成（引者註：即安福）陷，寇遂根盤」[115]。分宜彭繼凱擊退歐普祥後，「禁殺掠，修城池，繕甲兵，吊死恤孤，民賴稍安」，繼而迎取逃遁的前守官寶童回任。寶童「嫉其功，中秋夜宴，令刺客伺其酒酣殺之。城中驚擾，義士潰敗」[116]。最後，經過長達幾年的動盪與對抗後，江西的豪強鄉紳實力大損，如金溪「豪勢之家焚蕩播遷，靡所底止」[117]，廬陵大族「宅宇家計悉為煙燼」[118]。在與起事民眾對抗時，他們不再具有優勢，永新縣一度頗具實力的劉綸、劉琚兄弟在這一時期便不能抵擋周安的攻勢。

綜上所述，至正十一年蘄、黃爆發紅巾軍起事後，江西從至正十二年（1352 年）年初到至正十七年（1357 年），絕大部分路州縣都經歷了紅巾軍與元軍的反覆爭奪，社會動盪。戰局經歷了紅巾軍主力勢如破竹的推進、元軍的成功反撲、元軍與起事民眾拉鋸相持三個階段。到至正十七年（1357 年），江西境內除江州、南康、龍興、饒州、瑞州、撫州、信州、臨江、吉安、贛州

115 周霆震：《石初集》卷二《悲東姚》。

116 正德《袁州府志》卷八《人物》。

117 朱善：《朱一齋文集》卷八《元魯吳公墓誌銘》，四庫全書存目叢書本。

118 劉彥昺：《春雨軒集》卷八《代侄斯干（翰字）預書墓誌銘》，明嘉靖刊本。轉引自楊訥、陳高華、朱國照、劉炎編《元代農民戰爭史料彙編（中編）》，第 129 頁。

等重要城邑，元廷實際上已無法有效控制大部分路級以下的州縣，且部分元軍守將因長期得不到元廷的消息，了無鬥志，時有去意[119]。元朝在江西的統治苟延殘喘。同時，江西亦沒有足以威震一方的割據勢力。這時的江西，「各路軍州洶洶不知所屬」[120]，等待著外部力量的強勢進入。

二 元朝統治在江西的終結

至正十五年（1355 年），淮西倪文俊復起後，戰功卓著，人稱「蠻子」，其主徐壽輝則「木強無他能」[121]，權柄遂為倪文俊所掌。至正十七年（1357 年）九月，倪文俊企圖謀殺徐壽輝篡位，未遂，逃奔黃州，被部將陳友諒襲殺。陳友諒盡吞其眾，勢力大增，自稱宣慰使，隨之昇平章，掌控天完的軍權。

陳友諒的出兵重點在東南沿江路州。至正十七年（1357 年）十月始，陳友諒所部沿江而下，占江州，在小孤山大敗元軍。十八年（1358 年）正月，與巢湖水師統領趙普勝聯軍攻破安慶，殺元淮南行省左丞余闕。在攻打安慶的過程中，饒州祝宗率眾參與攻城[122]。

陳友諒攻略沿江各地時，江西諸郡皆無守備。元廷急令吉安

119 解縉：《文毅集》卷十二《鑒湖阡表》。
120 康熙《南城縣誌》卷十一《宦業・夏顯卿》。
121 《明太祖實錄》卷八「庚子（至正二十年，1360 年）閏五月戊午」，第 99 頁。
122 《元史》卷一四三《余闕傳》。

永豐人、時任廣東廉訪司副使的劉鶚駐守江州，但為時已晚。劉鶚停駐龍興[123]。鎮守瑞州的江西行省左平章火你赤回師龍興。時吳當、黃昭雖貶為平民，但念軍情重大，率鄉兵隨其回師。同時，江西行省參政全普庵撒裡分省於吉安，行省都事吳伯都剌（即吳彥誠，居於龍興的西域哈剌魯人薛昂夫之子）任吉、贛總兵官，控遏贛江上段。

四月，陳友諒乘著夏漲，親率水軍和戰艦千餘艘，由江州逆流而上，進攻龍興。此時的龍興因火你赤回防，應該說還是具有相當的防禦能力。但火你赤與行省右平章道童素不和睦，且貪婪殘酷，不得將士之心，路總管安謙等也沒有 6 年前抵禦鄒普勝時的鬥志。三人均棄城遁避撫州[124]，陳友諒輕取南昌。隨後，陳軍乘勝四出，龍興屬縣皆為其所有。陳友諒設立江西行省，以吳廷瑞為丞相，鎮守龍興，稍後，分兵四路，攻略江西諸路州縣。

西部，四月，陳友諒遣王奉國攻瑞州路。時瑞州由臨江路同知鎮守，無力抵禦，王奉國遂據有瑞州[125]。十九年（1359 年）三月，劉普燔攻占上高縣[126]。

東南面，因道童、火你赤等逃向撫州，陳友諒親率部眾追擊，於五月破撫州，擒殺路達魯花赤完者帖木兒，然後沿撫河進

123 楊士奇著，劉伯涵、朱海點校：《東里文集》卷十八《元龍興路儒學正楊公墓誌銘》，中華書局 1998 年版。

124 《元史》卷一四四《道童傳》。

125 《元史》卷四五《順帝紀八》，權衡：《庚申外史》卷下。

126 正德《瑞州府志》卷十《災異志》。

兵建昌。時安仁人王溥占據建昌，陳友諒以平章之任誘之，八月，王溥出降[127]。至正十九年（1359 年），陳友諒遣康泰、趙琮、鄧克明等分三路進兵福建，十一月，其中一支過杉關，攻克邵武。鄧克明所部在攻建寧失敗後，回師撫州，擒殺劉世英，據有崇仁、樂安。陳友諒任鄧克明為右丞，據撫州。金溪則為王溥所有[128]。

南面，陳友諒軍進至臨江，曾在至正十二年（1352 年）南昌保衛戰中立有戰功的守臣定住獻城投降[129]。四月，熊天瑞、幸文才兵臨吉安。此前，分省吉安的全普庵撒裡和吳伯都剌「漫不事事」[130]，專意內訌，貪暴自用。全普庵撒裡乃西域高昌禿兀兒氏，據稱他「資性聰敏，風流瀟灑，人莫能及也」[131]，且擅作散曲。在江西期間，他以「酷虐」著稱，「贛謝氏，其（引者註：指全普庵撒裡）故也。懷宿憾，先沒入之，謝自成丁以上，非遠徙則獄死，且連逮其親戚，沒入者十七八家……十六年秋，始次泰和（引者註：當作太和），誣執蕭繩武義士等十八人，殺之，沒入者又十餘家……十七年夏，始次吉安，先勒大賈徐、李各獻銀萬兩，徐父子相繼杖限死。征愈急，次及編戶」。吳伯都剌則對屬下失於鈐束，其裨將明志高甚至矯殺林伯顏、武端二員驍

127 康熙《南城縣誌》卷十一《宦業・夏顯卿》。
128 《元史》卷四五《順帝紀八》，弘治《撫州府志》卷二七《兵氛》。
129 權衡：《庚申外史》卷下。
130 解縉：《文毅集》卷十四《中議大夫吉安路總管劉明道神道碑》。
131 佚名：《錄鬼簿續編》，見《錄鬼簿（外四種）》，上海古籍出版社 1978 年版，第 107 頁。

將。五月，明志高以吉安城獻降，錄事張元祥與權達魯花赤雅某亦降。全普庵撒裡「倉卒棄其師，單舸裝其婦女、寶貨，還走贛」，分省隨之南遷。幸文才和明志高追擊至贛州。時贛州總管哈海赤「任情好殺，率意破律，民不堪命」[132]，無力抵禦。八月，贛州城內百姓食盡，九月，軍士食盡。二十九日，贛州城破，全普庵撒裡和哈海赤死之[133]。

東面，王奉國占據瑞州後，陳友諒遣其領兵二十萬攻信州。至正十九年（1359 年）正月，江東廉訪副使伯顏不花的斤自衢州引兵來援。二月，陳友諒弟友德亦援信州，包圍信州城。經過異常殘酷的幾個月相持，五月，信州城內乏糧，「時軍民唯食草苗茶紙。既盡，括靴底煮食之。又盡，掘鼠羅雀，及殺老弱以食」。六月，王奉國等連續十多天晝夜攻城，且「穴地百餘所，或魚貫梯城而上」，信州城破，伯顏不花的斤自刎[134]。陳氏部眾隨即進入衢州（治今浙江省衢州市）。

到至正十九年（1359 年）信州城破，江西十三路盡歸天完政權，境內幾無元人立足之地。江西行省份省於廣州，勉強維持

132 陳謨：《海桑集》卷九《書贛州城陷本末》，明嘉靖刊本。轉引自楊訥、陳高華、朱國照、劉炎編《元代農民戰爭史料彙編（中）》，中華書局 1986 年版，第 280-281 頁。

133 《元史》卷四五《順帝紀八》。

134 《元史》卷一九五《忠義傳三・伯顏不花的斤傳》。據《元史》卷四五《順帝紀八》：至正十九年「正月，甲午，朔，陳友諒兵信州路，守臣江東廉訪副使伯顏不花的斤力戰死之……三月，癸巳，朔，陳友諒遣兵由信州略衢州，復遣兵陷襄陽路」。二者有歧。

其在行省南部的統治[135]。原設於龍興路的監察機構——江西湖東道肅政廉訪司在福建建寧路權宜開司署事[136]。大量任職江西的元朝官員，或南逃至廣東，或向西南遁入福建，受命南來的江西官員亦止步於閩粵，無法越杉關、鐵關或梅關進入江西。如至正二十年（1360 年），鄧克明攻建寧時，江西行樞密院副使明安、軍政元帥呂天澤、廉訪司僉事察伋、揭汯等均停留於此[137]。廣東境內則有分省右丞跌裡迷失、左丞何真、參政邵宗愚等。至此，元朝在江西地區的統治徹底瓦解[138]。

三　陳友諒與朱元璋之爭

擁有江西和湖廣的天完政權是當時南方各支反元武裝中占地最廣、實力最強者。至正十九年（1359 年），陳友諒以江州為都，從漢陽迎徐壽輝來居。十二月，徐壽輝至江州，隨從被陳友諒伏兵儘數殺害。陳友諒繼續奉徐壽輝為主，自稱漢王，在江州城西門外立王府，置官屬。天完大權盡歸陳友諒，徐壽輝只擁虛位。自此，江州成為徐壽輝的天完政權和後來陳友諒的漢政權中心，這有利於陳友諒居中控馭轄境內東西各路的部眾。次年閏五

135 《元史》卷四六《順帝紀九》，卷一九五《忠義傳三・朵裡不花傳》。
136 《元史》卷九二《百官志八》。江西湖東道肅政廉訪司權於建寧路開司署事，事在至正十八年（1258 年）。
137 貢師泰：《玩齋集》卷九《建安忠義之碑》。
138 當時江西尚有極少屬縣與天完政權相抗，如贛州興國縣到至正二十三年（1363 年）仍奉元主，見同治《贛州府志》卷四三《官師志・陳文彬》。

月初一，陳友諒殺徐壽輝於太平路（治今安徽省當涂縣），自稱皇帝，國號「大漢」，改元「大義」，回駐江州[139]。江西地區十三路中，除袁州歐普祥不聽陳友諒節制[140]，其餘盡屬漢政權。陳友諒在江西的勢力達至頂點。

定都江州的幾年間，陳友諒重點經營江西地區。江西行省是目前已知的漢政權中唯一一個最高地方行政機構，胡廷瑞任丞相，平章有祝宗、王溥、吳宏、劉某等，左丞有餘椿、張民瞻，右丞有鄧克明，參知政事有廖永堅等，軍事機構則有江西行樞密院，康泰曾任同僉[141]。江西州縣之官多為軍將。同時，漢政權為增加自身實力，在江西進行了一定的籠絡人才的努力。陳友諒在南昌曾登門禮請元江南行台侍御史韓准，在太和「下令錄寓官以待用」[142]。當時，有儒者稱陳友諒「以雄毅之姿，英邁之略，糾集群帥，起兵漢、沔而威吳、楚。凡行師立署，所至之處，能者使，才者用，賢而有德者尊禮，俾各遂其性，無意於富貴功名者不強以職，此所以超軼群雄者也」[143]。由此可見，陳友諒在江西士人中具有一定聲望。加之元政權在江西的統治已經崩潰，士人找不到歸依，於是「偽陳之在九江，趨者日眾」[144]，一些頗負時

139 《元史》卷四五《順帝紀八》。

140 《明太祖實錄》卷十五「甲辰（至正二十四年，1364 年）六月丁巳」，第 198 頁。

141 邱樹森：《元末紅巾軍的政權建設》，見《元史論叢》第一輯，中華書局 1982 年版，第 91-108 頁。

142 劉崧：《槎翁文集》卷十六《清江縣主簿楊君墓表》。

143 同治《南昌府志》卷四十《人物誌・傳箕》。

144 王禮：《麟原文集》卷三《教授夏道存行狀》。

望的儒士和元朝前官員加入漢政權，較著者有撫州人、元湖廣行省參知政事黃昭[145]，其在漢政權的官職不詳；吉水人、元鄉貢進士解觀任太常禮儀院判官[146]，婺源人、元郴州路儒學正詹同受聘為翰林學士承旨兼御史[147]，等等。但是，江西地區還是有相當一部分儒士或因陳友諒弒主篡位而鄙棄他，或因元廷影響尚在而不忍背棄，或因大局未定而心存觀望，他們與漢政權保持疏離。陳氏遣人徵聘吳當時，吳當「臥床不食，以死自誓。乃舁床載之

145 據《元史》卷一八七《吳當傳》，黃昭、吳當被誣貶為民後，元廷得知實情，拜黃昭為湖廣行省參知政事，吳當為江西行省參知政事，命未下而陳友諒已攻江西。

146 解縉《解學士文集》卷八《伯仲公傳》（明嘉靖刊本，轉引自楊訥、陳高華、朱國照、劉炎編《元代農民戰爭史料彙編（中編）》，第 309 頁）載：「至正辛丑（引者註：至正二十一年，1361 年），陳友諒以書招之（引者註：指解觀），遂往，勸以息兵保境，友諒不從。謝病解機務，為太常禮儀院判，養病著書。江州破，死焉。」即解觀在漢政權中任職，但實際上沒有理事。景印文淵閣四庫全書本《文毅集》卷十一《伯中公傳》的相關記載與此不同：「至正辛丑，陳友諒屢書聘之，不往，以書勸其息兵保境，友諒不從，遂謝病著書。江州破，死焉。」後者將「遂往」改為「不往」，並闕略「為太常禮儀院判」七字，從而將解觀任職漢政權的經歷抹去。這顯然是明朝嘉靖以後刪改所致。

147 據過庭訓《本朝分省人物考》卷三六《詹同傳》（明天啟刊本，轉引自楊訥、陳高華、朱國照、劉炎編《元代農民戰爭史料彙編（中編）》，第 315 頁），詹同「至正中，舉茂才異等，授郴州學正。遇亂道梗，因家黃州。陳友諒征為學士承旨兼御史。高皇帝平陳，首召為國子博士」。即詹同擔任了漢政權的翰林學士承旨兼御史。清乾隆《婺源縣誌》卷十五《人物誌・名賢・詹同傳》的記載與此不同：「至正舉茂才異等，為柳州路學正。遇難道梗，因家黃州。陳友諒以為學士承旨兼御史，不拜，歸明太祖。」即詹同未在漢政權中任職。這可能與前述解觀的情形一樣，乃是後人改動所致。

舟，送江州。拘留一年，終不為屈。遂隱居廬陵吉水之谷坪」[148]。進賢人傅箕出身進士，心繫元朝，也拒絕了陳氏徵聘[149]。另外，漢政權的有些地方官還進行了一些文化建設。占據撫州的平章鄧克明在兵戈紛擾中修繕儒學，初無一人入學，後經努力，學生多至一百五十人[150]。臨江守將定住雖系武將，實是至正二年（1342 年）進士，文雅風流，「好延攬儒碩，文宗六朝」，與當地文士周聞孫等時相唱和[151]。

另一方面，陳友諒作為漢政權之主，在兵燹遍地之時仍痴迷於奢侈的生活，使都城江州成為奢侈品聚集地。孔邇《雲蕉館紀談》記述了陳友諒的一些生活片段：「後庭數百人皆錦衣玉食，用極奢侈。有桑妃者，陳所至愛，海賈所進金絲花襖、紫霞帳、水晶縷鳳箱皆以賜之」，「嘗以春暮結綵為花樹，自府第夾道植至匡山，又剪繡鋪於道上，與宮人乘肩輿而行」。陳友諒酷愛奇珍異寶，「處兵戈間而急於珍寶。偽將征伐，必使之遍求奇寶。故善承意者甚至發冢行劫」。他在江州開設寶市，招引海商大賈前來貿易。為接待持寶來獻者，他在朱衣巷內建尊珍館，「設賓客卿使之名，豐其谷祿，別其敬禮：得其絕色以進，則封為奇貨上賓；得珠玉以進，則封為珍精貴客；又有華卿、麗使，亞於賓客也」。陳友諒還在南昌城西章江門外建鹿囿，蓄鹿數百隻，「嘗

148 《元史》卷一八七《吳當傳》。
149 同治《南昌府志》卷四十《人物誌・傅箕》。
150 弘治《撫州府志》卷二三《人物・黎仲基》。
151 同治《臨江府志》卷一五《雜類志》。

至其所，自跨一角蒼鹿，綴瑟珠為纓絡，掛於角上，縷金為花鞍，群鹿皆飾以錦繡，遨遊江上」[152]。陳友諒的這些奢靡之舉後來成為朱元璋訓誡部下的反面教材。

就在陳友諒流連於江州的花樹寶市間時，他那有悖倫常的弒主之舉和對部將心存疑忌的用人策略已使疆土強大的漢政權內部實際矛盾重重，將士離心，政令不一。相反，起家於淮西紅巾軍、此時已占據江東應天府（治今江蘇省南京市）的朱元璋部則蒸蒸日上，且已擬定先滅陳友諒，再取張士誠，然後揮師北上以定中原的策略。雙方展開了對江西地區的爭奪。

至正二十年（1360 年）六月，胡大海奉朱元璋之命占領信州，封鎖住陳友諒部進入浙東的路線，牽制其進攻江東的兵力。這是漢政權在江西地區喪失的第一個路級行政區。七月，陳友諒的浮梁守將於光、左丞余椿與饒州同知幸某不協，於光遂向朱元璋部投降。陳友諒遣參政侯邦佐攻陷浮梁，於光等敗走，屯戍徽州[153]。九月，歐普祥以袁州降於朱元璋。

至正二十一年（1361 年）八月，朱元璋親率徐達、常遇春等從龍灣出發，一路攻安慶，克小孤山，下湖口，陷江州，陳友諒敗走武昌[154]。朱元璋進入江州，獲馬二千餘匹，糧數十萬石，

152 轉引自楊訥、陳高華、朱國照、劉炎編《元代農民戰爭史料彙編（中編）》第一分冊，中華書局 1986 年版，第 343-344 頁。
153 《明太祖實錄》卷八「庚子（至正二十年，1360 年）七月乙丑」，第 108 頁。
154 《元史》卷四六《順帝紀九》。

隨即南下取南康，改南康路為西寧府，以星子縣尹陳子亨駐防。陳友諒平章吳宏以饒州獻降。九月，建昌王溥降。十一月，鄧克明以撫州詐降，鄧愈、吳宏取撫州。十二月，陳友諒江西行省丞相胡廷瑞、平章祝宗遣使至江州請降。

至正二十二年（1362 年）正月，朱元璋至龍興，改龍興路為洪都府。葉琛任知府，胡廷瑞、祝宗等降將仍襲舊職。稍後，已降附朱元璋的江西各地守將聚集洪都，有建昌王溥、饒州吳宏、袁州歐普祥之子歐文廣等。陳友諒駐吉安守軍孫本立等亦潛至洪都請降。詐降後出逃至新淦老巢的鄧克明則在前往洪都探風時被擒。三月，平章祝宗、樞密院同僉康泰復叛，攻陷洪都，鄧愈倉卒出走，葉琛死之。四月，徐達復取洪都。朱元璋派親侄朱文正以大都督府左都督之職節制中外軍事，往鎮洪都。八月，陳友諒部熊天瑞攻取吉安，孫本立敗走，陳友諒遣饒鼎臣守吉安。十二月，朱文正遣將擊走饒鼎臣，復取吉安。至此，陳友諒在江西的勢力僅限於贛南一隅，朱元璋的疆土則連江東、浙東、皖南、江西中部和北部而成一片。

至正二十三年（1363 年）二月，朱元璋親自出兵救援被困安豐的小明王，陳友諒決定乘虛再取江西，重振漢政權。二月，陳友諒驍將張定邊擊走於光等，重據饒州。四月，陳友諒傾國而來，大舉圍攻洪都。此後的八十五天中，朱元璋部大都督府左都督朱文正率軍進行了堅苦卓絕的洪州保衛戰。《明太祖實錄》對此有詳細描繪：

陳友諒復大舉兵圍洪都。初，友諒忿其疆場日蹙，乃作大艦來攻。艦高數丈，外飾以丹漆，上下三級，級置走馬棚，下設板房為蔽，置櫓數十其中，上下人語不相聞，櫓箱皆裹以鐵。自為必勝之計，載其家屬百官，空國而來。洪都城始瞰大江，友諒前攻城，以大艦乘水漲附城而登陸，故為所破。上既定洪都，命移城去江三十步，至是友諒巨艦至，不復得近，乃以兵圍城，其氣甚盛。都督朱文正與諸將謀分城拒守：參政鄧愈守撫州門，元帥趙德勝等守宮步、土步、橋步三門，指揮薛顯等守章江、新城二門，元帥牛海龍等守琉璃、淡台二門，文正居中，節制諸軍，自將精銳二千，往來應援以御之……丙寅，陳友諒兵攻洪都之撫州門，其兵各戴竹盾如箕狀，以御矢石，極力來攻，城壞三十餘丈。鄧愈以火銃擊退其兵，隨豎木柵，敵爭柵，都督朱文正督諸將死戰，且戰且築，通夕城完。於是總管李繼光，元帥牛海龍、趙國旺、許珪、朱潛、萬戶程國勝等皆戰死，後俱配享洪都功臣廟……六月……辛亥，陳友諒圍洪都久不克，增修工具攻水關，欲破柵以入。都督朱文正使壯士以長槊從柵內刺之，敵奪槊更進。文正乃命鍛鐵戟鐵鉤穿柵更刺，敵復來奪，手皆灼爛，不得進。友諒盡攻擊之術，而城中備御隨方應之。友諒計窮，又以兵攻宮步、士步二門。元帥趙德勝力御之，暮坐宮步門樓指揮士卒，中流矢死……壬戌……洪都被圍既久，內外阻絕，音問不通，文正乃遣千戶張子明告急於建康。[155]

155 《明太祖實錄》卷十二「癸卯（至正二十三年，1363 年）夏四月壬戌」至「六月壬戌」，第 151-156 頁。

陳友諒圍攻洪都期間，還於五月遣偏師蔣必勝、饒鼎臣復陷吉安、臨江，接著，二人率部沿贛江而下，參與洪都圍城。此時，如果陳友諒攻下洪都，再乘勝攻取其他路州，將重新據有江西，重振雄風。朱元璋接張子明急報，於七月率徐達、常遇春等領水師救援洪都。陳友諒聞訊，即撤洪都之圍，東出鄱陽湖迎戰。兩軍相遇於康郎山。陳友諒部六十萬人，朱元璋部二十萬人，共八十萬水師在鄱陽湖展開了中國軍事史上規模空前的水軍大會戰。陳友諒部人多卻久戰低迷，朱元璋部人少而士氣高昂；陳友諒部艦大卻笨重不靈，朱元璋部船小而靈動自如；陳友諒暴躁多疑，部眾失於團結，朱元璋謹慎虛心，上下同仇敵愾；陳友部諒久戰乏糧而無繼，朱元璋部補給充裕而不絕。在天時地利人和的情況下，朱元璋指揮了中國軍事上一次以少勝多的典型戰役，經過七月下旬連續四天的激戰，大敗陳友諒，單是第二天一場「煙焰漲天，湖水盡赤」的火攻，陳友諒就損失六萬人。經過一段時間的相持後，八月，陳友諒突圍出湖口。在雙方船艦順流而下，混戰至涇江口時，陳友諒中流矢而死。張定邊等乘夜載其屍及其子陳理逃回武昌。

鄱陽湖戰後，漢政權元氣大傷，殘部指日可清。至正二十四年（1364 年）二月，朱元璋率水陸大軍親征武昌，陳理出降，漢政權滅亡。此時，江西還有鄧志明占據臨江，饒鼎臣困守吉安，熊天瑞以贛州為基地，擁眾數萬，北爭萬安，南占韶州（治今廣東省韶關市），揮師廣州，西攻湖南桂陽，尚有一定實力。七月，朱元璋遣常遇春會同鄧愈、金大旺「兵討瀧西（引者註：

當作『江西』）上流未附郡縣」[156]。常、鄧二人率部攻臨江，下吉安，九月，兵圍贛州。熊天瑞經過五個月的堅守，最後糧盡援絕，於次年正月出降。常遇春隨即進師南安，並遣麾下危止越過南嶺招諭韶州等路，[157]鄧愈、湯和則繼續清掃各地山寨，終將江西全境納為朱元璋轄地（名義上隸屬以韓山童之子韓林兒為帝的宋政權）。至正二十八年（1368 年）正月，朱元璋稱帝，國號「大明」，建元「洪武」，江西遂成為大明王朝的一個省。

自至正十二年（1352 年）年初開始，在長達十餘年的戰爭中，江西多數州縣「兵交無虛日，民罹殺戮甚眾，男女無不被俘虜者」[158]，百姓產業滌盪幾盡，許多市井村落淪為荒丘。入明以後，兵燹造成的創傷可以很快恢復，但各割據勢力為支撐戰爭而實行的加賦於民的做法則遺禍後世[159]，影響深遠。

156 《明太祖實錄》卷十五「甲辰（至正二十四年，1364 年）七月戊寅」，第 198-199 頁。

157 《明太祖實錄》卷十六「乙巳（至正二十五年，1365 年）春正月己巳」、「乙巳（至正二十五年，1365 年）春正月甲戌」。

158 劉崧：《槎翁文集》卷一七《二子壙志》。

159 如歐普祥據有袁州時，令民田一畝納米二斗，計鄉斗九斗。入明，誤以鄉斗作官斗造冊上報。出身農家的朱元璋知畝納三斗已重，命減半科征。即便如此，明代袁州賦稅仍較元代舊額「實重兩倍已」。事載嚴嵩原修，季德甫增修：嘉靖《袁州府志》卷五《賦稅》，台北成文出版有限公司 1989 年版。

第五章——元代江西的教育與文化

第一節 ▶ 教育與科舉

元朝的蒙古統治者對孔子的早期認識只限於「天的怯裡馬赤」（即天的譯員），後來也只將其視為諸教之一，與佛、道並重，但穩定統治有賴於儒學，有賴於各類人才的培養則被認同。從窩闊台合罕任命耶律楚材考試儒生，到忽必烈制定崇重文教的政策，至成宗繼位詔書以興學為務，元朝逐漸形成了從京師國子學、地方官學、書院到鄉野村塾、社學的可以包容各層次學子的學校教育體系。所以，元儒黃溍自豪地說，元朝「自京師至於偏州下邑，海陬徼塞，四方萬里之外，莫不有學」[1]。同時，實行以儒學為基礎選拔人才的科舉考試也不斷被提出，直到元中期的延祐元年（1314 年）付諸實施，從而為朝廷選拔出大批學行甚高的統治人才。

江西地區繼承宋代的教育和文化基礎，成為元代教育最發達的地區之一，也是科舉人才輩出之區。教育方面，江西地區既有系官教育機構，又有獨立於官府之外的民間教育機構。

一　官學

元代江西地區的官學包括政府舉辦的路、州、縣儒學、蒙古字學、醫學、陰陽學和系官書院。

儒學是傳授儒家學說的學校。元代路、府、州、縣均設儒學，有教授、學正、學錄、教諭等學官。至元十七年（1280 年）

1　黃溍：《金華黃先生文集》卷十《邵氏義塾記》。

置各道儒學提舉司，管理轄區內的儒學，至元二十一年（1284年）革罷，儒學事務由路、府、州、司、縣民官兼理。三年後，復設各道儒學提舉司。元貞元年（1295年），再革各道儒學提舉司，江南地區設立江浙、江西、湖廣三處行省儒學提舉司，是從五品衙門[2]，設提舉一員，從五品，副提舉一員，正七品。江西行省的儒學提舉和副提舉多是名儒碩學，如浦江柳貫曾任儒學提舉，崇仁大儒吳澄、原遼陽路儒學教授葉瑞任儒學副提舉[3]。儒學一般建有文廟，用於祭祀孔子和儒學發展中起過重要作用的人物及鄉邦名賢，故又稱「廟學」。在學生員主要來自儒戶。元制，儒戶的義務是須有一名子弟在儒學或係官書院就學。其他人戶子弟亦許入學。

江西地區經歷了兩宋的興學後，至宋末，儒學基本普及。入元，有些儒學因兵燹而毀壞，或年久失修。世道清平以後，多數儒學得以重修。元代江西地區共有十三路、十九州、五十一縣，除吉安路永寧縣是元代新設縣級行政區，至明洪武五年（1372年）才建縣學外，其餘八十二個路、州、縣均設儒學，占所有應設儒學行政區的百分之九十八點八[4]。八十二處儒學中，有八十

2　《廟學典禮》卷四《設立隨省儒學提舉司》。

3　許有壬：《至正集》卷五十《故承務郎江西等處儒學副提舉葉先生墓誌銘》，景印文淵閣四庫全書本。

4　目前對元代廟學研究較為系統的著作有胡務的《元代廟學——無法割捨的儒學教育鏈》，巴蜀書社 2005 年版。該書對元代全國儒學的新建、再建情況有精確統計，關於江西地區的統計詳見該書第 87-93 頁。元代的江西地區，胡著認為只龍南縣未有儒學。對龍南縣儒學，

一處是在宋代的基礎上重修，只有龍興路新建縣一直沿用宋淳熙二年（1175 年）始建的宗濂書院，直到元統（1333-1335 年）初才新建儒學。由此，元代的江西地區是全國儒學普及率最高的地區之一，基本上是對宋代已有成就的繼承。

元代的官辦儒學內設有小學，教授八至十五歲的學童，定制於至元二十八年（1291 年），規定「江南諸路學及各縣學內，設立小學，選老成之士教之」[5]。元貞元年（1295 年），江南行御史台採納福建閩海道肅政廉訪司的建議，規定「上路設立小學生三十名，下路二十名，經、賦教導各一員，每日常川在學肄業，朔望與儒生一般陪拜講書，每日與儒生一體會食」[6]。後，部分系官書院亦設小學。江西官辦儒學內的小學情況不甚明晰，略知龍興路學內建有小學，設訓導一職，不屬於正式學官。江南行台曾打算小學訓導任職三年後，授為學正或山長，未果；江西行省又擬其三年後升為學諭或學錄，又不成。小學訓導終究未能轉為正式學官[7]。可見，當時官辦儒學內的小學不太受重視。其他如

胡氏將其確定為「資料缺乏，建學無考」（第 91 頁）。雍正《江西通志》卷十八《學校二・贛州府》載：「龍南縣儒學：舊在縣治東南，宋元祐間，縣令許彥光建。元總管陳讜、縣尹鄭輪相繼修。明洪武三年，知縣莘持敬重建。」據此，龍南縣學亦是宋代舊有、元代重修的儒學。

5 《元史》卷八一《選舉志一・學校》。

6 《廟學典禮》卷五《行台坐下憲司講究學校便宜》。

7 徐明善：《芳谷集》卷二《贈徐義翁北行序》，豫章叢書本。

富州儒學[8]、信州路稼軒書院[9]等亦設有小學。另，大德四年（1300 年），建康路等請求在城內八隅各設小學一處，由「請糧儒人」擔任學師，其餘州、縣各鄉比照設立。這也是官辦小學。不知江西地區是否同樣施行。

蒙古字學是培養蒙古新字翻譯人才的學校。蒙古人原使用畏兀兒體蒙古文，至元六年（1269 年），帝師八思巴奉世祖忽必烈之命，以藏文字母為基礎創製成蒙古新字（八思巴文），推行全國，凡朝廷聖旨、官員奏章、衙門印鑑等均須使用。隨即，各路開始設立蒙古字學，以八思巴文翻譯的《通鑑節要》為主要教材，兼收地方官員和民間子弟入學，其中民間子弟定額是上路三十人，下路二十五人。大德五年（1301 年）又進一步規定，散府蒙古字學生員二十人，上、中州十五人，下州十人。在學生員免除雜役，成績優異者經考試後，可充任蒙古字學教官或譯史。南宋滅亡後，蒙古字學推廣到南方，設江浙、江西、湖廣三處蒙古提舉學校官（從五品）進行管理。徙居信州永豐的蒙古人十里牙禿思曾出任江西蒙古字學提舉[10]。

江西地區的蒙古字學不如儒學普及。已知的有吉安路學，擁有官府撥付的荒閑土地作為生徒廩贍的來源。瑞州路學，位於錄

8 揭傒斯：《揭文安公全集》卷十《富州重修學記》，四部叢刊初編本。
9 戴表元：《剡源戴先生文集》卷一《稼軒書院興造記》，四部叢刊初編本。
10 虞集：《道園類稿》卷四六《靖州路總管捏古台公墓誌銘》。

事司天慶觀西，由原歲給倉改建而成[11]。建昌路學，楊大不花於泰定年間（1324-1328 年）任該學教授，並助修路儒學[12]。饒州路學，位於錄事司北[13]。南安路學，湖州人朱文進婿孫介壽曾任該學學正[14]。富州州學，河北人杜唐臣曾任該學教授[15]。婺源州學，後至元元年（1335 年）由知州干文傳委當地名族汪氏創建，位於州治東南[16]。宜黃縣學，臨川人傅岩曾任該學學諭[17]。

元代習蒙古文字者可任譯員、教官，藉以進入仕途，故江西不乏習之者。如撫州人李見翁，出身軍將之家，學儒，又習蒙古文，後任象州蒙古字學正，再轉為柳城東泉鎮巡檢，進入流官系統[18]。臨川人傅岩，蒙、漢文兼通，先後任江州、撫州譯史。雩都孫伯顏則通過擔任譯史入仕，升至三品高官。

醫學是培養醫療人才的學校，同時還是醫療機構和醫學交流場所[19]，始置於中統三年（1262 年），路、府、州、縣均設。南

11 《永樂大典》卷七五一四《十八陽・倉・歲給倉》引《瑞陽志》。
12 吳澄：《吳文正公全集》卷二十《建昌路廟學記》。
13 雍正《江西通志》卷二二《書院二・饒州府》。
14 吳澄《：吳文正公全集》卷三六《元贈承事郎德清縣尹朱君墓表》。
15 吳澄：《吳文正公全集》卷十四《送杜教授北歸序》。
16 吳師道：《吳禮部集》卷一《婺源州蒙古字學記》。
17 曾思聰：《撫州路譯史傅岩墓記》，見陳柏泉編著《江西出土墓誌選編》，第 269-270 頁。
18 吳澄：《吳文正公全集》卷十八《送李見翁巡檢序並詩》。
19 吳澄：《吳文正公全集》卷十五《送陳景咨序》載，各地醫學之官「或以治為職，或以教為職」。《元典章》卷三二《禮部五・學校二・醫學・講究醫學》：每逢朔望之日，當地醫戶及其他以醫為生者齊聚三皇廟，焚香罷，「各說所行科業、治過病人，講究受病根因、時月運

宋平，依制在江南設立。元朝規定，醫戶和行醫賣藥之家均須揀選一名子弟入學，其他良家子弟願入學者，聽其自便。在學生員免除部分差役。醫學內設教授、學正、學錄、教諭等醫官，行省設醫學提舉司（從五品），管領各處醫學，考試醫生，校勘醫書，辨別藥材等。江西官醫提舉司曾審校南豐人危亦林所著《世醫得效方》，並上送太醫院，使該書得以刊刻。與儒學內常設小學、附近常置文廟相同，醫學內亦有小學，也往往與三皇廟在一起，有時也合稱「廟學」。三皇廟規制與文廟相似，「作伏羲、神農、黃帝之像，南面參坐，而以昔者神明之醫與凡為其學而著名者以次列從，配享從祀，略如近代儒學之制。常以歲春秋季月之吉，守令具性（引者註：當作『牲』）醴行事，著為令」[20]。當地與醫學有關的從業者及生員「執禮致拜告享，仿於儒學，而

・蒙古字《百家姓》
圖片來源：陳元靚《新編纂圖增類群書類要事林廣記》。

氣、用過藥餌是否合宜。仍令各人自寫曾醫愈何人病患、治法、藥方，具呈本路教授」。

20 虞集：《道園學古錄》卷三六《崇仁縣重建醫學三皇廟記》。

器服牲幣亦視以為法」[21]。元代有些路州縣的醫學往往因陋就簡，先以舊宅為三皇廟，後設或未設醫學。如龍興路醫學始設時，「宅土曠遠，藏息無所」[22]，南豐由縣升州後的二十年間，始終沒有修三皇廟，「春秋祭，朔望拜，率僑寓於館驛，於佛堂」[23]，更遑論專設醫學講堂。

元代江西地區的醫學與三皇廟較多，估計路醫學已經普遍設立，各縣則沒有普及。已知情況大體如下：

龍興路：路醫學初設於偏遠之地，泰定年間（1324-1328 年）買地新修，講堂、齋館、教授公署齊備，三皇廟設於錄事司的東湖左面。

撫州路：路醫學、三皇廟在路治東隅延慶坊，大德八年（1304 年）建，至順三年（1332 年）重修，前廟後堂，有講堂、祭服館等，另有齋舍十間，屬規模較大的醫學。崇仁縣醫學創設於大德八年（1304 年），乃當地醫士集資購地興修，三皇廟同時修建；後至元二年（1336 年）重修時，「邑士嘗為掌醫之官者」、「習醫以為業」者、「售藥以為生」者均參與修造[24]，建成的醫學、三皇廟連在一起，前廟後學。樂安縣三皇廟原借舊宅為之，後至元元年（1335 年）新修。宜黃縣三皇廟修於延祐三年（1316 年）。

21 虞集：《道園學古錄》卷三六《袁州路分宜縣新建三皇廟記》。
22 柳貫：《柳待制文集》卷十四《龍興路醫學教授廳壁記》。
23 劉壎：《水雲村泯稿》卷二《豐郡三皇廟碑》，道光愛余堂刊本。
24 虞集：《道園學古錄》卷三六《崇仁縣重建醫學三皇廟記》。

袁州路：路三皇廟建於至元年間（1264-1294 年），位於錄事司宜春台畔。分宜縣三皇廟新修於後至元五年（1339 年），在惠民藥局旁，有守廟者。

吉安路：路醫學學舍原近廬陵縣獄，醫學教授嚴壽逸主持遷新址；三皇廟原借廬陵舊縣治為之，後達魯花赤暗都剌新修，廟、學兼備，邑民鄧明遠捐田作為醫學田，歲入米一五〇餘石。吉水州有醫學，崇仁陳景咨曾任醫官。永豐縣三皇廟始建於大德四年（1300 年），後重修。永新州醫學和三皇廟建於大德初年邑人王東野任本州官醫提領之時，經費取自醫家，皇慶二年（1313 年），王東野以所受賞賜購田五十畝，供春秋祭祀之用。吉安路和永新州醫學有民間捐贈的學田，這是多數醫學所不具備的。

臨江路：有路醫學，南城人嚴壽逸曾任教授，「新祭品，建齋廬，築官舍，作石橋」[25]，新淦吳仲亨則任醫官。新喻州設醫學，前述崇仁陳景咨曾任醫官。

瑞州路：路醫學位於錄事司內雜造局前。上高縣三皇廟在縣治之東，建於大德年間（1297-1307 年）。

贛州路：雩都縣三皇廟建於延祐（1314-1320 年）後期。

饒州路：余干州有醫學，撫州吳成由新昌州醫學正升任該州醫學教授。

南豐州：州醫學修建於大德（1297-1307 年）中期，廟與講堂兼具。知州李彝常親臨醫學，監督諸生學業，參與祭奠。

25　危素：《危太朴續集》卷六《故天臨路醫學教授嚴君墓銘》。

陰陽學是培養天文、占候、星卜、相宅、選日等類人才的學校。元朝，蒙古人信奉薩滿教，認為天地、日月、山川等皆有靈，薩滿教巫師擁有很高的社會地位。天文、歷算、風水、占星等陰陽術數正與蒙古人的文化興味相投合，自成吉思汗時代起，耶律楚材、劉秉忠、岳鉉等人就因精通陰陽術數、擅長占卜而相繼受到重用。至元七年（1270 年），劉秉忠奏請選試陰陽戶，至元十三年（1276 年）再次選試，「如委通陰陽科目文書底人，免本身差役」[26]。元下江南之初，將通曉陰陽者與儒、醫、僧、道等一併視為人才，大力搜求。至元十三年（1276 年）二月對江南新附之地頒佈的詔書中有「前代聖賢之後、高尚、儒、醫、僧、道、卜筮、通曉天文曆數，並山林隱逸名士，仰所在官司，具以名聞」一款[27]，「卜筮」和「通曉天文曆數」者在訪求之列。當時的江西行都元帥府應詔而動，四月，「行江西都元帥宋都帶以應詔儒生、醫、卜士鄭夢得等六人進，敕隸秘書監」[28]。估計江西地區陰陽戶籍的初定就在此時。至元二十七年（1290 年）籍戶，陰陽戶口在檢括範圍之內，次年六月，依照儒學、醫學體例，收錄通曉陰陽之人，在各路設立陰陽學校。設立陰陽學的初衷是加強對陰陽人的管理，防止他們利用「左道亂正之術」策動反叛，避免再次發生諸如何姓陰陽人鼓動蒙古宗王乃顏造反

26 王士點、商企翁編，高榮盛點校：《秘書監志》卷七《司屬・司天監》，浙江古籍出版社 1992 年版。

27 《元史》卷九《世祖紀六》。

28 《元史》卷九《世祖紀六》。

之類的事件[29]。乃顏事件平息後，元廷屢頒詔書，嚴禁陰陽人交結「諸王、諸子、公主、駙馬、大官人」[30]，違者格殺勿論，同時要求陰陽學加強對各地陰陽人的管理。延祐（1314-1320 年）初，陰陽學從路擴展到府、州，設教授、學正、學錄等學官，既教育陰陽學的生員，又管理陰陽人戶。其生員應以陰陽戶子弟為主。他們在其中學習「三元經書」和各類天文歷算書籍[31]。元朝未設行省級的陰陽學管理機構，各地陰陽學由中央集賢院總轄。

江西是盛行風水、占卜的地區之一，許多儒士精通此道，如元初謝枋得避居贛閩交界的山區時，以賣卜為生，吳澄曾刪定《葬書》等等。科舉停廢期間，一些儒士轉攻天文、曆算、地理諸書，以之作為謀生手段。估計當時江西地區以陰陽為業者為數不少，但各路是否普遍設立陰陽學則不太清楚，目前僅知龍興、撫州二路設有陰陽學，前者的學正王宏道（一作王洪道）曾編撰陰陽學的主要教材《三元真經》（一作《三元正經》）3 卷[32]，後者的學正彭從龍是臨川人，游於大都，後由司天監任命，擔任該學職[33]。

29 《元典章》卷三二《禮部五・學校二・陰陽學・陰陽法師》。

30 《元典章》卷三二《禮部五・學校二・陰陽學・陰陽法師》。

31 「三元」即婚元、宅元、塋元。婚元經書有《占才大義書》，宅元經書有《周書秘奧》、《八宅通真論》，塋元經書則有《地理新書》、《塋元總論》、《地理明真論》等。天文歷算書有《宣明歷》、《符天歷》、《三命》、《五星》、《周易》、《六壬》、《數學》等。

32 倪燦、黃虞稷、錢大昕等：《遼金元藝文志》，商務印書館 1958 年版。

33 吳澄：《吳文正公全集》卷四二《撫州路陰陽學正彭從龍故妻徐氏墓誌銘》。

書院亦是傳授儒學的教育機構。元代書院多因先賢「過化」或「經行」而設，除祭祀孔子、四聖等官學常設祭祀對象外，與書院設置有直接或間接聯繫的某位儒家前賢亦是重要的祭祀對象。可以說，強調學術淵源是元代書院與普通儒學的重要區別。南宋時期，江南書院大盛，經歷宋元鼎革後，這些書院大部分得以保留。入元，朝廷鼓勵創辦書院，至元二十八年（1291 年）詔書規定，江南「先儒過化之地、名賢經行之所，與好事之家出錢粟贍學者，並立為書院」[34]，故元代書院較宋代又有很大增加。書院可分為兩類，一類為官辦，學官由官府任命，有些書院的經費來自官田；另一類為民辦，主持者與經費均出自民間。

目前，已有多位書院史研究者對元代全國的書院數量進行過統計。一九二九至一九三〇年，曹松葉依據各省通志統計出元代創設、興復的書院共二二七所，其中江西五十九所，高於浙江（33 所）而居第一[35]；一九五六年，何佑森統計出元代全國有四〇七所書院，江西以七十三所領先於浙江（62 所），高居榜首[36]；一九八四年，王頲統計出元代江西地區共有一百所書院（不含精舍、書堂、書塾等），占總數的百分之二十四點五，仍居第一[37]；一九九七年，陳谷嘉、鄧洪波根據方志、文集、書院

34 《元史》卷八一《選舉志一·學校》。

35 曹松葉：《宋元明清書院概況》，載《中山大學語言歷史研究所週刊》第十集，第 111-114 期

36 何佑森：《元代書院之地理分布》，載《新亞學報》1956 年第 2 卷第 1 期，第 361-408 頁。

37 王頲：《元代書院考略》，載《中國史研究》1984 年第 1 期，第 157-

志等統計出元代書院兩百九十六所，江西地區九十四所，遠高於浙江的四十九所，獨占鰲頭[38]。另據李才棟的統計，元代江西地區僅新建書院就有九十四所，另重修前代書院六十八所，二者共計一六二所（含賓館、精舍、書塾、義學等），興盛狀況可與南宋比肩[39]。從以上數字可以看出，江西地區毫無疑問是元代全國的書院最盛之區。具體到各路州，興盛程度則有所不同。以王頲和李才棟的統計為例，江西各路州書院數量如下表所示：

路州	王氏統計	李氏統計	路　州	王氏統計	李氏統計
婺源州	4 所	7 所	饒州路	14 所	27 所
鉛山州	3 所	2 所	信州路	11 所	19 所
龍興路	11 所	18 所	吉安路	16 所	27 所
瑞州路	5 所	10 所	袁州路	5 所	6 所
臨江路	1 所	6 所	撫州路	12 所	16 所
江州路	3 所	4 所	南康路	5 所	5 所
贛州路	4 所	7 所	建昌路	2 所	5 所
南安路	3 所	2 所	南豐州	1 所	1 所
總　計	100 所	162 所			

166 頁。王氏統計的全國書院總數是 408 所，未將精舍、書堂、書塾等納入，致使許多沒有書院之名而具書院之實的義塾等被排斥在外。

38 陳谷嘉、鄧洪波：《中國書院制度研究》，浙江教育出版社 1997 年版，第 355-356 頁。

39 李才棟：《江西古代書院研究》，江西教育出版社 1993 年版，第 216-227 頁。李氏的統計相當寬泛，不僅包括精舍、書堂、書塾等，還包括部分僅具祭祀和（或）藏書功能而沒有教學活動的書院。

元代江西地區的書院中，有相當一部分是系官書院。系官書院主要有三類：一類是南宋時期已具有官學特徵，入元以後自然地成為官辦書院，如南康路白鹿洞書院、吉安路白鷺洲書院、撫州路臨汝書院等。一類是建設之初為民辦書院，後經申請納入官學系統，如信州路上饒縣白石書院。該書院是劉光因祖父師事黃榦而建，祭朱熹、黃榦師徒二人，分私田以供書院之費，後行省設額差官，成為官辦書院[40]。還有一類自創設到管理均系官方所為，如玉山縣汪文定公書院。該書院是至正十年（1350 年）縣達魯花赤壽安為祭祀本縣前賢、宋端明殿學士汪應辰而建。汪文定公書院修建之前經過申請，地基為舊學基，學田來自民間捐贈和儒學的會文莊，汪氏子孫優免丁役，專掌祀事，書院山長來自江浙行省的任命[41]等等，該書院自創設到管理全都納入官方，是典型的官辦書院。由於有些書院的資料不詳，目前難以確定元代江西地區系官書院的準確數字。但是，由於宋代江西書院興盛，相沿入元的書院不在少數，加之元代私家書院上升為官辦後，創立者往往藉此成為學官，踏入仕途，書院創立者常竭力將私家書院改為官辦，故元代江西的系官書院在所有書院中應占有相當大的比重。

40 吳澄：《吳文正公全集》卷三九《有元征事郎翰林編修劉君墓誌銘》。
41 蘇天爵：《端明書院記》，載雍正《江西通志》卷一二八《藝文・記七》。

二　私學

私學是民間教育組織。由於元代的官辦儒學多位於城內，數量有限；系官書院雖有設於鄉野者，受經費所限，生員亦不會太多，故元廷一直鼓勵民間創辦各種形式的私學，作為官學的重要補充。元代的私學主要有社學、家塾、門館、書院等類型。

社學，有冬學和常年制兩類。前者是利用冬季的農閒時間教授鄉村子弟，農忙則散；後者是常年設學。至元六年（1269 年）四月，中書省下發興學公文，要求「所在鄉村鎮店，選擇有德望學問可為師長者，於百姓農隙之時如法訓導，使長幼皆聞孝悌忠信廉恥之言」[42]，即要求各鄉村利用農閒創立冬學，興起務學之風。次年，元廷頒佈立社令，規定鄉村每五十家為一社，其中有立社學一項，即「今後每社設立學校一所，擇通曉經書者為學師，於農隙時月，各令子弟入學。先讀《孝經》、《小學》書，次及《大學》、《論》、《孟》、經、史，務要各知孝悌忠信，敦本抑末。依鄉原例，出辦束修。如自願立長學者，聽」[43]。這是將上年的勸學公文具體化，並鼓勵創辦常年制社學。社學的經費來自學生上繳的學費，教師由鄉村推擇，官府不介入管理，至多視察而已，故屬私學。元平江南後，社制推廣到南方。至元二十三年（1286 年），主管鄉村社制的大司農司報告「諸路學校凡二

42　《廟學典禮》卷一《官吏詣廟學燒香講書》。

43　《元典章》卷二三《戶部九・農桑・立社・勸農立社事理》。

萬一百六十六所」[44]，二十五年增加到二四四〇〇餘所[45]。這些都是鄉村社學。元代江西地區社學的總體情況不明。不過，既然社制已經推廣到江南，那麼，至元後期的兩萬多所社學中，當有屬於江西地區的。延祐（1314-1320 年）後期，靳孟亨任贛州路雩都縣尹，「命鄉社皆立義塾，擇士之高年有行者為之師，教以孝悌」[46]。此處「義塾」應當就是社學。這說明，雖然社制在世祖時期已經推廣至江南，江西有些地方遲至元中期才在鄉村立社學，可能還有終元之世都未立社學者。

家塾，多是富室為教育家庭或家族子弟而設，聘有專職教師。部分兼收鄉里子弟的家塾常被冠以「義塾」之名。有些財力雄厚的家族（家庭）分設內塾、外塾，分別教授家族（庭）和鄉里子弟。至元二十八年（1291 年）的興學令中，有江南民間百姓「自願招師……亦從其便」一款[47]，就是鼓勵民間創辦家塾。江西地區文化氛圍濃厚，民眾多聚族而居，多有創設家塾者。樂安曾田夏氏，世代隸屬軍籍，入元以後，「家有內塾教子，又有外塾普及親鄰諸幼之可教者。月朔弦望，遠近賓朋、內外子弟，深衣會講，以身率先，升降進退，威儀整肅，如學校規」[48]。這

44 《元史》卷十四《世祖紀十一》。
45 《元史》卷十五《世祖紀十二》。
46 蘇天爵：《滋溪文稿》卷七《大元贈中順大夫兵部侍郎靳公神道碑銘》。
47 《元史》卷八一《選舉志一・學校》。
48 吳澄：《吳文正公全集》卷三七《元將仕佐郎贛州路同知會昌州事夏侯墓誌銘》。

是規模較大的家塾。元代江西地區更多的是規模較小、僅限於教育家族或家庭成員的家塾。如臨川危復之曾執教於南城程鉅夫的家塾，金溪危素曾執教於貴溪張氏家塾；吳澄晚年退居崇仁，聘裡中儒士吳達任教於家塾，後其子吳京任撫州路儒學教授，又設家塾於郡城，吳澄禮請饒泰來任塾師；虞集歸老崇仁後，建家塾，聘臨川人袁公壽為師；臨江路新淦州何敬聰「聘儒先生，督諸孫力學問」[49]，等等。

門館，是學者招收學生、講學授徒之處。其中有些是大儒講授義理和科舉應試之學的教學場所，更多的屬於童蒙之學，講授小學課程。元代長期未行科舉，許多儒人轉而以教授為業。有些人初受聘於家塾里學，待名聲日響，生徒漸多，就開設門館。臨川孫轍初執教於私塾，後從學者日眾，「始即家居而講授焉」[50]，即開設門館。崇仁吳澄早年曾執教於宜川吳氏家塾，後講學鄉里，「無間於出處，學者之及門南北常數十人」[51]。此「門」當是門館。豫章熊朋來在元初「隱處州裡，生徒受學者常數十人。因取朱子《小學》書，提要領以示之」。這可能是教授小學的門館。熊朋來晚年「門人歸之者日盛，旁近舍皆滿，至不能容。先生懇懇為說經旨文義，老而益不倦，得其所指授多為聞人達官，舉進士者項背相望」[52]。這時，熊氏門館的講授內容已經轉向大

49　危素：《危太朴續集》卷六《故何君國佐墓銘》。
50　虞集：《道園類稿》卷四八《孫履常墓誌銘》。
51　虞集：《道園類稿》卷三四《送李伯宗序》。
52　虞集：《道園學古錄》卷十八《熊與可墓誌銘》。

學。臨川熊鼎「世以《尚書》教授於鄉」[53]，其家門館可能不設小學，專授《尚書》。元代江西地區未曾出仕而家境不富的名儒多籍門館賺取養生之資。

書院，多因祭祀前賢而設，強調學術淵源。元代江西地區的眾多書院中，有相當一部分未納入官學系統，屬於私學。其名稱不一，有些徑稱「書院」，有些則冠以「義塾」、「精舍」、「書堂」、「山房」等名稱。判斷這類機構是否為書院，主要看其是否具有書院的一般規制和功能。部分義塾、里塾等規模較大，規制完整，亦講授大學課程，幾與書院無二。萬安鄧林劉氏所建儒林義塾，由劉氏延請師儒，「凡黨裡子弟童蒙以上，悉許來學」[54]。該義塾規制完整，有祭祀孔子的祠宇，有兩廡、講堂、齋舍、庖廚，還有劉氏捐出的私田作為學田。除未設尊經閣之類的藏書樓外，儒林義塾比有些書院的規制還要完備。之所以名之為「塾」，可能是由於該塾初設，還沒有講授大學課程，劉氏也絲毫未有將其納入官學系統的打算，且其生員主要來自鄉里。吳澄將該義塾與睢陽書院相提並論，足見其與書院有許多共同之處。安福州上田李氏所建安田裡塾有禮殿、講堂、齋舍等建築，有百畝學田供春秋祭祀之費，且「將請公額」[55]，即意欲申請進入官學系統，足見其是一處書院規制的私塾。其他如安福安賢義

53 宋濂：《宋學士全集》卷六四《故歧寧衛經歷熊府君墓銘》。
54 吳澄：《吳文正公全集》卷二二《儒林義塾記》。
55 吳澄：《吳文正公全集》卷二十《明經書院記》。

塾，「一仿書院、精舍之制」[56]，富州揭氏的蒨岡義塾，「中建巍樓一，前建小樓二，中以奉先聖，旁以處學徒。主簿君割右畔之地益其廣，而構燕居之室及廡與門，以底於完美。畀田五百畝給其食」[57]，都與書院規制無二等等。史料反映，元代江西的部分書院就是由「塾」轉化而來。著名的婺源胡氏明經書院，原本是建於始祖讀書處的家塾，經遷址擴建後，始有會講之堂、讀書之齋，同時依舊保有「明誠」、「敬義」二塾，向家族子弟講授小學和大學課程。後，該家塾被列為官學，遂改稱明經書院[58]。同時，江西部分冠名「書院」的教學機構則與門館、義塾頗為相近，如饒州安仁的石鹿書院是鄱陽人陳楨的授徒之所，雖也祭祀孔子，亦有山房藏先世書籍，終近似門館[59]；南安王晉卿兄弟所建山堂書院，「推以及宗族鄉黨，而願其皆學」[60]，頗類義塾。所以，對元代江西地區的私家書院要進行具體分析，稱「書院」者不能皆視為書院，義塾、精舍等也不能一概排斥在書院之外。

總體而言，元代江西地區的教育體系由官、私兩大系統構成，包括儒學、蒙古字學、醫學、陰陽學等幾大學科；以官學為主，官學又以儒學為主，已經普及；私學是官學的重要補充，形式多樣。這種完善而普及的教育體系是元代江西地區得以延續宋

56　歐陽玄：《圭齋文集》卷五《安成李氏重修安賢義塾記》。
57　吳澄：《吳文正公全集》卷二二《蒨岡義塾記》。
58　吳澄：《吳文正公全集》卷二十《明經書院記》。
59　危素：《危太朴文集》卷四《石鹿書院記》。
60　滕賓：《山堂書院記》，載劉坤一、劉繹、趙之謙纂修光緒《江西通志》卷八二，光緒七年（1881年）刊本。

代以來文化興盛局面的重要保證。

三　科舉

元朝的科舉與中國傳統社會後期的宋、明、清諸王朝不同，其施行的時間短，錄取的名額少，在選官制度中所占地位不太重要。南宋滅亡以後，科舉停廢，儒士進入官僚體系的最重要渠道被鎖閉，以「修齊治平」為理想的儒士難以為國家所用。元前中期，官員取自多途，有吏員轉官、學官入仕、薦舉、蔭敘、別里哥選、入粟補官，等等，被稱為「仕進有多岐，銓衡無定製」[61]。姚燧論及當時的用人體制時說：「大凡今仕惟三途：一由宿衛，一由儒，一由吏。由宿衛者言出中禁，中書奉行制敕而已，十之一；由儒者則校官及品者，提舉、教授出中書，未及者則正、錄以下出行省、宣慰，十分之一之半；由吏者省台院、中外庶司、郡縣，十九有半焉。」[62]由此，吏員轉官是當時最重要

61　《元史》卷八一《選舉志一》列出了元代的入仕之途：「其出身於學校者，有國子監學，有蒙古字學、回回國學，有醫學，有陰陽學。其策名於薦舉者，有遺逸，有茂異，有求言，有進書，有童子。其出於宿衛、勳臣之家者，待以不次。其用於宣徽、中政之屬者，重為內官。又蔭敘有循常之格，而超擢有選用之科。由直省、侍儀待入官者，亦名清望。以倉庾、賦稅任事者，例視冗職。捕盜者以功敘，入粟者以資進，至工匠皆入班資，而輿隸亦躋流品。諸王、公主，寵以投下，俾之保任。遠夷、外徼，授以長官，俾之世襲。凡若此類，殆所謂吏道雜而多端者歟。矧夫儒有歲貢之名，吏有補用之法。曰掾史、令史，曰書寫、銓寫，曰書吏、典吏，所設之名，未易枚舉。曰省、院、部，曰路、府、州、縣，所入之途，難以指計。」

62　姚燧：《牧庵集》卷四《送李茂卿序》。

的官員來源，幾占總數的百分之八十五。吏員出身者，「其進身之初，不辨賢愚，不問齒德，夤緣勢援，互相梯引。有力者趨前，無力者居後。口方脫乳，已入公門；目不識丁，即親案牘。區區簿書期會尚不通習，其視內聖外王之學為何物，治國平天下之道為何事」。由吏轉官以後，他們或「臨政懵無所知」[63]，或「視賄賂為權衡，或更一字而生死禍福其良民，或援一例而聾瞽鈐制其官長，使聖君賢相子惠元元之意不得播其下，而疲癃殘疾鰥寡孤獨有不勝其困」[64]。吏員的整體素質較差是造成元代吏治腐敗的重要原因之一。儒士與吏員相比，「吏多貪賤而儒流知有仁義」[65]，「儒者治效，非俗吏所可企及」[66]。有鑒於此，不斷有人建議實行科舉取士，以提高官員的整體素質。仁宗皇慶二年（1313 年），朝廷頒佈科舉詔，次年舉行首次鄉試，延祐二年（1315 年），元代的首科進士產生。

元代科舉每三年舉行一次，分鄉試、會試、廷試三級。鄉試在十一個行省（含設於今朝鮮半島的征東行省，時為元朝間接統治區）、中書省所轄二宣慰司（河東山西道、山東東西道）及直隸中書省四處（真定、東平、大都、上都）舉行，全國共十七處，錄取鄉貢進士三百名，其中蒙古、色目、漢人、南人各七十

63 鄭介夫：《上奏一綱二十目・任官》，見邱樹森、何兆吉輯點《元代奏議集錄（下）》，第 56-58 頁。

64 危素：《危太朴文集》卷六《送陳子嘉序》。

65 吳澄：《吳文正公全集》卷十八《送彥文贊府序》。

66 鄭元祐：《僑吳集》卷七《與張德常書》，元代珍本文集彙刊本。

五名。會試按三取一的原則，各錄取進士二十五名。蒙古、色目為右榜，取五十名；漢人、南人為左榜，亦取五十名，共一百名。元代約舉行了十七次鄉試、十六次會試和殿試（元統三年鄉試後，因伯顏廢科，次年的會試、殿試沒有舉行。後至元四年、五年亦停舉，至正元年復行科舉），唯有元統元年（1333 年）取足百人之數。據估計，元代共錄取進士一二〇〇人左右[67]。

江西行省是十七處鄉試舉行地之一，考試地點設在省治龍興路。元制，散居全國的蒙古、色目人於隸籍地或居地就便參加鄉試，故江西行省有蒙古、色目鄉貢名額。七十五個蒙古鄉貢名額中，江西行省三個，在江南三行省中，少於江浙的五個而與湖廣行省一樣；色目名額中，江西行省六個，少於江浙的十一個和湖廣的七個；江南三行省均沒有漢人鄉貢名額；七十五個南人名額中，江西行省二十二個，少於江浙的二十八個而多於湖廣的十八個。全省鄉貢名額總計三十一個，僅占總額的百分之十點三，遠少於江浙的四十四個而略多於湖廣的二十八個。這是由各行省的人口數量和文化水平決定的，鄉試名額的分配基本反映了江南三行省的總體狀況。故在元廷看來，江南三行省中，江西行省鄉試的地位次於江浙而強於湖廣，即「江浙、江西、湖廣三省所轄州郡，後進儒人比之腹裡頗多，又兼江浙尤重，江西次之，湖廣又次之」[68]。

67 姚大力：《元朝科舉制度的行廢及其社會背景》，載《元史及北方民族史研究集刊》第六期（1982 年 12 月），第 26-59 頁。

68 《類編歷舉三場文選》所收延祐元年（1314 年）六月中書省文書，轉由於元代的江西行省還包括今廣東省大部，同時，元代隸屬江浙行省而今屬江西地區的饒州、信州及婺源州、鉛山州的鄉貢進士則占用江浙行省的鄉試名額。比較而言，饒、信一帶的文化遠盛於廣東。以書院為例，元代江西行省管內的嶺南地區共建書院十三所，饒、信、婺源、鉛山四地書院則有三十二所[69]，贛東北舉子占用的鄉試名額可能高於嶺南地區，故，江西地區在全國鄉試中的地位應高於百分之十點三。至正三年（1343 年），江西行省為解決鄉試名額少而應試者多的問題，決定在正額之外錄取「次榜」鄉貢，由行省任命為教諭、學錄等儒學教官[70]。次年鄉試，在三十一名正榜之外，另取二十五名次榜，其中蒙古、色目九人，南人十六人[71]。元代自延祐元年（1314 年）到至正二十五年（1365 年）共舉行十七次鄉試，而江西地區在至正十八年（1358 年）大部由陳友諒控制後，鄉試難以進行。故，元代江西共舉行十四次鄉試。至正十九年（1359 年）為鄉試年，因流寓

引自陳高華《元朝科舉詔令文書考》，載《暨南史學》第一輯，暨南大學出版社 2002 年版，第 153-172 頁。

69 據王頲：《元代書院考略》，載《中國史研究》1984 年第 1 期，第 157-166 頁。

70 劉崧：《泰和州鄉貢進士題名記》，載雍正《江西通志》卷一二八《藝文・記七》。

71 楊翮：《佩玉齋類稿》卷八《江西鄉試小錄序》，四庫全書珍本初集。另據虞集《道園類稿》卷二六《江西貢院題名記》，該年江西鄉試共取次榜十八人，其中蒙古、色目六人，南人十二人。與楊翮所記不同。楊翮親任此次鄉試的簾外官，虞集則身在撫州，乃事後根據他人轉述。當以楊翮所記為是。李治安亦持此見，見《行省制度研究》，第 303 頁。

福建以避兵難的江西儒人較多，朝廷將福建行省的鄉試名額增至十五人，允許流寓者參加該省鄉試。流移到其他地區的江西人亦就近參加鄉試，如至正二十三年（1363 年）進士、撫州金溪人陳介參加的是大都鄉試。

江西行省舉行鄉試的場所是貢院。南昌舊有貢院，宋末廢。延祐元年（1314 年），為舉行首次鄉試，江西行省在龍興路錄事司城東琉璃門北建新貢院，與延慶寺毗鄰。曾任江西鄉試考官的吳澄在貢院賦詩，內有「牆低孤塔見，院靜一簾垂」[72]、「牆外浮屠厭古城，案頭文字浩縱橫」[73]等詩句。「浮屠」和「孤塔」均指延慶寺內的佛塔。

鄉試每三年舉行一次，全國統一在中秋節後的八月舉行。二十日試第一場，蒙古、色目人試經問五條，漢人、南人試明經經疑二問，在四書內出題，經義一道，在五經內出題。二十三日試第二場，蒙古、色目人試策一道，漢人、南人試古賦詔誥表章內科一道。二十六日試第三場，只有漢人、南人試策一道。延祐元年（1314 年）初科時，因科舉停廢已達四十年，江西行省長官不知如何具體操作。豫章大儒熊朋來是南宋咸淳十年（1274 年）進士，熟悉禮制，行省長官遂向其諮詢，制定了鄉里保舉、遞送家狀、委任考官、鎖院應試、校文錄取等考試規程，後成為各行

72 吳澄：《豫章貢院即事》，載魏元曠編輯《南昌詩征》卷三，台北成文出版有限公司 1970 年版。

73 吳澄：《貢院和張仲美詩》，載魏元曠編輯《南昌詩征》卷四。

省遵用的標準。江西行省的鄉試有主試官、監試官、贊畫官、考試官、同考試官、彌封官、謄錄官以及大量負責後勤的簾外官員。因江西文化興盛，考生較多，通常是由行省官員從全國聘請很有聲望的博學鴻儒擔任考試官。延祐元年（1314 年）首次鄉試，江西行省參知政事敬儼禮請撫州吳澄和金陵楊剛中為考試官，「得人為多」[74]。延祐四年（1317 年）第二次鄉試，「典校文者（引者註：即考試官）七人，或居千里之外，或居千里內」[75]，吳澄亦在其中。這兩次應聘擔任江西鄉試考官，吳澄均是「聞命就道，略無辭避」[76]，表現了實行科舉後的欣喜之情及其對科舉的鼎力支持。其他如名儒平江干文傳、婺州黃溍、婺州吳師道等都曾擔任江西鄉試考官。而熊朋來因應試者中多有其門人，為避嫌疑而拒任考官，令人敬重。現略舉幾道江西鄉試考題。

延祐四年（1317 年）江西鄉試，吳澄擬定三道時務策考題，分別涉及禮與樂、律與例、赦與罰等施治問題[77]，所出南人「經疑」考題則是：「孟子道性善，堯、舜至於途人一耳。而《論語》曰性相近，何也？」有考官認為此題過於平易，吳澄答曰：「於此有真知，則言不差。」結果，二十二位錄取者中，「答此問不

74　《元史》卷一七五《敬儼傳》。
75　吳澄：《吳文正公全集》卷四八《江西秋闈分韻有序》。
76　吳澄：《吳文正公全集》卷八《回劉參政書》。
77　吳澄：《吳文正公全集》卷二《丁巳鄉試策問》。

差者，先生（引者註：指吳澄）以為才得三四卷耳」[78]。

吳師道所出江西鄉試的兩道時務策考題分別是：

蒙古、色目策問：「國家幅員既廣，職官亦眾，銓衡進敘，專以年勞。由是選法多壅，簡拔未精，清濁混淆，賢愚同貫。積久成弊，有識患之。茲欲澄清吏選，大明黜陟，俾清濁異流，賢愚甄別，官稱其任，人無倖心。或行考課之法，或用薦辟之令，或因而增秩，或不次擢才，凡茲數者，樂聞折衷。」[79]這是一道關於選舉制度的時務策問。

南人策問：「蓋聞天運之不齊，陰陽之或愆，旱干水溢，無世無之。雖以堯、湯之盛，而猶不免也。《春秋》水旱不雨必書，所以懼天災，知戒而思備也。故臧孫辰告糴於齊，說者以為譏其不知豫備。九年、七年之水旱，而民無捐瘠，漢人美其蓄積多而備先具也。國家土宇之廣，歲入之豐，而調度實繁，郡縣寡儲，年或不登，則所在告匱，茫然不知所措，賑救一仰於兼併之家，至不愛名器以假之。丁未之災，亦可監矣。比歲水旱相仍，間有樂土，民仰懋遷，未至大困。今夏亢陽，徂秋不雨數月，江淮南北，赤地數千里，米價翔貴，饑饉之憂，兆於此矣。朝廷雖設義倉，有司漫為文具，其緩急不可倚也。周官荒政十有二，可歷舉而講求歟？開倉發粟，伺得請則常緩不及，當早計而先定

78 虞集：《道園類稿》卷五十《故翰林學士資善大夫知制誥同修國史臨川先生吳公行狀》。

79 吳師道：《吳禮部文集》卷十九《江西鄉試策問一道》，續金華叢書本。

歟？督糴勸分，使民重困而無實惠，何術而能周防歟？儒者之慮，常失之過，今之災未若丁未之甚，然有備無患，亦不可以緩也。繼今而後，義倉之政若何而無弊，李悝之糴、耿壽昌之常平，亦在所當行歟？諸君子以經術時務出為世用，其無以過慮為謙，出位為諱，悉心以陳，將以轉而告之上。」[80]這是一道關於賑恤制度的時務策問。

吳氏所出兩道策問，均針對了國家大政的弊端，是對那些即將通過科舉入仕的舉子執政能力的考問。比較而言，蒙古、色目人的考題偏於制度層面，只需五百字以上，相對容易些；南人的策問著眼於民生疾苦，涉及的方面更多，須一千字以上，可供發揮的空間更大。

由於江西的儒學教育體系完備，文風昌盛，元中後期，每逢鄉試，「來應試者每舉不暇數千人，遠者千餘里」[81]，嶺南的試子亦至龍興參加考試。受聘的考試官約提前半月進入貢院，此後五十餘天內不許出去，直至揭榜。楊翮對至正四年（1344 年）的江西鄉試有翔實記述：

至正四年秋八月，江西行省遵用詔書故事，合所部經明行修之士三千人，大試而賓興之舉，三歲之典也。於是，平章政事榮祿公總其綱，員外郎王公贊其晝。禮聘縉紳先生於四方，俾司考

80 吳師道：《吳禮部文集》卷十九《江西鄉試策問一道（南人）》。
81 虞集：《道園類稿》卷二六《江西貢院題名記》。

文之權。敦請文行之士於群有司，分任簾外之職，供億掌領，咸有主名。是皆省檄所署。而監其事者，肅政廉訪副使任公也。初，省、憲二府以五月癸卯大會於貢院，考制稽禮，征材庀物。即日，命屬司之吏治隸闈，修列署，起廢弊，補闕遺，以復常規。遣驛騎之使旁走四出，交於道路。近者累驛，遠者數千里，以致聘幣。未幾，承軺之賓來趣其事，冠蓋相望，先期而會。八月甲戌，二府復大會，作樂以讌考官暨於列職。自是，官史有局，涖事惟謹。三試之日，多士雲集，肅然無嘩。九月辛丑拆名，黎明，榜出，龍興路官屬導以鼓吹，揭之省門之外。右榜九人，左榜二十二人，合三十又一人。貢額之外又二十五人焉，右九而左十六也。蓋三十又一者，貢額之舊，而二十又五則昉自今始。[82]

這次鄉試乃「遵奉累舉之制而試之」，可見歷次鄉試規程與此相似。自五月佈置貢院開始，至九月十五日揭榜，前後延續達四個月，中間歷經委任、聘請考試官員、考試、校文等程序，應試人數則達到三千人。

為幫助試子瞭解考題的基本類型和出題傾向，學習作文規範，江西有學者和書坊編纂、印刷應試指南、程文精選之類的書籍，供試子參考。應試指南類書籍如元統三年（1335 年）鄉貢、宜黄人涂溍生編《〈易〉主意》、《〈易〉義擬題》、《〈易〉義矜

82　楊翮：《佩玉齋類稿》卷八《江西鄉試小錄序》，四庫全書珍本初集。

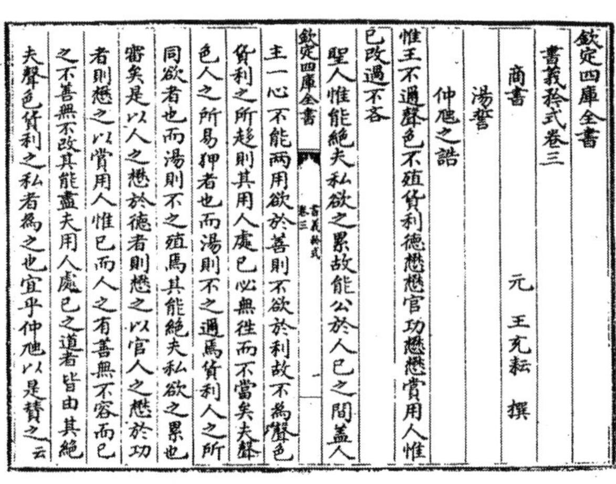

欽定四庫全書

書義矜式卷三

商書　　元　王充耘　撰

湯誓

仲虺之誥

惟王不邇聲色不殖貨利德懋懋官功懋懋賞用人惟

己改過不吝

聖人惟能絶夫私欲之累故能公於人己之間蓋人

欽定四庫全書　書義矜式　卷三　一

主一心不能兩用欲於善則不欲於利故不為聲色

貨利之所趍則其用人處己必無徃而不當矣夫聲

色人之所易狎者也而湯則不之邇焉貨利人之所

同欲者也而湯則不之殖焉其能絶夫私欲之累也

審矣是以人之懋於德者則懋之以官人之懋於功

者則懋之以賞用人惟己而人之有善無不容而己

之不善無不改其能盡夫用人處己之道者皆由其絶

夫聲色貨利之私者為之也宜乎仲虺以是贊之云

· 王充耘《書義矜式》

圖片說明：景印文淵閣四庫全書本，上海古籍出版社 1988 年版，第 68 冊，第 479 頁。

式》，是選試《周易》者的參考資料。其中，《主意》可能是大綱，《擬題》是模擬考題，《矜式》則是樣題的標準答題。元統元年（1333 年）進士、吉水人王充耘編《〈書〉義矜式》、《〈書〉義主意》，是選試《尚書》者的參考資料。其中，《矜式》「即所業之經篇，摘數題各為程文，以示標準」[83]。至正十四年（1354 年）進士、金溪人曾堅著《答策秘訣》，是時務策的答題指南。程文精選如安福劉貞、劉霽、劉霖搜求元代前八科的優秀科場程文，編為《類編歷舉三場文選》，「欲以便觀覽，明矜式，以授

83　永瑢等：《四庫全書總目》卷十二《經部・書類・書義矜式》，中華書局 1965 年版，第 105 頁。

其徒」[84]。此書由福建建寧（治今福建省建甌市）務本書堂和勤德堂兩家書坊聯合刊刻，適應了至正初年復行科舉後的市場需求。鄉試還派生了其他的相關產業。如考生需要自備三場考試的文卷和草卷各十二幅，提前半月交於印卷所登記。考生對此非常重視，江西遂有以裝幀考卷獲取厚利者。新淦鄒氏世代以裝潢捲軸為業，每逢鄉試之年，當地應試者多求其裝幀考卷。巧合的是，在鄒家裝幀試卷者多中鄉貢，遂號稱「利市卷子」[85]，鄒氏因而名利雙收。

元中後期，江西行省每次鄉試的應試者有數千人，其中絕大部分是南人，但名額只有二十二個，且不是每次錄滿，延祐元年（1314 年）的首次鄉試就只錄取南人十八名[86]，故中舉極難。元人對此深有感觸。泰定年間（1324-1328 年），龍仁夫以吉安為例，將宋代和元朝的鄉試進行比較。他說：「曩盧陵貢額七十有二，漕若監數路不在焉，賜第且五百，則昔之登是碑（引者註：指進士題名碑）也易。今通天下貢額為七十五者，才四賜第，較異時不能五之一，則今之登是碑也難。」[87]即吉州一地，宋代僅

84 劉貞：《類編歷舉三場文選序》，載《類編歷舉三場文選》卷首。轉引自陳高華《兩種〈三場文選〉中所見元代科舉人物名錄——兼說錢大昕〈元進士考〉》，載《中國社會科學院歷史研究所學刊》第一集，社會科學文獻出版社 2001 年版，第 342-372 頁。

85 傅若金：《傅與礪詩文集》卷三《鄒雲章利市卷子後序》，嘉業堂叢書本。

86 吳澄：《吳文正公全集》卷三八《蕭君墓誌銘》。

87 龍仁夫：《永新州學進士題名志》，載雍正《江西通志》卷一四二《藝文・傳讚頌銘》。

鄉貢名額就有七十二個。宋代吉州進士近五百人，登進士題名碑不算難。元代全國的南人鄉貢名額才七十五個，當時僅僅舉行了四次科舉，榮列題名碑實在太難。撫州的情況亦如此。宋代撫州的鄉貢名額有三十九個，而至正元年（1341 年）鄉試，錄取撫州六人，占全省南人總額的百分之二十七，虞集說是「前此未有如此之盛者」[88]，可見元代撫州的鄉貢亦遠遠少於宋代。

研究江西地區的元代鄉貢和進士題名錄，將有助於瞭解當時江西各路州的科舉狀況。但是，元代舉行了十六次會試和殿試，現僅存元統元年（1333 年）癸酉科和至正十一年（1351 年）辛卯科兩科進士題名錄。另，江西方志多有「選舉」門，列舉歷朝鄉貢和進士，可惜與元代相關的部分乖漏太多，無法作為進一步分析的依據。略以雍正《江西通志》卷五一《選舉三・元》為例。清人錢大昕如是說：

《江西通志・選舉門》載元時進士題名，皆誕妄不足信。予嘗見《元統元年進士題名錄》，以此志校之。志載是年登科十五人，有兩陳植：一貫寧州，一貫永豐。據《錄》止有王充耘、李炳、李毅在二甲，陳植、徐邦憲、朱彬在三甲，其餘皆無之。植貫永豐，未嘗有寧州之陳植也。而三甲第廿六名艾云中，第廿八名熊爟並籍龍興路，此灼然可信者，而志反遺之。蓋志改採者出於家乘墓誌，凡曾應鄉舉者皆冒進士之名，而修志者不能別擇

88　虞集：《道園學古錄》卷三四《送鄉貢進士孔元用序》。

也。且如元之設科始於延祐二年（引者註：1315 年），而志乃有至元丙子（引者註：至元十三年，1276 年）鄉試、大德戊戌（引者註：大德二年，1298 年）進士、大德鄉試諸人，是並《元史》全未寓目矣。[89]

錢氏指出了雍正《江西通志》中元代科舉題名錄的三個主要錯誤：一是將曾經「冒進士之名」的鄉試應試者誤為進士，二是錯將「灼然可信」之進士遺漏在題名錄之外；三是題名錄中出現了延祐二年（1315 年）首次開科之前的進士。仔細審讀雍正《江西通志》，可發現在錢氏指出的錯誤之外，還有諸如南人鄉貢人數超過二十一個鄉試錄取名額[90]、進士人數異乎尋常地多[91]、鄉試年與會試年混淆[92]、非科舉年而出現進士名錄[93]等常識性錯誤。由於歷修地方誌相因相襲的特點，雍正《江西通志》的這種錯誤並非特例，而是普遍現象。為避免研究者利用方志中乖漏甚多的元代進士題名錄以訛傳訛，現總結元史學界進士題名研究成

89 錢大昕：《十駕齋養新錄》卷十四《江西通志》，江蘇古籍出版社 2000 年版，第 293 頁。

90 如雍正《江西通志》載，延祐七年（1320 年），僅江西行省嶺北地區的龍興、吉水、金溪、大庾等地的鄉貢人數就達 23 人。

91 如延祐二年（1315 年）首科，全國錄取蒙古、色目、漢人、南人進士共 56 人，而雍正《江西通志》載該科江西地區的進士有 20 人。從姓名分析，這些進士均是南人。這一比例顯然過高。

92 如將泰定元年（1324 年）會試年誤為至治三年（1323 年）鄉試年。

93 如泰定三年（1326 年）非會試年而有「泰定三年丙寅曾迪榜」進士，天歷二年（1329 年）非會試年而有「天歷二年張益榜」進士，等等。

果，不厭其煩，將確知的元代江西進士表列如下[94]：

序號	姓名	路州	族屬	中進士時間
1	俠哲篤	龍興錄事司	色目人	延拓二年（1315年）
2	俠玉立	龍興錄事司	色目人	延佑五年（1318年）
3	黃鴻薦	龍興路寧州	南人	延佑二年（1315年）
4	祝彬	龍興路寧州	南人	延佑五年（1318年）
5	葉續	龍興路武寧縣	南人	延佑二年或五年
6	俠朝吾	龍興路錄事司	色目人	至治元年（1321年）
7	周尚之	龍興路富州	南人	至治元年（1321年）
8	胡鑾	龍興路奉新縣	南人	至治元年（1321年）
9	俟直堅	龍興路錄事司	色目人	泰定元年（1324年）

94 以下元代江西進士表是對此前錢大昕、陳高華、蕭啟慶、森田憲司、沈仁國、桂棲鵬、尚衍斌等人及筆者相關研究的總結，並略作修正。如延祐二年進士許晉孫，原研究者列其為南康路建昌州人，查黃溍《金華黃先生文集》卷三三《茶陵州判官許君墓誌銘》，許晉孫葬於南城，當是建昌路人，而非建昌州人；延祐五年進士李粲，原研究者列其為吉安路永豐人，查徐明善《芳谷集》卷二《送李粲然崇仁丞序》和吳澄《吳文正公全集》卷四六《書別李粲然》，前者記「康山李君粲然」，後者載「番陽李粲然」，康山是鄱陽縣一地名，故李粲實是饒州路鄱陽人，等等。因元代江西地區的進士資料來源甚多，恕不詳細羅列。另，延祐五年（1318年）進士汪澤民，《元史》卷一八五《汪澤民傳》載其為徽州路婺源州人，查宋濂《宋文憲公全集》卷五《汪先生神道碑》，有「其先新安歙縣人……遷宣州之宣城，子孫遂為宣城人」之語，故汪澤民實為宣城人，本書不列入「江西進士題名錄」。

序號	姓名	路州	族屬	中進士時間
10	默理契沙	龍興路	色目人	泰定元年（1324年）
11	善著	龍興路錄事司	色目人	泰定四年（1327年）
12	張異	龍興路富州	南人	泰定四年（1327年）
13	餘貞	龍興路寧州	南人	泰定四年（1327年）
14	俠列院	龍興路錄事司	色目人	至順元年（1330年）
15	亦速歹	龍興路	蒙古人	元統元年（1333年）
16	別羅沙	龍興路	色目人	元統元年（1333年）
17	艾雲中	龍興路錄事司	南人	元統元年（1333年）
18	熊溜	龍興路富州	南人	元統元年（1333年）
19	李炳	龍興路新建縣	南人	元統元年（1333年）
20	鄧梓	龍興路奉新縣	南人	元統元年（1333年）
21	徐邦憲	龍興路富州	南人	元統元年（1333年）
22	貼謨補化	龍興路	蒙古或色目人	至正二年（1342年）
23	冷和叔	龍興路寧州	南人	至正二年（1342年）
24	貼哥	龍興路	蒙古人	至正五年（1345年）
25	正宗	龍興路錄事司	色目人	至正五年（1345年）
26	雅理	龍興路	蒙古或色目人	至正五年（1345年）
27	舒泰	龍興路奉新縣	南人	至正五年（1345年）
28	阿兒思蘭	龍興路錄事司	色目人	至正八年（1348年）

序號	姓名	路州	族屬	中進士時間
29	辜中	龍興路南昌縣	南人	至正八年（1348年）
30	傅箕	龍興路進賢縣	南人	至正八年（1348年）
31	朱夢炎	龍興路進賢縣	南人	至正十一年（1351年）
32	能溜	龍興路	南人	不詳
33	彭幼元	信州路	南人	延佑二年（1315年）
34	汪文瑚	信州路飛陽縣	南人	延佑五年（1318年）
35	祝堯	信州路上饒縣	南人	延佑五年（1318年）
36	鄭元善	信州路玉山縣	南人	延佑五年（1318年）
37	孫自強	信州路玉山縣	南人	至治元年（1321年）
38	張純仁	信州路飛陽縣	南人	至治元年（1321年）
39	劉埜	信州路上饒縣	南人	泰定元年（1324年）
40	徐容	信州路上饒縣	南人	泰定四年（1327年）
41	方回孫	信州路飛陽縣	南人	泰定四年（1327年）
42	篤列圖	信州路永豐縣	蒙古人	至順元年（1330年）
43	鄭碩中	信州路玉山縣	南人	至順元年（1330年）
44	楊觀	信州路上饒縣	南人	至順元年（1330年）
45	徐觀	信州路玉山縣	南人	至正五年（1345年）
46	揭毅夫	信州路永豐縣	蒙古人	至正年間
47	李粲	饒州路鄱陽縣	南人	延佑五年（1318年）
48	周瞰	饒州路鄱陽縣	南人	至治元年（1321年）
49	方君玉	饒州路浮梁州	南人	至治元年（1321年）
50	李升	饒州路浮梁州	南人	泰定元年（1324年）

序號	姓名	路州	族屬	中進士時間
51	黃常	饒州路樂平州	南人	至順元年（1330 年）
52	程養全	饒州路德興縣	南人	至正二年（1342 年）
53	傅貴全	饒州路德興縣	南人	至正二年（1342 年）
54	鄒成	饒州路樂平州	南人	至正五年（1345 年）
55	董朝宗	饒州路餘幹州	南人	至正八年（1348 年）
56	董彝	饒州路樂平州	南人	至正八年（1348 年）
57	章柄	饒州路鄱陽縣	南人	至正八年（1348 年）
58	程國儒	饒州路鄱陽縣	南人	至正十一年（1351 年）
59	李路	瑞州路上高縣	南人	延佑二年（1315 年）
60	羅曾	吉安路廬陵縣	南人	延佑二年（1315 年）
61	蕭立夫	吉安路吉水州	南人	延柏二年（1315 年）
62	楊景行	吉安路太和州	南人	延佑二年（1315 年）
63	劉震	吉安路吉水州	南人	至治元年（1321 年）
64	高若風	吉安路吉水州	南人	至治元年（1321 年）
65	王相	吉安路吉水州	南人	至治元年（1321 年）
66	馮翼翁	吉安路永新州	南人	泰定元年（1324 年）
67	曾翰	吉安路永豐縣	南人	泰定元年（1324 年）
68	楊衢	吉安路太和州	南人	泰定元年（1324 年）
69	彭士奇	吉安路廬陵縣	南人	泰定元年（1324 年）
70	李運	吉安路龍泉縣	南人	泰定元年（1324 年）
71	劉文德	吉安路廬陵縣	南人	泰定四年（1327 年）
72	夏日孜	吉安路吉水州	南人	至順元年（1330 年）

序號	姓名	路州	族屬	中進士時間
73	劉性	吉安路安福州	南人	至順元年（1330年）
74	劉聞	吉安路安福州	南人	至順元年（1330年）
75	楊撝	吉安路吉水州	南人	至順元年（1330年）
76	陳植	吉安路永豐縣	南人	元統元年（1333年）
77	李毅	吉安路廬陵縣	南人	元統元年（1333年）
78	王充耘	吉安路吉水州	南人	元統元年（1333年）
79	毛元慶	吉安路廬陵縣	南人	至正二年（1342年）
80	李廉	吉安路安福州	南人	至正二年（1342年）
81	彭所存	吉安路安福州	南人	至正二年（1342年）
82	吳從彥	吉安路永新州	南人	至正五年（1345年）
83	馬速忽	吉安路吉水州	色目人	至正八年（1348年）
84	吳師尹	吉安路永新州	南人	至正八年（1348年）
85	龍元同	吉安路廬陵縣	南人	至正八年（1348年）
86	蕭飛風	吉安路吉水州	南人	至正十一年（1351年）
87	籲肅又蘋血立	吉安路吉水州	南人	至正十一年（1351年）
88	艾實	吉安路吉水州	南人	至正十一年（1351年）
89	虞梨	撫州路崇仁縣	南人	延佑五年（1318年）
90	黃常	撫州路樂安縣	南人	延佑五年（1318年）
91	張覾	撫州路	南人	泰定元年（1324年）
92	羅朋	撫州路崇仁縣	南人	至順元年（1330年）

序號	姓名	路州	族屬	中進士時間
93	黃昭	撫州路樂安縣	南人	至順元年（1330 年）
94	劉傑	撫州路金溪縣	南人	至正二年（1342 年）
95	陳異	撫州路金溪縣	南人	至正五年（1345 年）
96	黃紹	撫州路臨川縣	南人	至正八年（1348 年）
97	葛元哲	撫州路金溪縣	南人	至正八年（1348 年）
98	吳彤	撫州路臨川縣	南人	至正八年（1348 年）
99	吳裕	撫州路金溪縣	南人	至正十一年（1351 年）
100	何淑	撫州路樂安縣	南人	至正十一年（1351 年）
101	曾堅	撫州路金淏縣	南人	至正十四年（1354 年）
102	危隊	撫州路金溪縣	南人	至正二十年（1360 年）
103	王章	撫州路金溪縣	南人	至正二十年（1360 年）
104	曾仰	撫州路金溪縣	南人	至正二三年（1363 年）
105	陳介	撫州路金溪縣	南人	至正二三年（1363 年）
106	許晉孫	建昌路	南人	延拓二年（1315 年）
107	李政茂	建昌路新城縣	南人	延粕二年（1315 年）
序號	姓名	路州	族屬	中進士時間

序號	姓名	路州	族屬	中進士時間
108	謝升孫	建昌路南城縣	南人	泰定四年（1327 年）
109	龔善翁	建昌路新城縣	南人	泰定四年（1327 年）
110	江存禮	建昌路南城縣	南人	泰定四年（1327 年）
111	萬清	建昌路南城縣	南人	至順元年（1330 年）
112	朱彬	建昌路新城縣	南人	元統元年（1333 年）
113	朱悼	建昌路新城縣	南人	至正二年（1342 年）
114	夏鎮	袁州路	南人	至治元年（1321 年）
115	夏以忠	袁州 路	南人	至正十七年（1357 年）
116	歐陽朝	袁州路萬載縣	南人	至順元年（1330 年）
117	袁州海牙	袁州路	色目人	至正五年（1345 年）
118	楊晉孫	臨江路新淦縣	南人	延佑二年（1315 年）
119	蕭瑰	臨江路新喻州	南人	延佑五年（1318 年）
120	鐸護倫	臨江路	色目人	元統元年（1333 年）
121	胡行簡	臨江路新喻州	南人	至正二年（1342 年）
122	吳德永	臨江路新喻州	南人	至正二年（1342 年）
123	黎應物	臨江路新喻州	南人	至正五年（1345 年）
124	聶洪衷	臨江路清江縣	南人	至正十一年（1351 年）
125	裴夢霆	臨江路清江縣	南人	至正十一年（1351 年）
126	易之序	江州路彭澤縣	南人	延佑二年（1315 年）

序號	姓名	路州	族屬	中進士時間
127	博顏達	江州路	蒙古人	元統元年（1333年）
128	劉應綱	江州路德化縣	南人	至正十一年（1351年）
129	脫穎	南康路	色目人	元統元年（1333年）
130	劉承直	贛州路贛縣	南人	至正十一年（1351年）
131	汪渙文	徽州路婺源州	南人	延佑五年（1318年）
132	趙宜中	徽州路婺源州	南人	泰定元年（1324年）
133	胡善	徽州路婺源州	南人	至正五年（1345年）
134	呂誠	徽州路婺源州	南人	至正十一年（1351年）
135	廉惠山海牙	不詳	色目人	至治元年（1321年）
136	海直	不詳	蒙古或色目人	至治元年（1321年）
137	定住	不詳	蒙古或色目人	至正二年（1342年）

以上元代江西地區的進士共計一三七名。以人數的多少排序，依次是：龍興路三十二名、吉安路二十九名、撫州路十七名、信州路十四名、饒州路十二名、建昌路八名、臨江路八名、

徽州路婺源州四名、袁州路四名、江州路三名、瑞州路一名、南康路一名、贛州路一名、籍貫江西地區而不明具體地望者三名，南豐州、鉛山州和南安路無進士。

由於史料限制，以上一三七名進士僅是元代江西進士的一部分，但基本可以反映各路州的文化狀況，即龍興、吉安最盛，撫州、信州、饒州其次，建昌、臨江又次，江州、袁州、瑞州、南康、贛州等相對較弱。劉錫濤曾據順治《江西通志》、民國《江西通志稿》等對宋代江西進士的分佈進行詳細統計，以人數多少排序，依次是饒州、吉州、建昌、撫州、洪州（元代之龍興）、臨江、信州、南康、贛州、瑞州、袁州、江州、南安[95]。進入元代，龍興因是省治所在，蒙古、色目人較為集中，他們高中進士相對容易。該路三十二名已知進士中，蒙古、色目人有十四名，故龍興的進士數由宋代的第五位進至第一；吉安路依舊保持較大優勢；饒州和建昌的位次略有下移；信州路稍有上升；撫州、臨江變化不大；江州、袁州、瑞州、南康、贛州等依然沒有優勢。總體而言，元代江西地區的進士分佈於宋代有著相當的繼承性，吉安等強者仍強，南安等弱者仍弱，其他居上、中游者則略有沉浮。

95 劉錫濤：《宋代江西文化地理》，陝西師範大學中國歷史地理專業 2001 年申請博士學位論文（史念海指導），第 25 頁。劉氏的統計包括漕貢等非正途進士，數量大於實際的進士數。如其統計的吉州進士高達八九百人，而據元代吉安人龍仁夫所言，宋代吉州「賜第且五百」，即進士不到 500 人。儘管如此，他的統計不妨礙作為一般性比較的依據。

從全國範圍看，江西是元代科舉較盛的地區之一。延祐二年（1315 年）首科，共錄取進士五十六人，江西地區僅已知的進士就有十一人，占總額百分之十九點六，其中左榜四十人中，江西十人，占百分之二十五。這與江西地區舊有的儒學基礎較好、儒學教育體系完備有直接關係。此後，隨著各地對儒學日漸重視，江西的科舉優勢逐漸下降。資料最為完整的元統元年（1333 年）進士題名錄顯示，該科一百名進士中，江西十四人，所占比例下降至百分之十四。至正二年（1342 年）壬午科、至正五年（1345 年）乙酉科、至正八年（1348 年）戊子科均錄取七十八名，至正十一年（1351 年）辛卯科錄取八十三人，江西地區這幾屆已知的進士分別是十二名、十一名、十二名和十二名，各占總額的百分之十五點四、百分之十四點一、百分之十五點四和百分之十四點五。此外，因資料缺失，有些進士並未進入載錄，所以，可以肯定地說，到元後期，江西地區的進士數一般占錄取總額的百分之十五左右，高於江西行省鄉貢名額所占比例（10・3%）。

科舉制度在元代選舉體系中所占地位遠遜於故宋時期，元末明初人葉子奇說元朝的科舉不過是「粉飾太平之具」[96]。但是，這一制度保障了文化的延續。新喻人傅若金曾說，宋亡後，科舉廢，儒人轉而習醫，務農，從商，為吏，「國家自科舉之興，天下學士以明經就選舉，歲且千萬人」；元統三年（1335 年）歲末廢科，四方之士隨之廢學，「其能不厭棄吾經術而徙業者，幾何

96 葉子奇：《草木子》卷之四下《雜俎篇》。

人哉」[97]！所幸至正元年（1341 年），科舉復行，一直延續到元朝在江西的統治崩潰。江西地區在經歷了以漢化較淺的蒙古人統治為主的元朝後，文化得以相沿不墜，科舉起到了重要作用。

第二節 ▶ 理學、文字與史學

相對於兩宋文化的持續輝煌，元朝似乎有所不及。其實，元朝文化不乏接續精彩和超越前代之處。程朱理學的官學化、陸氏心學在元代的延續、元曲雜劇的異彩紛呈、史學方面的弘篇巨製等等，這些瑰麗多彩的文化成就都是在元代取得的。江西作為當時的一個文化興盛之區，同樣有許多可圈可點、值得稱道的閃光之處。

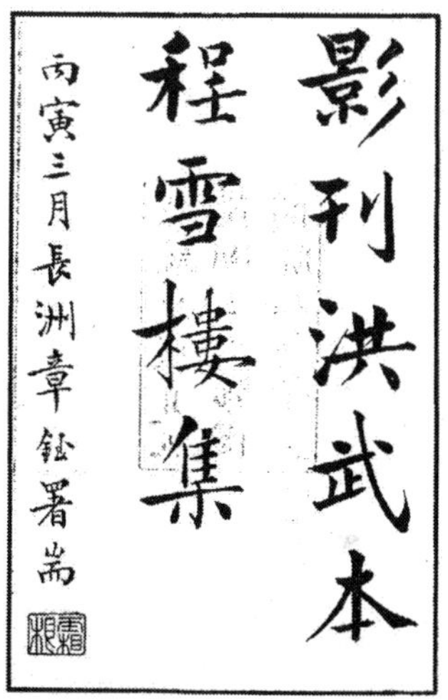
影刊洪武本
程雪樓集
丙寅三月長洲章鈺署耑

・程鉅夫《程雪樓集》扉頁
圖片說明：清宣統陶氏涉園影刊明洪武本。

一　理學

有學者論元代理學，稱其「不過衍紫陽（引者註：即朱熹）之緒餘」[98]。這樣的概括有失片面。作為思想文化發展史中不可

97　傅若金：《傅與礪詩文集》卷三《朱敬立文稿序》。
98　呂思勉：《理學綱要》，東方出版社 1996 年版，第 32 頁。

或缺的一環，元代的學術特點與宋代有所不同，總體說來，元代理學具有務實的特徵，是以朱學為主導，同時出現朱、陸合流的趨向，程朱理學成為占統治地位的官學，陸學衰微[99]。元代理學形成這些特點，江西學者在其中起到了重要作用。

其一，程朱理學成為元代占統治地位的官學，固然與江漢先生趙復將朱學北傳，許衡、姚樞、郝經等儒官受其影響，在國子學中以朱學為尊，並以之影響元朝上層有關，但是，真正對士子具有導向作用、使之風行天下的是將程朱理學與科舉考試和士子的仕宦前程緊密聯繫。在確定科舉考試以程朱理學為宗的過程中，建昌南城人程鉅夫發揮了重要作用。

程鉅夫（1249-1318 年），名文海，字鉅夫。避元武宗海山諱，以字行。號雪樓，又號遠齋。叔父程飛卿在宋末任建昌通判，以城降元。鉅夫作為質子，隨叔父到上都，任宿衛，受到元世祖賞識。他是最早受到蒙古統治者重用的江南人之一。鉅夫少年時期就讀於撫州臨汝書院，從學於族祖徽庵先生程若庸，是朱熹的四傳弟子。皇慶元年（1312 年），元廷議行科舉，鉅夫時任翰林學士承旨，建議以朱熹的《貢舉私議》為本，略加損益。他說：「取士必以經學、行議為本，唐、宋詞章之弊不可襲也。」[100]

99 朱漢民等：《中國學術史・宋元卷》，江西教育出版社 2001 年版，第 713-718 頁。

100 揭傒斯：《大元敕賜故翰林學士承旨光祿大夫知制誥兼修國史程公神道碑銘》，見程鉅夫《雪樓集》附錄。

同時主張「經學當祖程頤、朱熹傳注」[101]。仁宗給予肯定，並令其起草科舉詔。

皇慶二年（1313 年）頒布的由程鉅夫起草的科舉詔中，朱熹的《貢舉私議》主張被採納，大大改變了唐、宋科舉以詞章為本的取士標準。各場考試中，「經問」在《大學》、《論語》、《孟子》、《中庸》內出題，以朱熹的《四書章句》為準；「經義」中，《詩》以朱熹註疏為主，《尚書》以朱熹門人蔡沈的集傳為主，而蔡氏的《書集傳》是在朱熹的授意下寫成，《周易》以程氏、朱氏為主，《春秋》用程頤私淑胡安國所作傳[102]。因此，元代科舉所用四書五經中，除朱熹生前欲做而未能完成的《禮記》採用古註疏，朱熹未加註釋的《春秋》兼用左傳、公羊、谷梁三傳外，其餘經典一律以程朱理學的闡發為本。可見，程鉅夫將其對程朱理學的理解與推崇貫徹到了科舉詔中。誠然，當時預議科舉的還有集賢大學士陳顥、侍講元明善、許衡之子許師敬、翰林學士貫云石海涯等重要文臣（他們推許程朱理學多源於許衡等人的大力推行），但絕不可忽視翰林院最高長官程鉅夫的作用。

如果說程鉅夫是從上層對科舉制度施加影響，從而將程朱理學定為國是，那麼，龍興路富州人熊朋來則將習舉者從孩童時代起就引向朱學，從而擴大了朱學在民間的影響。熊朋來（1246-1323 年），字與可，南宋咸淳十年（1274 年）進士，學者稱為

101 《元史》卷一七二《程鉅夫傳》。

102 《皇慶科舉詔》，見《廟學典禮（外二種）・元婚禮貢舉考》。

天慵先生。他博通群籍，尤精於禮、樂、書、數。入元，先後在福州和吉安任儒學教授。熊朋來取朱熹《小學》一書，「條分節解，標註其事，凡名物度數、姓字稱號、族系時代，一覽了然，大有裨益於初學之士。書市刻板廣傳，令通行乎天下」[103]。熊朋來對朱熹《小學》的解析使朱學在民間的浸潤日深日廣。任福州路儒學教授期間，熊朋來主持制定了官辦儒學的各項規章，包括日常學習、朔望會講、課試之法、書籍管理等各個方面，其中關於小學的部分，甚至具體到師生座次、鳴鐘次數、習字頁數、作揖方式等細節問題。該規章後由江南行台頒行江南三省，成為江南儒學共同遵奉的指導性規章。從這個角度可以說，熊朋來對元代江南的學制貢獻巨大。其中，作為初級階段的小學，其學習內容主要是：「諸生所講讀書，合用朱文公《小學》書為先，次及《孝經》、《論語》。早晨合先講《小學》書，午後隨長幼敏鈍分授他書。《孝經》，合用文公刊誤本，《語》、《孟》，用文公集注，《詩》、《書》，用文公集傳訂定傳本講說。」[104]熊朋來制定該學制，時在實行科舉的近二十年前。他通過在小學採用朱熹修訂之書作為教材，使朱學成為江南官學學子的學術根基，也使後來科舉以程朱為本在民間擁有廣泛的基礎。實行科舉後，熊朋來又參與制定江西行省的鄉試規程，弟子多「通經能文。貢舉制復，門生悉堪應舉，擢科者纍纍」。他主持江浙、湖廣等行省的鄉試，

103 吳澄：《吳文正公全集》卷三六《前進士豫章熊先生墓表》。
104 《廟學典禮》卷五《行台坐下憲司講究學校便宜》。

「所貢大半成進士，人羨揀擇之精」[105]。這說明，熊朋來對程朱理學的理解與官方「保持」著高度一致。他通過自己的努力，擴大了朱學在民間的影響。

元代科舉以程朱為本後，學者尊信，多不敢置疑，從理學內部的學派紛爭來看，實質上有助於朱學壓倒陸學，加上科舉中式的功利目的以及隨之而來的程朱之學教條化，學校、書院均以程朱之學教育學子，其影響深及民間，朱學幾於一統。後，以程朱之學為本取士被明、清兩代所繼承，從而影響了長達六百年的中國政治與文化。從這個角度看，儘管程鉅夫、熊朋來、程顯、許師敬等在學術上沒什麼創見，但其影響可謂深遠。

其二，元代理學以朱學為主，同時出現朱、陸合流的趨向，以撫州崇仁人吳澄及其弟子為重要代表。吳澄（1249-1333 年），字幼清，晚年又字伯清。五歲隨祖父讀書，「七歲而能聲對，九歲而能詩賦，十有三歲而應舉之文盡通，自以為所學止於是矣」[106]，「年十六，始知學業之外有所謂聖賢之學者……於是始厭科舉之業，慨然以豪傑之士自期，必欲為周、程、張、邵、朱而又推此道，以堯舜其君民而後已也」[107]。少年吳澄已擁有接續並弘大朱熹事業的志向。南宋咸淳六年（1270 年），吳澄「承親之命而投應舉之牒」[108]，參加撫州鄉試，中選，而會試不中，遂

105 吳澄：《吳文正公全集》卷三六《前進士豫章熊先生墓表》。
106 吳澄：《吳文正公全集・外集》卷三《發解謝繆守書》。
107 吳澄：《吳文正公全集・外集》卷三《謁趙判簿書》。
108 吳澄：《吳文正公全集・外集》卷三《謝僉幕》。

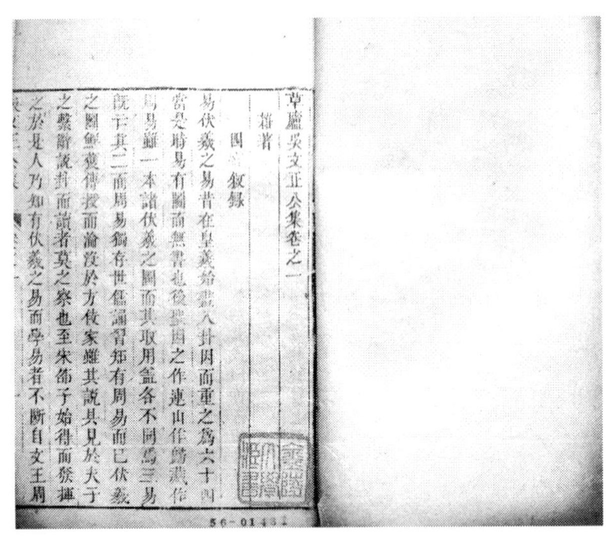
草廬吳文正公集卷之一

雜著

圖[illegible]敘錄

易伏羲之易昔在皇羲始畫八卦因而重之為六十四
當是時易有圖而無書也後聖因之作連山作歸藏作
周易雖一本諸伏羲之圖而其取用蓋各不同焉三易
既亡其二而周易獨存世儒誦習知有周易而已伏羲
之圖無復傳授而淪沒於方伎家雖其說具見於大于
之繫辭說卦而讀者莫之察也至宋邵子始得而發揮
之於是人乃知有伏羲之易而學易者不斷自文王周

・吳澄《草廬吳文正公全集》

圖片說明：清乾隆二十一年（1756年）萬璜刊本。

建草屋以居，著書講學於中，並以「抱膝梁父吟，浩歌出師表」自題其牖，摯友程鉅夫因而比之為南陽諸葛亮，命名為「草廬」，學者遂稱其為「草廬先生」。至元二十四年（1287年），程鉅夫奉詔求賢江南，推薦吳澄，被拒絕。自大德（1297-1307年）末起，吳澄屢次出入朝廷，擔任學職和文職，但「或不久而即還，或拜命而不行，要之無意為世之用」。其一生的多數時候是僻處家鄉，「研經籍之微，玩天人之妙……著書立言，以示後學」[109]。主要著作有文集《吳文正公集》、經學著作《五經纂言》

109 危素：《危太朴續集》卷一《臨川吳文正公年譜序》。

及《易纂言外稿》、《儀禮逸經傳》、《今文孝經》等。此外，還校定《皇極經世書》，校正《老子》、《莊子》、《太玄經》、《樂律》、《八陣圖》、《葬書》等。其中，《五經纂言》乃吳澄費幾十年功力而成，是對元代理學的重要貢獻。

吳澄年少時好雜學，與程鉅夫共同就讀於臨汝書院，亦是程若庸的學生，同樣為朱熹四傳。成為理學名家後，時人將其與許衡並稱為「南吳北許」。實際上，吳澄比許衡晚生四十年，是繼許衡之後傳播理學最著的名儒。其理學思想從總體上看屬於程朱之學，元人元明善即說：「先生（引者註：指吳澄）之學，程子之學也。」[110]清人全祖望則說：「草廬出於雙峰，固朱學也……草廬之著書，則終近乎朱。」[111]這與其學術傳承和接續朱熹之學的宏願[112]有直接的關係。

吳澄的經學直承朱熹，《五經纂言》實是朱熹經學研究的繼續，堪稱元代治經之最。二十歲左右時，吳澄已認識到《易》、《詩》、《尚書》、《春秋》四經皆亂，朱熹已釐正前二者，後兩經則「猶有欠整理者」，於是「甚欲集諸家之善為之訓說，以補

110 虞集：《道園類稿》卷五十《故翰林學士資善大夫知制誥同修國史臨川先生吳公行狀》。

111 黃宗羲原著，全祖望補修，陳金生、梁運華點校：《宋元學案》卷九二《草廬學案》，中華書局 1986 年版。

112 吳澄早年論述道統，認為「古中之統：仲尼其元，顏、曾其亨乎，子思其利，孟子其貞乎！近古之統：周子其元，程、張其亨也，朱子其利也，孰為今日之貞乎？未之有也。然則，可以終無所歸哉！」《元史》編修者認為其「早年以斯文自任如此」，即早年就以接紹朱熹之統而自任。見《元史》卷一七一《吳澄傳》。

先儒之未及，而破千古之舛訛」[113]。咸淳六年（1270 年），年僅二十二歲的吳澄對諸經的研究已經「略開其端緒矣」[114]。次年會試落第後，吳澄放棄舉業之累，終生堅持治經，認為「從事於此焉，則吾之志得矣」[115]。其治經，博大而精深，敢於懷疑，對《易》、《尚書》、《禮記》等儒家經典均有自己的見解，常據己意進行調整。如對《尚書》，只注《今文尚書》二十八篇，並調整篇次或章次，還刪去部分內容；對《周易》和《禮記》，亦是有刪有改[116]。清代四庫館臣雖然批評吳澄任意點竄刪削諸經，但對其治經的成就還是給予了充分肯定。黃百家亦說，朱熹門人多習成說，深通經術者甚少，惟吳澄《五經纂言》有功於經術，是朱門弟子陳淳等人難以比擬的。吳澄對其中的《易纂言》尤為重視，從事其學達五十餘年。他說：「吾於《易》書，用功至久，下語尤精，其象例皆自行於心，庶乎文周繫辭之意。」又說：「吾於《書》有功於世為猶小，吾於《易》有功於世為最大。」[117] 全祖望則認為，吳澄諸經纂言中，以《春秋纂言》為最。《禮記纂言》是吳澄晚年所著之書，用功最勤。故，《五經纂言》中，《易纂言》、《春秋纂言》和《禮記纂言》最佳。其中，《禮記纂言》是繼朱熹未竟之業而成，《易纂言》「其大旨宗乎周、邵，

113 吳澄：《吳文正公全集・外集》卷三《發解謝繆守書》。

114 吳澄：《吳文正公全集・外集》卷三《發解謝繆守書》。

115 吳澄：《吳文正公全集・外集》卷三《謝程教》。

116 參閱朱漢民等著《中國學術史・宋元卷》，江西教育出版社 2001 年版，第 753-763 頁。

117 《宋元學案》卷九二《草廬學案》。

而義理則本諸程傳，其校定用東萊呂氏之本，而修正其缺衍謬誤。其纂言則纂古人今人之言，有合於己之所自得者，大概因朱子象占之說而益廣其精微」[118]。可見，《易纂言》亦本於朱學。在討論理學的一些重要命題時，吳澄多合於朱熹。關於天道，他與朱熹一樣，將「理」確立為天地萬物的主宰，理、氣乃宇宙本原。關於理氣，他在繼承朱熹的討論時，又提出了「理在氣中」的命題和「理者，非別有一物在氣中」的思想。關於心性，他認為人之成形是由於氣，人性則來之於天理，其內容為仁、義、禮、智，故人性本善無惡，與朱熹一致。關於讀書修身，他與朱熹一樣重視泛觀博覽。

但是，吳澄沒有固守朱學門牆。他看到了朱學後人流於章句訓詁而不能超拔的弊端，同時看到了陸學的高妙，尤其是「明本心」、「尊德性」的道德修身法，故吳澄在後期兼重陸學，明顯表現出和會的傾向。在如何完善氣質之性，獲得天理的問題上，他雖然重視窮理致知，同時主張「發明本心」（「尊德性」），即從自身去發現；「本心之發見」才是最重要的心性修養工夫。他說，「所謂性理之學，既知得吾之法，皆是天地之性，即當用功知其性，以善其性，能認得四端之發見謂之知」，「隨其所發見，保護持守」；如「不就身上實學……非善學也」[119]。由此，在

118 虞集：《道園類稿》卷五十《故翰林學士資善大夫知制誥同修國史臨川先生吳公行狀》。

119 吳澄：《吳文正公全集》卷二《答人問性理》。

「知」與「行」的問題上，他強調「知」的重要性，而不是朱學的「行為重」，主張知即行，「知行兼該」，應將德性之知與聞見之知統合於心。執教國子監時，吳澄對學生說：「朱子道問學工夫多，陸子靜卻以尊德性為主。問學不本於德性，則其弊偏於言語訓釋之末，果如陸子靜所言矣。今學者當以尊德性為本，庶幾得之。」[120]吳澄要學生以「尊德性」為本，而不能僅僅拘泥於朱熹所主張的篤實的讀書功夫，遂使學者認為其屬於陸學，而非國子監一直推崇的朱學。這番言論最後終結了吳澄在國子監的執教生涯。雖然如此，吳澄依舊推崇陸學的「本心」說。他在給陸九淵語錄作序時說：「道在天地間，今古如一，當反之於身，不待外求也。先生之教以是，豈不至簡至易而切實哉！」[121]表達了對陸學簡易功夫的傾心與欽佩。他甚至將陸九淵與二程、朱熹相提並論，認為此四人「論之平而足以定千載之是非」[122]，把「本心」列為堯、舜以來的聖人傳道根本，從而肯定「本心」說在理學中的崇高地位[123]。基於吳澄對二程、朱陸並重的認識，有學者認為，吳澄在把「心學」理解為對心的體驗和研究，重視心的修養

120 虞集：《道園類稿》卷五十《故翰林學士資善大夫知制誥同修國史臨川先生吳公行狀》。

121 《宋元學案》卷九二《草廬學案》。

122 吳澄：《吳文正公全集》卷十二《臨川王文公集序》。

123 《宋元學案》卷九二《草廬學案》：「然此心也，人人所同有，反求諸身，即此而是。以心而學，非特陸子為然，堯、舜、禹、湯、文、武、周、孔、顏、曾、思、孟，以逮周、程、張、邵諸子，莫不皆然。故獨指陸子之學為本心，學者非知聖人之道也。」

功夫的意義上，而不把「心學」僅僅理解為陸九淵的心學的意義上，吳澄的思想與其說是對陸九淵心學的繼承，更不如說是對整個濂、洛、關、閩及陸象山的儒家心學的繼承。如此，吳澄終是實現了接續朱熹成為「近古之統」中的「貞」的宏願，故學者陳來認為，「晦庵之後，終是草廬」，肯定了吳澄在宋元理學中的「綜合」氣象[124]。但是，儘管吳澄的這種和會思想是在基本遵從程朱理學的前提下，融合心學的合理因素，主張格物致知應以發明本心為主，不假外求，「體現出力求使本心與天理內外合一的和合趨勢，已經從朱子理學大廈中發現了向心學轉折的突破口」[125]，他並沒有能力從整體上超越程朱理學的範圍邏輯結構，從中開拓出一條走向心學的理論思路。故而，他的心性學說是理學從宋代以朱子理學為主向明代陽明心學轉折的過渡環節，是宋、明兩代承上啟下的轉折。綜其前，啟其後，這便是吳澄在中國理學發展史中的地位。

吳澄合會的理學思想對弟子虞集、危素均有影響。虞集認為，朱、陸二人對聖人之道互有發明，既肯定朱熹晚年「稍卻其文字之支離」，吸收陸學「反身以求」之法[126]，又對時人多加摒棄的陸學儘力表彰。他說：「竊聞先生（引者註：指陸九淵）之

---

124 陳來：《〈尊德性與道問學——吳澄哲學思想研究〉序》，見方旭東《尊德性與道問學——吳澄哲學思想研究》卷首，人民出版社 2005 年版，第 1-4 頁。

125 張立文、祁潤興：《中國學術通史・宋元明卷》，人民出版社 2004 年版，第 445-448 頁。

126 虞集：《道園學古錄》卷四十《跋朱先生答陸先生書》。

言，以為上下萬世之遠，東西南北之表，苟有聖人出焉，同此心，同此理也。集嘗三復而嘆曰：『此心此理之同，豈必聖人哉，雖凡民亦莫不同矣。先生之望於天下萬世者，亦欲其人而已矣。』又聞先生之告學者曰：『汝耳自聰，目自明，事父自能孝，事兄自能悌，本無欠闕，不必他求，在乎自立而已。』噫！此謂踐形也，此所以可至於人倫之至也。所憂者，紛然他求以間之，而失其時爾。故以為求諸人之言而不得，不若反求諸己之為近也。」[127]虞集在這段話中揭示了陸學的真正內涵，並給予充分肯定。危素同樣認識到朱、陸後學各自的弊端，他說：「昔者朱文公、陸文安公同時並起，以明道樹教為己事，辯論異同，朋友之誼。其後，二家門人之卑陋者角立門戶若仇讎，陸氏不著書而其學幾絕。」[128]於是，他與吳澄一樣強調「尊德性」，認為德「本之吾所固有，而非自外至，亦何為而不尚之哉！」[129]在治學上，他傾向於朱學，極重視讀書，說「治心修身，一征諸方冊」[130]。與吳澄和虞集不同的是，危素在整體上更傾向於陸學。他稱讚四明楊簡「學於臨川陸氏，高明純一，進道不倦。雖今之學者棄而弗講，然質諸鬼神而無疑，百世以俟聖人而不惑者，又焉可誣

127 虞集：《新建陸文安祠堂記》，見天啟《荊門州志》卷八，明天啟元年刊本，轉引自李修生主編《全元文》第二七冊，鳳凰出版社 2004 年版，卷八五七，第 17-19 頁。

128 危素：《危太朴續集》卷七《上饒祝先生行錄》。

129 危素：《危太朴文集》卷五《陳氏尚德堂記》。

130 危素：《危太朴文集》卷十《上都分學書目序》。

也」[131]。這樣的讚譽，危素未輕許給任何一個朱學傳人。相反，他對元代朱學流弊大加鞭撻，說朱學「諸子之門，千蹊百折，總之不離詞章、訓詁、異端三者，波流茅靡，出自入彼」，「往往馳逐於空言而汩亂於實學」，「不足以明體而適用」[132]。這與危素求學於吳澄的同時，又向元代株守陸學的陳苑、李存等人請教有關。吳澄是以朱學為主，以陸學的高妙補朱學的支離；危素是以陸學為主，以朱學的篤實補陸學的空疏。

其三，元代程朱理學地位上升，定為國是，江西遂有諸多致力於弘揚朱學者。他們秉承朱學篤實的讀書功夫，注重研習儒家經典。治經時，以朱學為主。

江州黃澤是元代江西以朱學為本治經的重要一家。黃澤（1260-1346 年），字楚望。父儀可為資州（今四川資中）人，累舉不第。儀可兄黃驥子任官九江，其隨行而至。蒙古軍攻蜀，不能歸鄉，因家於九江，故黃澤為九江人。他自幼以明經學道為志，好學苦思，對名物度數考核精審。曾任江州景星書院、南昌東湖書院山長。秩滿即歸，閉門授徒。

黃澤治學以苦思見長，曾因諸經不明，列出六經疑義千餘條。冥思苦想之後，豁然貫通，於是「《易》、《春秋》傳注之失，《詩》、《書》未決之疑，《周禮》非聖人書之謗，凡數十年苦思而未通者，皆渙然冰釋，各就條理」。其治《易》，「以明象

131 危素：《危太朴續集》卷六《楊氏族譜序》。
132 危素：《危太朴文集》卷七《湖州吳教授詩序》。

為先，以因孔子之言，上求文王、周公之意為主，而其機栝，則盡在《十翼》」，於是作《十翼舉要》、《忘象辯》、《象略》、《辯同論》諸書。治《春秋》，「以明書法為主，其大要則在考核三傳，以求向上之功，而脈絡盡在《左傳》」，於是又作《三傳義例考》、《筆削本旨》等書。對《周禮》，黃澤亦很用心，認為鄭玄深而未完，王肅明而實淺，於是著《禮經復古正言》。他還撰《元年春王正月辯》、《諸侯娶女立子通考》、《魯隱公不書即位義》、《殷周諸侯禘祫考》、《周廟太廟單祭合食說》、《丘甲辯》等書，以明古今禮俗之不同，虛辭說經之無益。對六經，黃澤有《六經補註》，辯釋諸經要旨，又作《翼經罪言》，力排百家異議。另外，黃澤還為初學者撰《易學濫觴》、《春秋指要》，講明「求端用力之方」，免其誤入歧途。

黃澤一生著述甚豐，多為苦思所得，而義理以程、朱為主。吳澄讀其著述，認為「平生所見明經士，未有能及之（引者註：指黃澤）者」，堪為聖人孔子之徒。《元史》本傳則稱：「近代覃思之學，推澤為第一。」[133]黃澤著作大部分散佚，弟子休寧人趙汸的《春秋師說》中保留了其關於《春秋》的觀點。

都昌陳澔以治《禮記》見長。陳澔（1260-1341 年），字可大。父陳大猷為饒魯弟子，故陳澔是朱熹五傳。著有《雲莊禮記集說》十卷。儘管清人朱彝尊對此書評價不高，但四庫館臣認為，歷代釋《禮記》者，漢、唐以鄭玄、孔穎達為優，但鄭之註

133 《元史》卷一八九《儒學傳一・黃澤傳》。

釋簡奧，孔之註疏典贍，皆不如陳澔淺顯；宋代衛湜的《禮記》傳注頗佳，但卷帙繁富，又不如陳澔簡便。初習《禮記》者，從《雲莊禮記集說》得知門徑，不為無益。故明代胡廣等人修《五經大全》時，其中的《禮經大全》多以此書為據。

李廉也是元代江西以治經見長的學者。李廉（生卒年不詳），字行簡，吉安路安福州人。至正元年（1341 年）以《春秋》中江西鄉試第一，次年會試中進士，授龍興路錄事，遷信豐縣尹。元末紅巾軍至，守節而死。李廉對《春秋》頗有研究，著《春秋諸傳會通》二十四卷。該書以《左傳》為先，《公羊傳》、《穀梁傳》次之，又次義疏，而以胡安國傳注總之。此書實是以胡氏為主而兼綜諸家之說。清代四庫館臣認為：「是編雖以胡氏為主，而駁正殊多。又參考諸家，並能掇其長義。一事之疑，一辭之異，皆貫串全經以折衷之……總論百餘條，權衡事理，尤得比事屬辭之旨。」[134]正因《春秋諸傳會通》有如許優點，清代欽定的《春秋傳說彙纂》對此書多有採錄。

新喻梁寅亦長於經學。梁寅（1303-1390 年），字孟敬，號石門，新喻人。家貧，自幼好學，博通經史。曾任集慶路（治今江蘇省南京市）儒學訓導。明初，徵入京師修禮書。書成歸鄉，結廬於石門山下，教學為生，學生尊其為「石門先生」。今留有《石門集》。梁寅對經學有很深的造詣，人稱「梁五經」。他宗奉程朱，曾說：「吾夫子刪《詩》之時，未有註釋也。至漢儒以經

134 永瑢等：《四庫全書總目》卷二八《春秋諸傳會通》。

相傳授，註釋益眾矣，而無所前聞，多為臆度，故謬誤相襲。朱子《詩傳》獨覺夫千載之失而有以正之，至於字義尤必有據，凡有穿鑿附會者，悉棄而不取，故曰訓詁之必明也。漢儒之釋經，於正理或昧。迨程、朱之言既行，駁雜之論乃黜。今之讀經者宜壹遵程、朱，難復互異，故曰義理之必正也。」[135]梁氏認為程、朱之學是「訓詁明，義理正」。他精於《周易》，有鑒於程、朱以前注《周易》者「其高也或淪於空虛，其卑也或泥於象數」，而程、朱傳注雖佳，但學者患於詳而不能返約，於是參酌程、朱二家，旁采諸說，附以己意，於後至元六年（1340 年）撰著《周易參義》，使「觀之者由詳造約，考異而知同」。是書雖採諸說，但「亦程、朱之義疏也」[136]。

如果說上述黃、陳、李、梁諸儒在以朱學為宗的前提下，尚能兼採諸家之說，那麼，朱熹故里的徽州諸儒在宋末元初朱、陸門徒嚴立門牆時，則多持門戶之見，力主朱學，排斥其他學說。此以休寧人陳櫟、婺源人胡一桂、胡炳文為代表。胡一桂（1247-？），字庭芳，出自婺源著名的「明經胡家」。父胡方平為朱熹四傳，曾著《易學啟蒙通釋》，故一桂為朱熹五傳。景定五年（1264 年），胡一桂中鄉試，會試不利，退而講學，學者尊為「雙湖先生」。著有《周易本義附錄纂疏》、《本義啟蒙翼傳》、《朱子詩傳附錄纂疏》、《十七史纂》等。其治經專主朱學，《周

135 梁寅：《詩演義序》，載《詩演義》卷首，景印文淵閣四庫全書本。
136 梁寅：《周易參義自序》，載《周易參義》卷首，清康熙十九年通志堂刊本。

易本義附錄纂疏》「取諸儒《易》說之合於《本義》（引者註：指朱熹著《易本義》）者纂之，謂之纂疏。其去取別裁，惟以朱子為宗」[137]，對楊萬里所著《易傳》全然不予提及。族人胡炳文（1250-1333 年），字仲虎，潛心朱學，與郡人陳直方並稱為「東南大儒」。至元二十五年（1288 年）任江寧教諭，後升信州學錄、明經書院山長、蘭溪州學正等，學者尊為「雲峰先生」。胡炳文亦善治《周易》，著《易本義通釋》十二卷、《易義》一卷。他對朱熹的《四書集注》用力尤深，著《四書通》。書中，胡炳文認為餘干饒魯以來的朱學諸儒多有與朱熹之說相牴牾者，於是集趙順孫《四書纂疏》、吳真子《四書集成》等書，將其中「辭異而理同者，合而一之；辭同而指異者，析而辨之」[138]，對朱熹以前的各家之說，皆斥而不錄。雖然《四書通》「往往發其未盡之蘊」，體現了胡炳文治《四書》的成就，但此書與胡一桂諸書一樣，專主朱學，有太深的門戶之見。

其四，元代陸學雖然衰微，但江西地區作為陸學的重要傳承地之一，出現了幾位崇奉陸學的代表人物，主要有南豐劉壎、上饒陳苑及其弟子「江東四先生」。

劉壎（1240-1319 年），字起潛，號水雲村。早年喪父，與母親依外家生活。讀書勤奮，漸有文聲。咸淳元年（1265 年）始，在南城開館授學。六年（1270 年），初涉科場。此後，因老

137 永瑢等：《四庫全書總目》卷四《易本義附錄纂疏》。
138 《元史》卷一八九《儒學傳一・胡炳文傳》。

母在堂，再不赴試。年三十七年而宋亡。元貞元年（1295年），因薦任建昌路學正，教授諸生，頗有章法。至大二年（1309年），任延平路儒學教授。著《經說講義》、《水雲村稿》、《泯稿》、《哀鑑》、《英華錄》、《隱居通義》等，共一二五卷。今存《水雲村泯稿》、《隱居通議》、《水雲村稿》等，篇章多有重複。劉壎一生研經究史，網羅百氏，學識淵博，工於詩文。理學方面，他首先肯定朱、陸本質相同，認為二者「本領實同，門戶小異」[139]。所謂「門戶小異」，即朱學「主於下學上達，必由灑掃應對而馴至於精義入神，以為如登山然，由山麓而後能造絕頂也」，陸學「主於見性明心，不涉箋注訓詁，而直超於高明光大」[140]。對於這種不同，劉壎說：「儒者職分不在於作文，而在於講學。講學不在於章句，而在於窮理。窮理不在於外求，而在於明心。」[141]在此，他否定了朱學的章句訓詁，強調了陸學的明心之說。關於如何發明本心，劉壎認為靠「悟」。這種「悟」不是朱學所謂的「登山造絕頂」而豁然開朗；「登山造絕頂」只是「粗皮」，是「小悟」。他說：「兒童初學，矇昧未開，故懵然無知。及既得師啟蒙，便能讀書認字，馴至長而能文，端由此始，即悟之謂也。然此卻止是一重粗皮，特悟之小者爾。」「大悟」是「剝去幾重，然後透徹精深」，即佛教所謂的「慧覺」、「六

139 劉壎：《水雲村泯稿》卷六《朱陸合轍序》，明天啟刊本。
140 劉壎：《水雲村泯稿》卷二一《評理・朱陸》。
141 劉壎：《水雲村泯稿》卷二一《評理・儒者職分》。

通」。那些未悟者，「正如身坐窗內，為紙所隔，故不睹窗外之境。及其點破一竅，眼力透穿，便見得窗外山川之高遠，風月之清明，天地之廣大，人物之雜錯，萬象橫陳，舉無遁形。所爭唯一膜之隔，是之謂悟」[142]。劉壎肯定了陸學類似禪宗頓悟的明心之法，且強調理學這樣的「性命之學」，「不能不與釋相近」；朱熹指摘陸學近禪，實際是忘記了自己承續著程頤的「儒釋深處只爭抄忽（引者註：當作「秒忽」）」的思想，忽視了自己的「求放心」說亦「釋氏之說」的現實；朱熹力批陸學近禪，只是「大儒衛道，職當然爾」[143]。

對發明本心說的認同使劉壎對陸九淵及其學說推崇備至。儘管他有時也將朱、陸並稱，說「乾道、淳熙間，晦庵先生（引者註：即朱熹）以義理之學闡於閩，象山先生（引者註：即陸九淵）以義理之學行於江西，岳峻杓明，珠輝玉鏘，一時學士大夫雷動風從，如在洙泗，天下並稱之曰朱陸」，甚至不得不承認朱學大盛、陸學衰微的現實，但是，在分析原因時，他說：「蓋先生（引者註：指陸九淵）不壽，文公（引者註：即朱熹）則高年；先生簡易不著書，文公則多述作；先生門人不大顯，朱門則多達官羽翼其教，是以若不逮。而究其實踐，則天高日晶，千古獨步。」[144]他認為朱學大盛與朱熹年高、著述甚豐、弟子大顯有

142 劉壎：《水雲村泯稿》卷二一《評理・論悟二》。
143 劉壎：《水雲村泯稿》卷二二《評理・朱陸三》。
144 劉壎：《水雲村泯稿》卷十《象山語類題辭》。

闕，就學術本身而言，陸學乃「千古獨步」，「終非朱學所及」[145]；陸九淵穎悟超卓，「誠一世之天才也」，陸學終將大明於世；批評陸學者實是「蚍蜉撼樹，井蛙觀天」。由此觀之，劉壎可謂元代陸學的忠誠衛士。

陳苑亦是元代弘揚陸學的代表。陳苑（1256-1330 年），字立大，幼習儒，曾有異人授以金丹之術，不信。後讀陸九淵書，說：「此豈不足以致吾知耶？又豈不足以於吾之行耶，而他求也。」[146]於是廣求陸氏及門人所著《易》、《書》、《詩》、《孝經》等書，並以之教授弟子。他曾對弟子說：「萬物皆我，我即萬物。」[147]又論為學之道：「無多言，心恆虛而口恆實耳。」[148]於是，其弟子「惟日孜孜究明本心」。當時，朱學盛行，世人多以為陸學乃「遺世所尚」，遂對陳苑「譏非之，毀短之，朋排之，又甚者求欲危中之」，陳苑說：「苑不悔。」在陳苑的努力下，「由是人始知陸氏學」，饒州、信州一帶漸有研習陸學者，甚至出現了倡明陸學的學術群體。陳苑一生浮沉裡巷，患難困苦，而「拳拳於學術異同之辨……有憂天下後世之心」，黃宗羲盛讚他在元人「無肯道陸學」的情形下，「乃能獨得於殘編斷簡之間，

145 劉壎：《水雲村泯稿》卷二一《評理・朱陸》。
146 李存：《番易仲公李先生文集》卷二四《上饒陳先生墓誌銘》，明永樂三年（1405 年）李光刻本。景印文淵閣四庫全書本《俟庵集》中，「又豈不足以於吾之行耶」作「又豈不足以力吾之行耶」，以後者為是。
147 李存：《番易仲公李先生文集》卷二三《曾子翬行狀》。
148 危素：《元故番陽李先生墓誌銘》，見李存《番易仲公李先生文集》卷首。

興起斯人，豈非豪傑之士哉」[149]！

陳苑的弟子中，以時稱「江東四先生」的祝蕃、舒衍、李存、吳謙四人最著。祝蕃（1286-1347 年），字蕃遠，貴溪人，延祐四年（1317 年）鄉貢進士，仕至饒州路儒學教授、潯州路經歷。在陳苑尚「無人知」時，祝蕃向其求學。因祝蕃從學較早，學識不錯，擁有官位與功名，對陳苑又盡心盡禮，「苟宜費而乏，雖質粥田宅，無所靳也」，故成為「四先生」中聲望最高者，「一時登先生（引者註：指陳苑）之門者皆推先焉」[150]。他曾說：「吾初有聞（陳苑之學）時，意我俱絕，萬理一貫，始信天下歸仁之道如此，猶醉夢忽覺，而其樂無涯也。」[151]這段話表明祝氏已經悟到陸學真諦。他購求陸氏師友遺書，抄錄廣傳，又重建貴溪的象山祠宇，還為貧困且年已五十的陸九淵元孫陸文美娶妻，儘力倡明陸學。舒衍（生卒年不詳）亦較早從學陳苑，受陸氏之學，曾宣稱「游於陳先生立大，獲聞聖賢之學」。他認為陳氏所授陸學是聖賢之學，時人所習朱學則為「末舉」[152]。李存（1281-1354 年），字明遠，更字仲公，自題居所為「俟庵」，人稱鄱陽先生，安仁人。早年無所不學，陰陽、佛、道、醫學均所涉獵，後隨舒衍求學於陳苑。有所體會後，焚燬以前的著作，

149 《宋元學案》卷九三《靜明寶峰學案》。

150 李存：《番易仲公李先生文集》卷二五《祝蕃遠墓誌銘》。

151 危素：《危太朴續集》卷七《上饒祝先生行錄》。

152 危素：《元故番陽李先生墓誌銘》，見李存《番易仲公李先生文集》卷首。

說：「無使誤天下後世。」他認為，聖賢之學「豈口耳句讀之事」，否定了朱學末流。金溪危素曾向其討教：「睿心官則思，何思也？」李存答：「思其本無俟於思者爾。」[153]「其本無俟於思者」即人與生俱來的德性，「思其本無俟於思者」即認識自身所具有的德性。這就是陸學的發明本心。他對臨川人李絅的教導則是：「先本後末，先內後外，不容有毫髮求知之心。」[154]更直斥朱學的外求格物，謹循陸學的內求本心。吳謙的情況不太清楚。祝、舒、李、吳四先生在饒、信（屬江東）結為群體，以倡明陸學為己任，「同門摯友四五人，相與切礲，期以大明正學」[155]。他們廣授弟子，撫州的危素、涂幾、李絅、劉禮等人深受他們的影響，使陸學在經過較長時間的沉寂後，於元中期在饒、信、撫一帶一度中興。祝蕃在貴溪象山祠舉行祭祀儀式時，「遠近與舍菜者嘗不下百人」[156]。與時同時，慈溪人、寶峰先生趙偕（？-1364 年）也大力弘揚陸學。南宋時期陸學的兩處重要傳播地——贛東和浙東，入元以後依然有陸學在傳承[157]。

153 危素：《元故番陽李先生墓誌銘》，見李存《番易仲公李先生文集》卷首。
154 《宋元學案》卷十三《靜明寶峰學案》。
155 危素：《元故番陽李先生墓誌銘》，見李存《番易仲公李先生文集》卷首。
156 李存：《番易仲公李先生文集》卷二五《祝蕃遠墓誌銘》。
157 以上關於元代陸學在江西的傳承情況，並請參閱徐遠和《理學與元代社會》第七章《元代陸學》，人民出版社 1992 年版。

二　文學

自元朝以來，人們對元代文學的認識經歷了許多變化。元末楊維楨說：「我朝古文殊未邁韓、柳、歐、曾、蘇、王，而詩則過之。」[158]楊氏認為元代古文成就不及唐宋，元詩則頗可自負。明初王沂認為有元一代之文可謂盛矣，肯定了元代古文的成就。元末明初的孔齊、葉子奇獨推重元散曲，以為可與漢文、唐詩、宋理學相頡頏：「一代之興，必有一代之絕藝足稱於後世者：漢之文章、唐之律詩、宋之道學，國朝之樂府亦開於氣數音律之盛。」[159]由此可知，元末明初學人認為元代的文學是繁榮的。此後，明人對元代文學甚為輕視，王世貞甚至說「元無文」。陳垣對此分析道：「（元代）儒學、文學，均盛極一時，而論世者輕之，則以元享國不及百年，明人蔽於戰勝餘威，輒視如無物，加以種族之見，橫亙胸中，有時雜以嘲戲，王夫之《夕堂永日緒論・外編》謂『胡元詩人貫雲石、薩天錫欲矯宋詩之衰，而羶氣乘之』云云，其一例也。」明末清初，黃宗羲在《明文案序》中將元好問、姚燧、虞集等與韓柳歐蘇並稱，說「有明故未嘗有其

158 貢師泰：《玩齋集》卷首，景印文淵閣四庫全書本。

159 孔齊：《至正直記》卷三《虞邵庵論》。葉子奇：《草木子》卷之四上《談藪篇》：「傳世之盛，漢以文，晉以字，唐以詩，宋以理學，元之可傳，獨北樂府耳。宋朝文不如漢，字不如晉，詩不如唐，獨理學之明，上接三代。元朝文法漢，歐陽玄（玄功）、虞集（伯生）是也。字學晉，趙孟頫（子昂）、鮮於樞（伯機）是也。詩學唐，楊載（仲弘）、虞集是也。道學之行，則許衡（平仲魯齋先生）、劉因（靜修先生夢吉）是也，亦皆有所不逮。」

一人也」，認為元代的古文成就遠在明代之上。此後，清人對元代詩文進行了大規模的整理。陳垣對這種變化如此分析：「清人去元較遠，同以異族入主，間有一二學者平心靜氣求之」，於是趙翼等人「亦知元文化不弱」[160]。現在的研究者認為，中國文學發展到元代，詩歌、散文、戲劇、小說四種主要的文體首次齊備，雅俗兼具。傳統的詩、文創作在元代依然保持強勁勢頭[161]，但由於此二者在唐、宋兩代已達全盛，故元代的詩文成就不及雜劇和散曲，後二者是元代文學藝術的代表[162]。

就江西地區而言，元代的文學成就卻主要體現在傳統的詩文創作。江西在宋代以歐陽修以後的古文成就和「江西詩派」著稱於世，元代繼承了這種優勢。元代最早的詩詞總集《名儒草堂詩餘》編刊於盧陵鳳林書院，較早的元代作品總集《天下同文》也是編刊於盧陵；元「儒林四傑」，即文章四大家中，兩家屬江西；「元詩四大家」中，三家在江西。以詩而論，清人顧嗣立《元詩選》及席世臣《元詩選癸集》共收元代詩人二二三九家[163]，

160 陳垣：《元西域人華化考》卷八《結論》，第 132-133 頁。

161 據楊鐮《元詩史》（人民文學出版社 2003 年版，第 58 頁），元代有詩作留存至今的詩人在 4000 人左右，約 12400 首詩。宋有 9000 位詩人，27000 首詩（據《全宋詩》）。元立國不足百年，而宋則在三倍以上。這樣，依據元詩文獻研究便得到不同以往的結論：僅從詩的繁榮興盛這個角度來說，元確實超過了宋。以下關於元代江西詩歌成就的論述，多參考此書。

162 陳得芝主編《中國通史》第八卷《中古時代・元時期（上）》，第 592 頁。

163 據楊鐮《元詩史》，第 45-47 頁：《元詩選》三集共選 339 人，《癸集》

江西地區有二二二家，占總數的百分之十。其中，《元詩選》有六人選詩超過三百首，崇仁虞集、廬陵劉詵分別以三八三首和三一九首分列第三、第五位。康熙年間所編《御選元詩》則以虞集位列諸家之冠（353 首）。此外，元代可以自成一家的江西詩人尚有數十之多。以風格言之，江西詩派在元代的江西影響甚微，江湖詩派則有傳人，虞集等詩文大家所作多有館閣之詩，後期江西則有「鐵崖體」之先聲。古文方面，江西文人多秉持「文為載道之器」的觀念，力求做到理明辭達。

江西的詩文大家，宋代終結於廬陵文天祥，元代則開始於遺民弋陽謝枋得。其存世作品《疊山集》反映了欲挽大廈於既倒的激昂悲壯、金甌破碎的滄桑以及對故國的深深眷戀。入元之初，江西在野文人以廬陵劉辰翁、崇仁甘詠、臨川艾性夫影響較大。劉辰翁文辭優長，其文在元初「突兀而起，一時氣焰震耀遠邇，鄉人尊之，比於歐陽（脩）」，詞則沉鬱深厚，頓挫跌宕，有些又輕靈婉麗，別具一格。其詞作在宋人詞集中，數量僅次於辛棄疾[164]。甘詠以詩見長，其詩「高不誕，深不晦，勁不粗，全體似李賀，而不涉於怪怪奇奇。《出嶺雜言》一首，凡一千四百字，隨事起事，隨意煉句，古今大篇，未或過之」[165]。艾性夫兄弟五

目錄列 2253 人，因有一人數出者，實際近 1900 人。

164 吳企明：《須溪詞前言》，見劉辰翁撰、吳企明校注《須溪詞》卷首，上海古籍出版社 1998 年版。現存劉辰翁詞已經整理，存文則多艱澀難讀，胡思敬、沈曾植等以為是傳寫失誤所致。沈曾植允諾代胡校勘《須溪集》，終無下文。

165 顧嗣立：《元詩選・三集・甲集・東溪集》引黃大山語。

人均有時名，闔門自相師友，執經問業者盈門。其中艾性夫與其兄艾可叔、艾可翁影響較大，世稱「臨川三艾」。艾性夫在元初以詩知名，詩格氣韻清拔。《全宋詩》收其詩作三三四首，《詩淵》則收二一二首。以上諸位對宋元江西文學具有承前啟後的作用。

進入元代，江西文人眾多，難以一一細述，此處將其大致分為幾類，舉其特出者略論之。

官員學者型文人。元前中期有程鉅夫，延祐（1314-1320 年）後以虞集、揭傒斯為代表，後期則有吳當、周伯琦、危素等。

建昌路南城人程鉅夫是首先進入元朝統治者視野的江西籍詩文大家。他在元前中期作為四朝元老，四十餘年官居顯要，又博通經史，是當時重要的文臣之一，在文壇的地位與姚燧大致相當。其為文平易謹嚴，頗有法度，詩作則磊落俊偉，氣格高邁。揭傒斯說：「公平生潛心聖賢之學，博聞強識，誠一端莊，融會貫通，窮極蘊奧，而復躬踐力行，始終不怠。故其措諸事業，發為文章，非他人之所可及也……天下之人仰之如青天白日，愛之如和風甘雨，生榮死哀，其庶幾焉。」[166]總體而言，儘管程鉅夫的詩文在元代談不上極好，但他作為最早躋身上層的江西文士，以平易正大之學，振文風，作士氣，薦賢才，是當時很有影響的文壇領袖之一，號召力不容忽視。

166 揭傒斯：《元故翰林學士承旨光祿大夫知制誥兼修國史雪樓先生程公行狀》，見程鉅夫《雪樓集》附錄。

到元中期，詩文創作臻於極盛，尤以一批任職京師的江南文士為重，鄞縣袁桷、崇仁虞集、宣城貢奎、清江范梈、浦城楊載、富州揭傒斯、金華黃溍、浦江柳貫等往來集賢、翰林等清要之地，酬酢翰墨，天下聞名，於是出現了「元詩四大家」，即虞、楊、揭、范四人，又有所謂「儒林四傑」的文章四大家，即虞、揭、柳、黃四人。

・虞集畫像

圖片來源：鄒自振：《虞集的詩兼及詞曲》，載《撫州學刊》1992 年第 14 期，第 48-52 頁。

元代詩文四大家中，成就最大者當推虞集，堪稱有元一代之文宗。虞集（1272-1348 年），字伯生，號道園，又號邵庵，南宋丞相虞允文五世孫。其父因避蜀亂僑寓崇仁，遂為崇仁人。大德六年（1302），因薦任大都儒學教授，此後長期供職於國子學、翰林院、集賢院、奎章閣等教育和文職機構，朝廷典冊、名公碑銘多出其手。順帝登位後，退歸撫州，求文者絡繹於途。虞集出身官宦世家，家學深厚；乃吳澄弟子，師出名門，學問博洽；寫作成熟期長、作品多，「平生為文萬篇」[167]，詩作可能與此相當。加之詩文技法純熟，不太彰顯個性，易為不同層次、不同品位的讀

167 《元史》卷一八一《虞集傳》。

雍虞先生道園類藁卷之三

古詩五言

題汪華玉所藏蘭亭圖

髣髴負暄旭有客至我門共披會稽圖山木盛繽紛
衆賢坐水次飛觴汎沄沄爽曠各有趣高閑知右軍
幽情付後覽陳迹感前欣悠悠千載來不異更旦昏
探穴問神禹望海悲秦君逝者皆如斯死生固奚云
所以鼓瑟人思從童冠羣春服諒新浴歸歟聊永言
撫卷不知老遐思在茲文東南極積水日暮多浮雲

・虞集《雍虞先生道園類稿》，至正前期撫州路儒學刻本。

圖片說明：國家圖書館藏，殘本，存 38 卷。框高 22 釐米，寬 14.3 釐米。每半葉 9 行，行 20 字，黑口，四周雙邊。

圖片來源：任繼愈主編，陳紅彥著《中國版本文化叢書・元本》，江蘇古籍出版社 2002 年版，第 104 頁。

者接受，又長期官居高位，受君王青睞，還喜獎掖後進，倡導古學，深刻影響了一代文風，故是諸家中影響最大者，甚至有人將其比為北宋的歐陽脩。元末明初葉子奇視其為元代詩文兼美的唯一代表，清代四庫館臣則說：「有元一代，作者云興，大德、延祐以還，尤為極盛。而詞壇宿老，要必以集為宗。」[168]其存世作品主要有《道園學古錄》、《道園類稿》各五十卷、《道園遺稿》六卷等。虞集存詩在兩千首以上，是元代存詩最多的詩人之一。

虞集為文，講究辭藻，以博洽精微為特色。歐陽玄論其文：

168 虞集：《道園學古錄》卷首，景印文淵閣四庫全書本。

「公之臨文，隨事酬酢，造次天成，初無一毫尚人之心，亦無拘拘然步趨古人之意，機用自熟，境趣自生，左右逢源，各識其職。故自其外觀之，如深山窮林，蔥蒨蓊鬱，莫測根柢。鉅野大澤，汪洋澹泊，不為波濤。試刻其中，則日月之精，凝結歲久，皆成金珠，龍虎之氣，變化時至，即為風雲。孰能窮其妙也哉！」[169]歐陽玄將虞集古文的特點歸為平易自然而暗藏神妙，自然天成而法度圓融。總體來看，其作品大致可分兩類，一類是應制、應酬之作，多空洞正大之語，不免冗漫，一類是寓情而成，或峭拔恢弘，或行雲流水，或靈動可愛，或任情揮灑，頗多佳作。代表作有《松友記》、《張隱君墓誌銘》、《海樵說》、《陳照小傳》[170]等。

虞集之詩，諸體兼備，有評詩者論其五言古體欲攀陳子昂，七言古體可擬李太白，竹枝詞不減劉禹錫，七律堪比王安石，五律乃王維之遺音。這些評論雖有推崇太過之嫌，卻大致道出了虞集諸體詩的優點，即在深沉老練之餘，兼具典雅雍容，甚至不乏清新靈動。[171]虞集曾自比其詩為「漢廷老吏」(或「漢法令師」)，

169 歐陽玄：《雍虞公文集序》，載朱存理《趙氏鐵網珊瑚》卷五，景印文淵閣四庫全書本。

170 《松友記》見虞集《道園學古錄》卷八，《張隱君墓誌銘》見同書卷十八，《海樵説》見同書卷三九，《陳照小傳》見同書卷四四。

171 虞集的詩作名篇如《送袁伯常扈從上京》(《道園學古錄》卷三)：「日色蒼涼映赭袍，時巡毋乃聖躬勞。天連閣道晨留輦，星散周廬夜屬櫜。白馬綿韉來窈窕，紫駝銀甕出蒲萄。從官車騎多如雨，只有揚雄賦最高。」此詩被王士禎作為「煉字」的典範。

即講究章法、格律工穩。其詩作以《道園遺稿》所收最佳，多放言無忌，其次是《道園學古錄》之《歸田稿》，多清朗蕭散，閒適淡遠，《在朝稿》則多館閣之氣。

詩、文相較，虞集詩之成就大於文，故近人錢基博說，其文「敘事不免冗漫，議論亦少警發。及其得意疾書，隨事曲注，亦有水到渠成之樂」，詩文相比，「文則欲為歐陽之紆餘，而不免南宋之庸濫，文無筆力而詩有筆力，文無遠韻而詩有遠韻。似出兩手」[172]。之所以形成此種風格，與其學術背景和時局有關。虞集早年即對邵雍敬仰之極，在文學上遂主張「理以命氣」，要求作詩撰文者修心定性，使詩文歸於平和。而在南人受到壓制的背景下，虞集雖身處館閣，常有君王眷顧，但暗流時時湧動，迫使他處處謹慎而不敢放言。這些都阻礙了他揮灑才情。退歸田裡後，顧忌減少，加之原本博學有才，詩文技法嫻熟，故佳作極多。明人李日華說：「余嘗見虞伯生晚年喪明後書，涂糊潦倒，而真態溢出，彌復可貴。良由法度意趣，爛熟胸中，廢目而一以神行之，故有意外之奇爾。」[173]虞集亦能詞、曲，但作品不多，影響遠不及詩、文。其為柯九思作《風入松》一詞，遙想鄉關，詞翰兼美，民間爭相傳刻，詠遍海內，號稱「工絕」[174]。僅存的

172 錢基博：《中國文學史》，中華書局 1983 年版，第 809、811 頁。

173 《味水軒日記》卷三，轉引自楊鐮《元詩史》，第 470-471 頁。

174 陶宗儀：《南村輟耕錄》卷十四《風入松》：「吾鄉柯敬仲先生九思，際遇文宗，起家為奎章閣鑑書博士，以避言路居吳下。時虞邵庵先生在館閣，賦《風入松》長短句寄博士云：『畫堂紅袖倚清酣，華發不勝簪。幾回晚直金鑾殿，東風軟，花裡停驂。書詔許傳宮燭，香羅初

散曲作品即［雙調・折桂令］《席上偶談蜀漢事因賦短柱體》以寥寥數語概括蜀漢歷史，語調舒緩閒適，遣詞妥帖工穩，極富匠心[175]。

揭傒斯是元代江西又一位兼具官員、學者、文人三重身分的重要人物，在文壇的影響較大，成就大於楊載、范梈二家。揭傒斯（1274-1344 年），字曼碩，富州揭源人，出身書香之家，少負盛名。大德（1297-1307 年）初，遊歷兩湖，為時任湖北肅政廉訪使的程鉅夫所識，許嫁表妹。後多任職於翰林院、奎章閣等文職機構，頗為文宗、順帝賞識。揭傒斯學識淵博，著《秋官憲典》、《太平政要》，與修《經世大典》，總裁遼、金二史。翰墨亦精，長於楷書、行書、草書，今有《千字文》帖存世。在四大家中的楊載、范梈等逝後，虞集退歸鄉里時，揭傒斯實是在朝的文壇泰斗，「殊方絕域，咸慕其名，得其文者，莫不以為榮」[176]。有《揭文安公全集》存世。揭傒斯為文敘事嚴整，言簡意賅，持論一主於理，詩則清婉麗密，別饒風韻。虞集曾以「三日新婦」（一作「美女簪花」）喻其詩風，實是論其詩作格調豔

剪朝衫。御溝冰泮水挼藍，飛燕又呢喃。重重簾幙寒猶在，憑誰寄，錦字泥緘。報導先生歸也，杏花春雨江南。』詞翰兼美，一時爭相傳刻，而此曲遂遍海內矣。剪，一作試。」

175 虞集散曲《席上偶談蜀漢事因賦短柱體》如下：「鑾輿三顧茅廬，漢祚難扶。日暮桑榆，深渡南瀘，長驅西蜀，力拒東吳。美乎周瑜妙術，悲夫關羽云殂。無數盈虛，造物乘除。問汝何如？早賦歸歟。」轉引自吳海、曾子魯主編《江西文學史》，江西人民出版社 2005 年版，第 363 頁。

176 《元史》卷一八一《揭傒斯傳》。

麗，不耐細讀，殊無回味。明代詩論家胡應麟說：「揭曼碩師李（白），旁參三謝（謝靈運、謝惠連、謝朓）。」[177]清人顧嗣立論其「長於古樂府選體，而律詩長句偉然有唐人風」[178]。胡、顧二人指出了揭詩宗唐而有魏晉之風。清四庫館臣則稱，揭詩「與其文如出二手，然神骨秀削，寄託自深，要非嫣紅姹紫、徒矜姿媚者所可比也」，並引元末楊維楨語，認為「揭曼碩文章居虞（集）之次，如歐（陽脩）之有蘇（軾）、曾（鞏）」[179]。《元詩選》收揭傒斯詩一五三首，題為《秋宜集》，佳作有如《題風煙雪月四梅圖》、《楊柳青謠》、《臨川女》等。

揭文安公全集
四部叢刊集部

・揭傒斯《揭文安公全集》扉頁。
圖片說明：四部叢刊本。

吳當是元末維持朝廷在江西統治的中流砥柱，亦是學者官員型文人。吳當（1297-1361 年），字伯尚，吳澄之孫。幼年隨吳澄至大都，補為國子生。因家學深厚，吳澄逝後，學生多從其學。至正五年（1345 年）任國子助教，多次遷轉後，進入元末

177 胡應麟：《詩藪》外編卷六，轉引自楊鐮《元詩史》第 480 頁。
178 顧嗣立：《元詩選・初集・丁集・秋宜集》。
179 永瑢等：《四庫全書總目》卷一六七《集部・別集類二〇・文安集》。

亂世，至正十五年（1355 年）擢為江西肅政廉訪使，負責收復被陳友諒部攻占的撫州、建昌等地。雖屢建功勛，卻身遭讒害，一度貶為平民。至正十八年（1358 年）拜江西行省參知政事。陳友諒建都江州，禮請其任官。當拒而不受，後隱居吉水而逝。吳當學術、詩文俱佳，今有《周禮纂言》和詩集《學言稿》存世，前者乃吳澄口授而成。吳當是元代江西詩壇中為數極少的受宋代江西詩派影響的人物，詩作以五律成就最高，反映了元末的動盪及其對國家興衰的反思。《四庫全書總目》在肯定其立身行事高於受僭竊之辟的張憲、降禮於萬乘的楊維楨後，說：「有元遺老，當其最矯矯乎。其詩風格遒健，忠義之氣凜凜如生，亦元季之翹楚。」[180]清代李紱則論其詩「雄深雅健，高出元人之上」[181]。

鄱陽周伯琦是元後期江西官員學者型文人的代表。周伯琦（1298-1369 年），字伯溫，號玉雪坡真逸。父周應極曾任翰林待制，以父蔭入官。此後，既任職於翰林院、宣文閣、崇文監等中央文職機構，又出為地方官員。至正十二年（1352 年），與宣城貢師泰同擢為監察御史，為南士之望。晚年留居張士誠轄內的平江（治今江蘇省蘇州市）。張敗於朱元璋後，回歸故里，不久辭世。周伯琦是元後期具有較高藝術修養的代表人物之一，「儀觀

180 永瑢等：《四庫全書總目》卷一六八《集部・別集類二一・學言詩稿》。

181 李紱：《學言稿序》，見吳當《學言稿》卷首，清乾隆吳之仁、吳日昇刊本。

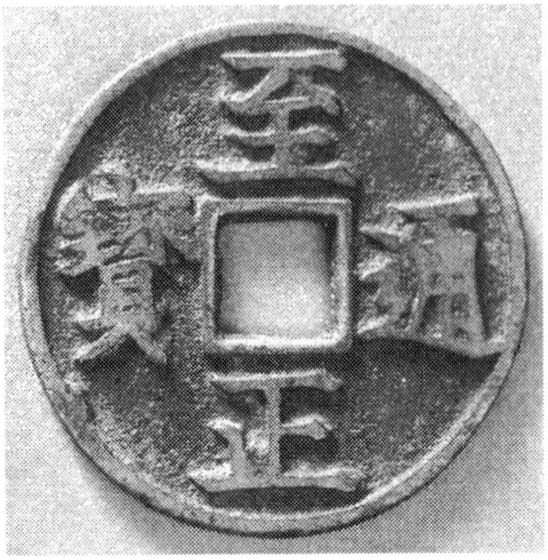

・至正通寶

圖片說明：中國國家博物館藏，直徑 3.4 釐米。

圖片來源：中國國家博物館編《文物中國史》第 7 冊「宋元時代」，山西教育出版社 2003 年版，第 231 頁。

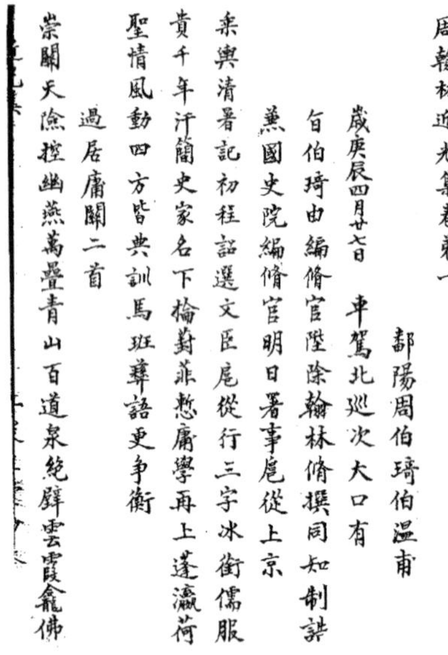

・周伯琦《近光集》

圖片說明：明澹生堂祁氏鈔本。

溫雅，粹然如玉。雖遭時多艱而善於自保。博學工文，尤善書法」[182]，其篆、隸、真、草皆為上品，名盛一時。順帝曾命他篆刻「宣文閣寶」印章，並題寫「宣文閣」匾額，後又令其書「至正通寶」幣文，是元代著名的書法家、文字學家。所撰《六書正譌》五卷、《說文字原》一卷均存世。其詩作有《近光集》3 卷、《扈從詩》一卷，前者收錄後至元六年到至正五年（1340-1345 年）之間的作品，後者是至正十二年（1352 年）扈從上京的紀游之作。二書常結為一本，以詩為主，附有幾篇文章。由於周伯

182 周伯琦：《周翰林近光集》卷首，明澹生堂祁氏抄本。

琦至正十二年（1352 年）以後的作品遺失，故難以全面評價其詩文成就。現存作品多是以館閣侍從的身分從游的紀行之作，以記錄見聞見長，所記朝廷典制則可資研究。有些詩作描寫人情風物，頗有韻味，令人印象深刻，有些則有鋪張之嫌。

危素是元明易代之際具有承前啟後性質的人物，詩文被譽為「太音玄酒」。危素（1303-1372 年），字太朴，金溪人。祖為南宋進士，世代書香。危素在元末仕至參知政事、翰林學士承旨，明初任翰林侍講學士兼弘文館學士。學問優長，曾編后妃功臣列傳，與修《宋史》，獨撰《元史稿》。擅長書法，精於行、草、楷諸體，官方典籍刊印、名門望族樓宇題名、寺院道觀碑碣銘刻，均以得其書為幸。今有詩文集《危太朴文集》及《續集》存世（《雲林集》、《說學齋稿》均收於其中）。至正（1341-1368 年）前期，揭傒斯、黃溍、歐陽玄等文壇宿老相繼物故，虞集僻處鄉間，危素遂以其精純之文特立中朝，人稱「虞揭凋零玉署空，堂堂至正獨推公」。明初雖有宋濂、王 等開國文人，危素亦頗受重視，朱元璋甚至將撰寫《皇陵碑文》的重任交與他。徐一夔論危素在元末的地位與文風時說：「今朝廷之上，以文章致位通顯、系天下士子之望者，閣下（引者註：指危素）而已。竊嘗觀於閣下之文，屬辭陳義深厚爾雅，不豐不約，動中矩度，其言的然則實，其態彧然而光，其味幽然而永。」[183]至於作詩，危素以杜甫為宗。清代四庫館臣論其詩「氣格雄偉，風骨遒上，足以陵轢一

183 徐一夔：《始豐稿》卷三《通危大參書》，景印文淵閣四庫全書本。

・危素《危太朴續集》扉頁
圖片說明：民國吳興劉承幹嘉業堂刻本。

・危素楷書《陳氏方寸樓記》
圖片說明：《陳氏方寸樓記》，故宮博物院藏。楷書，紙本，縱 23.4 釐米，橫 102 釐米。整體風格清新雅逸，尚存晉唐氣象。
圖片來源：薛元明：《清勁古樸，溫潤雅麗——危素楷書〈陳氏方寸樓記〉》。

時。就詩論詩，要不能不推為元季一作者矣」[184]。有人認為，其詩堪與虞、揭、范、楊四大詩家匹敵[185]。

學者型文人。前中期有趙文、劉壎、吳澄、何中等，中期以劉詵、龍仁夫、劉岳申、杜本、李存等為代表，後期則有梁寅等。

廬陵趙文和南豐劉壎是經歷了宋元更替的學者型文人。趙文（1238-1314 年），初名宋永，字儀可，一字惟恭，號青山。與弟趙強同出文天祥之門。宋景定、咸淳（1260-1274 年）間，曾冒

184 見危素：《雲林集》卷首，景印文淵閣四庫全書本。
185 余之梅：《錄危太朴曾子白文書後》，見危素《危太朴續集》附錄。

宋姓三貢於鄉，後入太學為上捨生。元軍東下，跟隨文天祥抗元。元軍攻下汀州，與文天祥失去聯繫，遂返回故里。宋亡後，隱居不出，講學授徒，後以耆年碩學授為南昌東湖書院山長，升任南雄路儒學教授。晚年究心理學，頗有所得，吳澄贊其理學研究是「合東西數道，可僂指者不三四，而足下其一也」。詩文《青山集》灑脫淋漓，直抒胸臆。劉壎學識淵博，篤守陸學，詩文亦美，所著《水雲村泯稿》中頗多佳作。

吳澄的成就以理學為重，同時又是元代大儒中寫詩作文最多者之一。其詩文比較講究詞章文采，又頗具學理，自成一家，故虞集論其「心術之精微，文集具可考見」[186]。吳澄為文的總體風格是「不平板說教，而能曲折其意，詞華典雅」[187]。其詩因雅好邵雍而近之，說理性強，但不乏清幽淡雅、意趣盎然或靈動可喜的巧思逸句，如「別意萬里外，交情片語中」[188]，「雨到庭隅長芳草，日窺窗隙弄游塵」[189]，「淮北更無生草地，江南已是落花天」[190]之類。吳澄的姻親何中亦是學者型文人。何中（1265-1332年），字太虛，一字養正，樂安人。出身科第之家，勤於攻讀，

186 虞集：《道園類稿》卷五十《故翰林學士資善大夫知制誥同修國史臨川先生吳公行狀》。

187 郭預衡主編：《中國古代文學史長編（三）》，上海古籍出版社 2007 年版，第 910 頁。

188 吳澄：《吳文正公全集》卷四六《送富州尹劉秉彝如京》。

189 吳澄：《吳文正公全集》卷四七《客中即事次韻元復初郊行》。

190 吳澄：《泗河》，載顧嗣立編《元詩選・初集・乙集・草廬集》，第 532 頁。

弱冠即以能詩知名，學問亦弘深博洽，尤致力於古學。至順二年（1331 年）受聘為龍興路學教授，又為宗濂、東湖兩書院山長。次年渡江游西山，因病離世。著述甚豐，今有《知非堂稿》和《外稿》存世。其文風格儒雅平易，詩以五言為工。五言古體有魏晉之風，近體則詩風沖淡，含蓄而有餘味。名句有「黃竹聲久沉，傷來淚盈把」，「有生亦擾擾，吾道更悠悠」，「一窗如此雨，兩地未歸人」，「誰能更欹枕，聊挹曙光新」等。七言也不乏佳句，如「江村南北笑聲頻，紅燭花時次第新。春水漸生桃葉渡，小舟時載嫁歸人」等。顧嗣立《元詩選》二集選其詩二〇四首。

廬陵劉詵是元中期江西的文人、學者兼隱士。劉詵（1268-1350 年），字桂翁，號桂隱。父為宋咸淳元年（1265 年）進士。幼習舉業，十二歲所作程文即「蔚有老氣」。延祐初施行科舉後，屢次出入科場，十年不第，遂絕入仕之心，究心詩文，聲譽日高。終生未仕，以授徒為生。今有《桂隱集》傳世。其詩文不事模擬，自成一格，文章自出機杼，詩則高古逼人。歐陽玄序其文集說：「今余讀劉先生之文，溫柔敦厚，歐也；明辨雄雋，蘇也……劉先生文傳世可必。尤長於詩，詩五言、古體、短章尤佳。」[191]虞集則贊其文章可「追古作者」。《元詩選・二集》選錄其詩三一九首，僅次於李孝光而居第二位。佳句有「不妨小雨留人住，未覺東風到酒寒」，「芍藥花前閒日坐，海棠枝下醉時眠。自今歲歲窮心賞，已歲看花四十年」等。與劉詵同郡的龍仁

191 歐陽玄：《圭齋文集》卷八《劉桂隱先生文集序》。

夫、劉岳申亦博學善文，文學與劉詵齊名。龍仁夫（生卒年不詳），字觀復，所著《周易集傳》多發前儒之所未發之意，其文則奇逸流麗。劉岳申（1260-？），字高仲，吉水人。學識淵博，長於考證，文辭則峻潔暢達。平生作文多至千餘篇，散軼過半，今有《申齋劉先生文集》傳世。

清江杜本是位博學多識且有文才之士。杜本（1276-1350年），字伯原（一作原父），號清碧。其先居京兆（治今陝西省西安市），後徙天台，再遷清江。平居手不釋卷，天文、地理、律歷、度數、醫藥，無不精通，又工於書法，尤精篆、隸二書。曾兩次因薦受召，順帝時召為翰林待制兼國史院編修官，但不樂仕進，終生隱居，清心寡慾，以道義自任。今有詩文集《清江碧嶂集》、醫學著作《敖氏傷寒金鏡錄》及選編遺民詩集《谷音》存世。杜本之詩被四庫館臣評為「粗淺不入格」，缺乏個人特色，但偶有上乘之作，如七律《廉州阻風》一首。杜本在詩壇以精於鑑詩著稱，所編《谷音》收錄宋遺民及少數金遺民詩人三十人詩作一〇一首，鑑別極精。《四庫全書總目》評曰：「是集所錄，乃皆古直悲涼，風格遒上，無宋末江湖齷齪之習；其人又皆仗節守義之士，足為詩重。」《谷音》遂成為元代詩壇的空谷絕響。李存亦是學者型文人，因篤守陸學，詩文風格受到理學的影響。《四庫全書總目》論其詩文：「（李）存所學篤實，非金溪流派墮於玄渺並失陸氏本旨者比。故其詩文皆平正醇雅，不露圭角，粹然有儒者之意。」《元詩選》錄其詩四十首。

新喻梁寅是經歷了元明鼎革亂世而專心於學術文章者。其學術以經學著稱，反映在詩文中，《四庫全書總目》的評價是：「其文理極醇雅，而持論多有根柢」，「詩格尤舂容澹遠，規仿陶韋。」即文風醇雅而持論有據，詩風則平淡自然。

純粹文人。以范梈、傅若金、周霆震、郭鈺等為代表。

清江范梈可謂元代典型的詩人，「元詩四大家」之一。范梈（1272-1330 年），字亨父，一字德機，人稱「文白先生」。家貧早孤，生活困苦。年三十六，辭家北遊，賣卜於大都，御史中丞董士選延之家塾，後受薦為左衛教授，遷翰林編修。任滿，外放為地方官員。暮年辭官歸鄉，一年後卒。有《范德機詩集》傳世[192]。范梈雖為仕宦，但歷時不長，官位亦不甚顯，是以詩聞世，文亦雄健。作詩尤好歌行，今存詩中歌行體約占四分之一。虞集評其詩為「唐臨晉貼」，即以唐為宗而兼有魏晉之風。揭傒斯對范梈極欣賞，曾說：「余獨謂范德機詩以為唐臨晉貼終未迫真，今故改評之曰：范德機詩如秋空行雲，晴雷卷雨，縱橫變化，出入無朕。又如空山道者，辟谷學仙，疲骨崚嶒，神氣自若。又如豪鷹掠野，獨鶴叫群，四顧無人，一碧萬里。差可彷彿耳。」[193]揭氏此番評說雖未免形容過當，實則道出了范詩的風格多樣。揭傒斯又說：「至於詩，去故常，絕模擬，高風遠韻，純

192 鄧紹基主編《元代文學史》（第 423 頁）：「另有《木天禁語》和《詩學禁臠》，世傳為範　所作。清人疑為偽作。兩書專談詩法，同范詩作中表達的見解在總的方面大致吻合。」郭預衡主編《中國古代文學史長編（三）》（第 920 頁）亦說：「范梈著有《木天禁語》《詩學禁臠》，論詩重格調法式。」則范梈《范德機詩集》之外，尚有兩部詩論著作。

193 揭傒斯：《揭文安公全集》卷八《范先生詩序》。

而不雜，朔南所共推而無異論者，蓋得江西范德機焉。」[194]其代表性詩作如《題李白郎官湖》、《看東亭新筍》等均為人所稱。范梈書法亦精，晚年尤工篆、隸。明人解縉稱其書法有趙孟頫之灑落[195]，趙孟頫則稱「范德機漢隸，我固當避之。若其楷法，人亦罕及」[196]。

新喻傅若金是元中期江西的一位江湖文人。傅若金（1303-1342 年），初字汝礪，後揭傒斯更其字為與礪。早年家貧，自幼工詩，常出語驚人。二十歲出遊湖湘，受薦為岳麓書院直學，不久棄職。至順三年（1332 年）攜詩北遊大都。元順帝登位，奉命以參佐的身分出使安南。歸來，授廣州路儒學教授，任內因病而逝。傅若金年壽不長，官職卑微，見識有限，詩文多反映社會下層的生活狀態與情感，今有《傅與礪詩文集》傳世。因曾向范梈習作詩之法，其詩頗有乃師之風。揭傒斯曾言：「余每讀與礪詩，風格不殊，神情俱詣，如復見范德機也。」[197]范梈長於七言歌行，與礪則以五言古律為優，其餘與范梈在伯仲之間。《元詩選》二集錄其詩二六三首，極佳之作有《沛公亭》、《送杜德常御史赴西台》等。傅若金亦擅作文，其文「舂容而雅暢，質不失之俚，贍不失之浮，固宜與詩歌並傳，無愧於古之兼美」[198]。其

194 揭傒斯：《傅與礪詩集序》，見傅若金《傅與礪詩文集》卷首。
195 解縉：《文毅集》卷十五《書學源流詳說》。
196 揭傒斯：《揭文安公全集》卷八《范先生詩序》。
197 揭傒斯：《傅與礪詩集序》，見傅若金《傅與礪詩文集》卷首。
198 梁寅：《傅與礪文集序》，見傅若金《傅與礪詩文集》卷首。

妻孫淑（生卒年不詳）也是頗負才情的詩人，字蕙蘭，開封人。隨父寓居湘中時，於二十三歲嫁於傅若金。婚後五個月，因病而逝。傅若金將其遺稿編訂成冊，題為《綠窗遺稿》，收詩十八首，主要表達少女對生活的體驗與觀察以及對未來的嚮往，多是性情流露，不加雕琢，真切動人。此卷一般附於傅之詩集後。

周霆震和郭鈺是身經元末戰亂的文人。周霆震（1292-1379年），字亨遠，號石初，安福人。出身書香之家，穎敏好學，鄉賢劉將孫、龍仁夫、劉詵等對其均很器重。屢次科場失利，遂絕意仕進，專心於古文辭。後遷居吉安郡城，課徒授業。門人私謚為「清節」。今有《石初集》傳世，乃元末戰亂開始後的詩文總匯。《元詩選》收其詩七十二首。郭鈺（1316-？），字彥章，號靜思，吉水人，亦出身書香。元末，奔走他鄉，賣文為生，還參加過元軍對紅巾軍的戰爭。入明，以遺民自居。所著《靜思集》今存。《元詩選》錄其詩一七九首。周、郭二人的詩文中，應酬之作不多，主要敘述流離動盪生活中的所見所聞、所思所悟，對衝突殺戮、家世離亂均有記載。因是有感而發，讀來沉鬱蒼涼、淒婉動人，堪稱元末江西社會實錄。

以上諸人外，元代江西地區還有一個重要的文人群體，就是僧道文人，其中不乏兼通儒釋道、學問優長、詩文兼美者，如元熙、圓至、大訢、雷思齊、吳全節、薛玄曦等。詳見本章第四節「宗教」。

元代江西在傳統詩文創作方面，可謂文人輩出，卓有成就。相形之下，散曲創作顯得不夠突出，雜劇、筆記、小說等則寂寞無聲。江西頗負時名的散曲作家有以下幾位：饒州樂平人趙文寶，名善慶，以卜術為業，曾任陰陽學教授，著有《七德武》《負親沉子》《擲笏諫》《姜肱共被》《教女兵》《糜竺收資》等作品[199]，朱權喻其為「藍田美玉」[200]。饒州汪元亨，曾任江浙行省掾，後徙居常熟，有《歸田錄》百篇行世，為人所重，另有《班竹記》《仁宗認母》《桃源洞》等作品[201]。南昌劉時中，生平不詳，善作散曲，今存套曲四首，而以《上高監司》中的兩套即《正宮・端正好》最負盛名，風格粗獷質樸，幾近口語，內容直面現實，反映了官奸吏弊、民生困苦的社會現實[202]。臨江俞用，字行之，元末明初曲家，博集群書，頗具才情，臨池揮翰，一掃

199 鐘嗣成：《錄鬼簿》卷下，見《錄鬼簿（外四種）》，上海古籍出版社 1978 年版，第 39 頁。據曹楝亭刊本《錄鬼簿》，趙文寶，又作趙善慶，字文賢，或作趙孟慶，字文寶。曾任陰陽學正，而非教授。著有《孫武子教女兵》、《唐太宗驪山七德舞》、《醉寫滿庭芳》、《村學堂》、《燒樊城糜竺收資》五部作品。

200 朱權：《太和正音譜》，見《錄鬼簿（外四種）》，第 128 頁。

201 佚名：《錄鬼簿續編》，見《錄鬼簿（外四種）》，第 102-103 頁。

202 據鄧紹基主編《元代文學史》（人民文學出版社 1991 年版，第 325-329 頁），劉時中的四首套曲分別見於《陽春白雪》《盛世新聲》和《雍熙樂府》等集中。《上高監司》套曲的前套系由十五支曲組成，反映了江西旱災時的慘狀；後套由三十四支曲組成，陳述了元代鈔法的積弊。在多描寫風情、感嘆身世的元散曲中，劉時中這種直面現實的創作可謂鳳毛麟角。現略舉兩曲。前套之〔叨叨令〕：「有錢的販米穀置田莊添生放，無錢的少過活分骨肉無承望。有錢的納寵妾買人口偏興旺，無錢的受飢餒填溝壑遭災障。小民好苦也麼哥，小民好苦也麼哥，便秋收鬻妻賣子傢俬喪。」後套之〔滾繡球〕：「三二百錠費本錢，七八下里去幹取。詐捏作曾編卷假如名目，偷俸錢表裡相符。這一個圖小倒，那一個苟俸祿。把官錢視同己物，更狠如盜跖之徒。官攢庫子均攤著要，弓手門軍那一個無，試說這廝每貪污。」

滿軸，長於詞詩，所作樂府、小令均極工巧，又善操琴，能畫竹，時人多不及之，明永樂中（1403-1424 年）任營膳大使，後徙家金陵[203]。還有居於龍興的西域哈剌魯人薛昂夫，其作品數量在元代散曲家中位列第八，詳見本書第三章「元代江西的蒙古人和色目人」。

但是，元代江西地區最負盛名的散曲家當屬瑞州高安人周德清，除散曲外，更以規範散曲、雜劇創作的《中原音韻》享譽最著。

周德清（1277-1365 年），字日湛，號挺齋。家學深厚，乃通濟之才。弱冠起，遊歷廬山、鄱陽湖、吉安、大都等地，流連歌台舞榭，過著縱意詩酒的生活。擅作散曲，作品甚多，集為《連環簡》《梅花䴵》二集，皆「當世之人不能作者」。其曲用韻考究，詞釆雋妙流暢，多清新雅緻之作，如「朱顏如退卻，白首恐成空」、「殘梅千片雪，爆竹一聲雷」等皆極工整，富言外之意，正合其「凡用事要明事隱使，隱事明使」的作曲主張。其餘長篇短章，皆可為作詞之規範，故人稱「德清之詞，不惟江南，實天下之獨步也」。元人所編《朝野新聲太平樂府》收其小令二十五首、套數三套，著名的有《折桂令》《塞兒令》等。沈寵綏《度曲須知》卷首《詞學先賢姓氏》以周德清居首，在關漢卿、王實甫等名家之上。

正因精於散曲，周德清頗感元人作曲之弊。自金、宋對峙，

203 佚名：《錄鬼簿續編》，見《錄鬼簿（外四種）》，第 110 頁。

南北隔絕長達一個半世紀。元朝實現一統，從此南北聲氣相通，而此前反映南北朝到隋唐時代語音系統的《切韻》等韻書已不能適應北曲用北方語言押韻的變化。周德清長期遊歷江湖，出入舞榭歌台，發現元人作曲有諸多弊病，「有逢雙不對，襯字尤多，失律俱謬者；有韻腳用平上去不一而唱者；有句中用入聲，拗而不能歌者；有歌其字音非其字者，令人無所守」，而時人「能正其音之訛，顧其曲之誤者」極少。周德清對於散曲，最重音律，曾論「凡作樂府，切忌有傷於音律」，於是，他歸納此前元人的音韻學著作，再對北曲用韻和通行的北方語言進行嚴格的審音，著成《中原音韻》（一作《中州韻》），作為正語之本，變雅之始。該書乃虞集作序，完成於泰定元年（1324 年），至正元年（1341 年）由友人羅宗信刊於吉安。書中，周德清「以聲之清濁，定字為陰陽。如高聲從陽，低聲從陰。使用字之隨聲高下情為詞，各有攸當。以聲之上下，分韻為平分，如直促雜諧音調。故以韻之入聲，悉派三聲，志以黑白，使用韻者隨字陰陽，各有所協，則清濁得宜，上下中律，而無凌犯逆物之患矣」。書成，時人皆稱「德清之韻，不但中原，乃天下之正音也」[204]。

《中原音韻》是中國第一部全面論述北曲體裁、技巧和音韻的專著，記錄了當時北方的語音系統，為後人描寫並保存了十四

204 周德清：《中原音韻》後序《遺青原蕭存存》，中華書局 1978 年版；佚名：《錄鬼簿續編》，見鐘嗣成等著《錄鬼簿（外四種）》，上海古籍出版社 1978 年版，第 106-107 頁；臧晉叔編《元曲選》卷首《高安周挺齋論曲》，中華書局 1958 年版，第 11-12 頁。

世紀中原地區的語音原貌，堪稱中國音韻學史上一部里程碑式的著作。全書由兩部分組成。第一部分為《韻譜》，以韻書的形式，將曲詞常用的五八六六個韻腳按其在中原的實際讀音進行分類，編成韻譜；第二部分是《正語作詞起例》，詳述韻譜的編制體例、審音原則和北曲的創作方法。該書問世後，即成為「北曲準繩」，有助於糾正時人用韻的混亂狀況，使當時流行的中原語音成為作曲用韻的標準，故明人王驥德在《曲律》中稱該書是「作北曲者宗之，兢兢無敢出入」。此書對日後的戲曲用韻亦有很大的規範作用。書中打破平、上、去、入的四聲舊規，以平聲分陰陽（陰平、陽平），以入聲派入三聲（陽平、上聲、去聲），即學術界廣為讚譽的「平分二義」和「入派三聲」，又歸併舊韻為十九部，實屬創舉；又分聲母為二十一個、韻母四十六個、聲調四個，實為研究近代語音學（或「北音學」）的最重要著作之一。通過該書，上可與七世紀的《切韻》音系作比較，探究漢語語音從中古到近代的演變軌跡，下可與今天的普通話聯繫，考察北方語音從近代到現代的發展面貌，堪為「國音鼻祖」。

周德清之前，奉新人陰時夫亦著音韻之書。陰時夫（1267-1331 年），名幼遇，字時夫，以字行，遂別字勁弦[205]。其父中南宋寶祐年間（1253-1258 年）九經科。陰時夫所著《韻府群玉》

205 關於陰中夫、陰時夫兄弟的姓字名號和《韻府群玉》的刊行時間,余嘉錫在《四庫提要辨證》中有詳細考訂，見該書卷十六《子部七・類書類一》，雲南人民出版社 2004 年版，第 839-841 頁。

二十卷於元代刊行。其兄陰中夫，名勁達，字中夫，以字行，遂別字復春，為該書作注。《韻府群玉》「以事系韻，以韻摘事，經史子傳，搜獵靡遺」[206]，即摘錄典故、辭藻等分隸各韻之下，便用檢索利用。因此前按韻隸事的唐顏真卿《韻海鏡緣》已佚，此書遂為後人所宗，對於研究音韻源流、檢索詩詞用韻等有重要參考價值。

三　史學

元代的史學成就主要體現在《元朝秘史》等國史和《遼史》、《金史》、《宋史》等正史的編纂、《文獻通考》等典志體史書的撰修、《經世大典》等大型政書的編修、《資治通鑑注》、《國朝名臣事略》等別史、傳記的編寫以及各類行紀和地方誌的著述方面。江西籍文化人在其中的主要方面均卓有建樹，為元代史學成就的取得作出了重要貢獻。其中尤以馬端臨私撰之《文獻通考》最著，虞集、揭傒斯等儒官則對元代的官修典志、正史等起到重要作用。

馬端臨（1254-約 1334 年）[207]，字貴與，號竹村，饒州樂平人，南宋右丞相兼樞密使馬廷鸞之子，徽州休寧人曹涇的弟子。

206 滕賓：《韻府群玉序》，載康熙《奉新縣誌》卷十一。

207 關於馬端臨的卒年，有「約 1323」、「1323」、「1324」、「1324 年以後」、「約 1334」諸多說法。茲採最後一說。詳見王煒民《再談馬端臨卒年》，載北京師範大學古籍所編《元代文化研究》第一輯，北京師範大學出版社 2001 年版，第 662-667 頁。

咸淳九年（1273 年）漕試第一，因父疾未赴省試。十九歲時以恩蔭授承事郎。宋亡，馬端臨長期不仕，直到江南社會普遍認同元朝統治後，延祐四年（1317 年）十二月，王壽衍訪求賢才至饒州，饒州路儒學教授楊某向其推薦馬端臨所著《文獻通考》，王壽衍遂薦馬端臨出任樂平慈湖書院山長，次年改衢州柯山書院山長。至治二年（1322 年），升台州路儒學教授，三個月後引老歸家，後卒於鄉。其墓今坐落於樂平市鸕鶿鄉石裡村東南約三百米處的「馬氏崗」，坐北朝南，面向樂安河，整個地形似「飛燕投河」。

馬端臨雖曾從曹涇習朱子學，但對其影響至深的還是家學。馬廷鸞在南宋理宗、度宗兩朝長期供職於史館，並兼任秘書少監，家中藏書甚富。咸淳五年（1269 年），馬廷鸞任右丞相兼樞密使後，與權臣賈似道不協，退歸鄉里，以著述、課子自娛。他學識淵博，工於文辭，對經、史均有很深造詣，曾著《讀史旬編》、《六經集傳》、《語孟會編》、《楚辭補記》、《碧梧玩芳集》等書。其中，《讀史旬編》有八十卷之巨。該書以十年為一旬，上起唐堯，下至後周顯德七年（西元 960 年），記載其間發生的大事，為綱目體史書。馬端臨自幼耳濡目染，早年即有志於編輯前代典志，後成為其父撰著《讀史旬編》的助手。他自述家庭的影響時說：「愚自蚤歲，嘗有志於綴輯（典章經制）……竊伏自念，業紹箕裘，家藏墳索，插架之收儲，趨庭之問答，其於文獻，蓋庶幾焉。」[208]可見，家學對馬端臨的影響體現在史學啟蒙、文獻收藏、史識培養諸多方面。後，馬端臨在所著《文獻通考》中多引用其父的史論，冠以「先公曰」，共有二十餘條，反映了家學對《文獻通考》的直接影響。

元世祖至元（1264-1294年）後期，江西社會漸趨安定，馬端臨結束了「百憂薰心，三餘少暇，吹竽已濫，汲綆不修」的困苦生活，著手編纂典章。歷時二十餘年，終於著成《文獻通考》三四八卷。延祐四年（1317 年），王壽衍向官方推薦此書，請求刊印。至治二年（1322 年），馬端臨親攜稿本進行校勘。泰定元年（1324 年），江浙行省開雕於杭州西湖書院。後至元五年（1339年），江浙儒學提舉余謙因印行的書籍多有訛誤，請馬端臨之婿

・馬端臨《文獻通考》
圖片說明：元泰定元年（1324 年）杭州西湖書院刻本。
圖片來源：任繼愈主編，陳紅彥著《中國版本文化叢書・元本》，江蘇古籍出版社 2002 年版，第 86 頁。

208 馬端臨：《自序》，見《文獻通考》卷首，商務印書館 1937 年萬有文庫本。

楊玄與西湖書院師生就舊板予以訂正，再次印行。《文獻通考》全書共分二十四門，即田賦、錢幣、戶口、職役、徵榷、市糴、土貢、國用、選舉、學校、職官、郊祀、宗廟、王禮、樂、兵、刑、經籍、帝系、封建、象緯、物異、輿地、四裔。其中，經籍、帝系、封建、象緯、物異五門是唐代杜佑的《通典》所無，其餘十九門是在《通典》的基礎上離析門類，加以充實而成，凡天寶（西元 742-756 年）以前的史實作拾遺補缺，天寶以後至宋嘉定五年（1212 年）作續編，是一部從上古到南宋寧宗時期的典章制度通史。

《文獻通考》是中國史學史上的鴻篇巨製，在史材取捨、史學思想、治史方法等方面均卓有見解。史料方面，馬端臨自述取材原則：「凡敘事，則本之經史，而參之以歷代會要，以及百家傳記之書，信而有證者從之，乖異傳疑者不錄，所謂『文』也；凡論事，則先取當時臣僚之奏疏，次及近代諸儒之評論，以至名流之燕談，稗官之紀錄，凡一語一言，可以訂典故之得失，證史傳之非者，則採而錄之，所謂『獻』也。其載諸名傳之紀錄而可疑，稽諸先儒之論辯而未當者，研精覃思，悠然有得，則竊著己意，附其後焉。」[209]可見，《文獻通考》的史料來源主要有「文」、「獻」兩類，每類中的各種史料有輕重之別，凡乖異傳疑者、論辯未當者均進行考析，附於書後。由此可知，馬端臨對史料的甄別、取捨十分謹嚴。史學思想方面，馬端臨認識到，在歷

209 馬端臨：《自序》，見《文獻通考》卷首。

史發展進程中，「理亂興衰不相因」，「代各有史」，斷代史足以綜該一代之始終；而「典章經制實相因」，如漢代的朝儀官制本諸秦規，唐代的府兵制、租庸調製本於後周，斷代史無以體現典章經制的「會通因仍」。馬端臨非常重視「會通因仍」，《文獻通考》著重於「會通」與典制，正是基於這種考慮。治史方法方面，馬端臨既肯定杜佑《通典》的「綱領宏大，考訂該洽」，又認為其設置綱目「頗欠精審」，如「敘選舉，則秀孝與銓選不分；敘典禮，則經文與傳注相汨；敘兵，則盡遺賦調之規，而姑及成敗之跡」，故馬端臨在《通典》十九門之外，新設經籍、帝系、封建、象緯、物異五門。

《文獻通考》的諸多按語，充分體現了馬端臨的進步史觀與卓越史識。他在其中對許多重要問題都提出了自己的見解。如論田賦，他認為秦代廢除井田制是歷史發展的必然，倡復井田實是書生之見。論封建，他認為伏羲到堯、舜的太古時期，君王有「公心」，夏、商、週三代君王大多有「公心」，秦漢以後君王則無「公心」；有「公心」則以德、功作為封建的標準，不會「專以私其宗親」；後世無「公心」，實行封建是「利少而害多」。從今天的觀點看，所謂「公心」有無的變遷實是私有制從無到有的一個發展過程，馬端臨實際已接觸到歷史發展變革原因的科學邊緣。對「妖祥」之說，他認為是穿鑿附會，「妖祥」只是一種反常的自然現象，與人事無關，故他改稱為「物異」。這類體現進步史觀與卓越史識的按語在《文獻通考》有許多，多能貫通古今，折中至當。

《文獻通考》在文獻學上的價值亦甚大。該書《經籍考》共七十六卷，占全書的百分之二十二，是二十四門中卷帙最繁者，著錄了先秦至宋代的各類文獻約五千種。所有文獻按四部分類，前有序文，對書則有題解，另附按語五十多條。在按語中，馬端臨對書籍辨別真偽，判定是非，考究異同，評定優劣，存疑設問，充分體現了一位史家的精深博大與科學謹嚴。如對《詩經》，朱熹曾懷疑《詩序》，且認為其中的二十四篇乃淫逸奔誘的男女自作，以敘其事。馬端臨雖為朱學傳人，但堅持認為，《詩經》國風之序不可廢，孔子猶存諸詩，後人更不可強求「思無邪」而妄加刪削。

總體而言，《文獻通考》固然不如《通典》精簡謹嚴，但由於馬端臨堅持寧繁毋略的原則，此書之詳贍遠過於《通典》，是《通典》的進一步豐富和擴大。該書尤詳於宋代史實，多有《宋史》各志未備的內容，是研究宋代和宋以前歷代典章制度的一部巨著。後世將此書與唐代杜佑的《通典》、南宋鄭樵的《通志》合稱為「三通」。馬端臨另有《多識錄》一五三卷、《大學集傳》一卷、《義根守墨》三卷，均佚。

元順帝至正前期所修《遼史》《金史》《宋史》三部正史是元朝在史學上的重要成就。早在中統二年（1261 年），就有人倡修遼、金二史。南宋滅亡後，朝廷令史臣修遼、金、宋三史，沒有見諸行動。元仁宗延祐年間（1314-1320 年），又有修三史詔，仍無法著手編纂。究其原因，三史何為正統的問題長期爭論未決[210]，致使史書的編纂體例無法確定。爭論的過程中，虞集等江西籍史家沒有悠然以待，他們積極地為編纂三史做著各種準備。

仁宗時期倡修三史，虞集任太常博士。朝廷召集大臣商議三史事宜，虞集說：「三史文書闕略，遼、金為甚。故老且盡，後之賢者見聞亦且不及，不於今時為之，恐無以稱上意。」[211]虞集從史料和修史人才兩方面表達了編修三史的迫切願望。因仁宗時期並沒有著手纂修三史，於是虞集利用在中央文職機構任官的機會，以「故老既無存焉者，而遺文野史之略無足征，故常以為意，遇有見聞必謹識之」[212]，又「以職事求先宋之故家遺記」[213]。虞集的兩部文集《道園學古錄》和《道園類稿》中，碑銘、行狀等保存了大量史料，應是他長期致力於蒐集、整理、保存的結果。雖然沒有材料直接證明虞集搜求的史料運用於三史的修纂，但他歸鄉時，這些史料不一定會悉數運回撫州，也許就留存在翰林院、集賢院、奎章閣等他曾經任職的機構中，以待日後編修三史。

對於長期阻礙三史編修的正統問題，虞集在天歷、至順年間（1328-1333 年）倡議：「今當三家各為書，各盡其言而核實之，

210 遼、金、宋何為正統，直接關係到三史的編纂體例。當時，有人主張仿《北史》《南史》，以遼、金為北史，宋太祖至靖康為宋史，建炎以後為南史；有人主張以宋為世紀，遼、金作載記；還有人主張宋、金都不是正統。

211 虞集：《道園學古錄》卷三二《送墨莊劉叔熙遠遊序》。

212 虞集：《道園學古錄》卷十一《孟同知墓誌銘跋》。

213 虞集：《道園學古錄》卷三二《臨川晏氏家譜序》。

使其事不廢可也。乃若議論，則以俟來者。」[214]虞集在多元民族混居的事實面前，以史家務實的眼光，突破「夷夏之防」的傳統觀念，用平等的視角看待遼、金、宋，主張三家自為正統，表現了卓越的史識。對於虞集的倡議，當時「諸公頗以為然」。這為後來確定三家各為正統奠定了輿論和思想基礎。

關於修史人才，虞集說：「每思史事之重，非有歐公（引者註：指歐陽脩）之才識，而又得劉公（引者註：指劉敞）之博洽以資之，蓋未易能有成也。」[215]言下之意，修史者應兼具才、識、博洽（即學）三長。至正三年（1344 年）正式修三史時，虞集歸老撫州近十年，朝廷欲起用其任總裁，終因老病，未能成行。後來，三史的總裁官雖民族不同，身世各異，但同為文史菁英，不知虞集是否起到推薦作用，只知對三史貢獻最大的歐陽玄為其摯交。

江西籍史家中，對三史直接出力最多的是富州揭傒斯。揭傒斯長期擔任國史院編修官，曾撰《功臣列傳》。平章李孟讀後讚歎道：「是方可名史筆。若他人，直謄吏牘爾。」[216]李孟肯定了揭傒斯的史才堪任「史筆」。至正三年（1343 年），順帝任命中

214 虞集：《道園學古錄》卷三二《送墨莊劉叔熙遠遊序》。

215 虞集：《道園學古錄》卷三二《送墨莊劉叔熙遠遊序》。此墨莊劉氏乃劉敞、劉攽兄弟後人之分居撫州金溪者，此「劉公」則指虞集在文中屢次提及的「侍讀公」，即曾任翰林侍讀學士的劉敞。《宋史》卷三一九《劉敞傳》稱其「學問淵博，自佛老、卜筮、天文、方藥、山經、地誌，皆究知大略」，堪稱「博洽」。

216 《元史》卷一八一《揭傒斯傳》。

書右丞相脫脫任三史都總裁，主修三史。修史班子集中了當時的各族文化菁英，多數人只負責三史中的一部分，唯翰林侍講學士揭傒斯與中書平章政事鐵木兒塔識、中書右丞太平（賀唯一）、翰林學士承旨張起岩、翰林學士歐陽玄任三史總裁官。五人中，鐵木兒塔識和太平對三史的實際工作參與不多，如《元史・鐵木兒塔識傳》對三史未置一辭，《太平傳》只說太平「力贊其事」，促成三史的編修。張起岩對三史的貢獻，《元史》本傳是這樣說的：「起岩熟於金源典故，宋儒道學源委，尤多究心。史官有露才自是者，每立言未當，起岩據理竄定，深厚醇雅，理致自足。」[217]似乎張起岩未親自撰寫史稿，只是做些《金史》和《宋史》「道學」諸傳的修改工作。對三史貢獻最大的是歐陽玄，從選擇史官、匯集史料到制定凡例，他都親力為之，且撰寫論、贊、表、奏等部分的史文。三史中工作量最大的本紀、諸志和人物傳，揭傒斯和呂思誠、李好文、楊宗瑞、王沂等總裁官應該作出了重要貢獻，前期，尤以揭傒斯最為突出。

至正三年（1343 年）三月，三史同時起修。身為三史總裁官的揭傒斯「毅然以筆削自任，凡政事得失，人才賢否，一律以是非之公；至於物論之不齊，必反覆辨論，以求歸於至當而後止」[218]。「以筆削自任」說明揭傒斯親自撰寫了大量史文，內容是「政事」「人才」「物論」，即諸志和列傳。撰寫史文時，揭

217 《元史》卷一八二《張起岩傳》。
218 《元史》卷一八一《揭傒斯傳》。

傒斯竭心盡智，務求至公至當。至正四年（1344 年）三月，《遼史》修成，揭傒斯等受到順帝褒獎。同時，順帝督促早日完成《金史》和《宋史》。為此，揭傒斯以年逾七十的高齡，夜宿史館而不歸家，朝夕不敢稍歇，終染寒疾而逝。十一月，《金史》完成，次年十月，《宋史》完成。在編修三史的兩年半時間內，揭傒斯對前期的修史工作作出了重要貢獻。

現在已難以區分三史中的哪些部分是揭傒斯所作，無法判斷他的史學才能，其史學思想則見諸言論。揭傒斯曾說：「（修史以）用人為本。有學問文章而不知史事者，不可與；有學問文章知史事而心術不正者，不可與。用人之道，又當以心術為本也。」[219]在此，揭傒斯對良史提出了三種要求，即「學問文章」、「史事」、「心術」，而以「心術」為本。這與唐代劉知幾提出的史家「三長」（才、學、識）有所不同。「學問文章」即「才」，「史事」即「學」，劉、揭二人是一致的，但「心術」與「識」不同。「心術」是道德層面的要求，是秉筆直書的前提條件，「識」是對歷史過程的分析判斷能力，是技術層面的要求。揭傒斯繼承了孔子「書法不隱」的思想，是對劉知幾史家「三長」論的補充和發展。他在修史過程中堅持「一律以是非之公」，即是史家「心術」的體現。他的這種思想，為後來清代章學誠提出「史德」論奠定了基礎。

關於如何寫史，揭傒斯如是說：「欲求作史之法，需求作史

219 《元史》卷一八一《揭傒斯傳》。

之意。古人作史，雖小善必錄，小惡必記。不然，何以示懲勸！」[220]即「作史之意」在「示懲勸」，以益於治世；但凡與此有關，無論大小，均應記入。這是一種經世思想，與章學誠所謂的「史意」亦有聯繫。可以說，在史學思想方面，揭傒斯是唐代劉知幾和清代章學誠兩大史學理論家之間的過渡。

除揭傒斯直接為三史竭心盡智外，金溪危素也參與了《宋史》的倡議、編纂和搜求史料的工作，吉水解觀亦對三史有所貢獻。

至正初，危素任經筵檢討。針對當時反對編修三史的意見，他上書宰執大臣太平，進行駁斥，主張立即編纂三史。他是這樣說的：

古之君子何貴於史哉？以其君之創業於初，守成於中，失國於終，故後世之為君者考其所以興，監其所以亡，其仁明可法，其昏亂可戒，其臣之忠良正直、奸險佞邪，故使後世之為臣者思以去彼就此焉。至父子兄弟、夫婦朋友之間卓然有可稱道者，史嘗書之矣。若像緯之著明、水土之分畫、曆數之因革、禮樂之廢舉、食貨之轉輸、名物之詳略，無不載焉，將以備一代之事，後之經濟天下者有所征之矣……可以亡人之國，不可以亡人之史，蓋記載其一國之政者，其事小，垂監於萬世之人者，其功大。[221]

220 《元史》卷一八一《揭傒斯傳》。
221 危素：《危太朴續集》卷八《上賀相公論史書》。

在此，危素充分強調了史書的資鑑作用，力請編修三史。太平後來在促成三史的編修方面起到重要作用，也許與危素的上書有一定關係。

同時，危素還就史書編纂的一些具體問題闡述了自己的意見。對三史何為正統，危素主張仿《三國志》之例，各為正統。這種觀點的背後是危素所主張的秉中為史、據實直書的寫史原則。他說：「秉中為史，蓋書其實事而昭示來世，過不可也，不及不可也。善善而不流於阿，惡惡而不傷於刻，若是者，其庶幾乎。」因此，在三史各為正統時，即使事關元朝，亦無須避諱，就像晉修《三國志》，唐編《隋書》，宋寫《五代史》，「其間固有戰爭攻取之事，據實而直書，史官之職，何諱之有！」[222]

至正三年（1343 年）三月開局編修三史，危素職事史局，參與《宋史・忠義傳》的編纂。有鑒於南宋高、孝、光、寧四朝史料闕漏嚴重，危素先博考南宋實錄所附的傳記和野史、文集、地方史志，既而於第二年春踏足河南、江浙、江西，採訪民間故老，搜求散佚書冊，於當年秋返京。他在慶元（治今浙江省寧波市）時，作為文獻之邦的鄞縣（今寧波市）出現了入元以後從未有過的士人爭獻圖書的盛況。

由於時間倉促，草草收局，卷帙浩繁的《宋史》有諸多弊病，尤其是「南渡七朝事，叢冗無法，不如前九朝之完善，寧宗

222 危素：《危太朴續集》卷八《上賀相公論史書》。

以後四朝又不如高、孝、光三朝之詳」[223]。危素南行搜求史料頗有收穫，卻沒有體現在官修《宋史》中。後，他以一已之力，私撰《宋史稿》五十卷，也許就是充分利用南行所獲，以補官修《宋史》之失。惜該書已佚。危素另撰有《元史稿》若干卷，當是入明以後所作，亦佚。

吉水人解觀參與三史與危素有關。解觀，初名子尚，字觀我，應試名觀，吳澄又為其更字伯中。天歷二年（1329 年）、至順三年（1332 年）鄉貢[224]。至正三年（1343 年），時任翰林典籍的危素「奉詔來起（解觀）修三史」，解觀遂至京師，參與史事。對於當時爭論不休的三史何為正統的問題，解觀認為，「遼與本朝（引者註：指元朝）不相涉，又其事已具見五代史，雖不論可也」，元朝「平金在先而事體輕，平宋在後而事體重……正宋統以概舉遼金，公義表著，人心壓服，永有辭於萬世矣」。他堅持以宋以正統，而當時任事者多傾向於以金為正統，解觀「大忤群公」，遂回鄉。據解縉載，後來三史成書，「天文、歷律多竊取公餘論」[225]，即在丞相脫脫力排眾議，最終確定三史各為正統之前，修史工作已經開始，所修內容是與正統問題無涉的天

223 錢大昕：《廿二史考異》卷二一。

224 解縉《文毅集》卷十一《伯中公傳》載解觀「至正丁卯再舉於鄉」，第二年會試，「臨川吳當見其文，知之，恐其入而有為也，詆黜之。物論沸然，公（引者註：指解觀）遂不復出矣」。至正二十八年間，無丁卯年，且解縉此語有因解觀和吳當面對陳友諒的徵聘，出處各異而置怨於吳當之嫌，疑誤。

225 解縉：《文毅集》卷十一《伯中公傳》。

文、律歷等內容。解觀參與的正是這部分修史工作，從而對三史有所貢獻。

《經世大典》是元朝文化上的一項重要成就，當時並不將其視為史書，但在今天看來，該書體例整齊，材料完備，實是研究元史不可或缺的資料。總裁虞集也充分認識到此書在日後的價值，他曾對同僚說：「他日國史諸志、表、傳，舉此措彼耳。」[226] 明初修《元史》，不僅諸志多取自該書，人物列傳也多有引用。故，此處將《經世大典》作為元代的史學成就略加論述。

《經世大典》全名《皇朝經世大典》，正文八八〇卷，目錄十二卷，公牘一卷，纂修通議一卷，是元文宗時官修的一部政書。天歷二年（1329 年），文宗在帝位之爭中取得勝利後，表示要偃武修文，下令「參酌唐宋會要之體，會粹國朝故實之文，作為成書」，「以示治平之永則」，由奎章閣學士院、翰林國史院編修《皇朝經世大典》。至順元年（1330 年）二月，因翰林院另有撰修國史的任務，遂以奎章閣專領其事，另置蒙古局，負責蒙古相關事宜，由趙世延、虞集任總裁。當年四月十六日開局，至順二年（1331 年）五月一日成書。經修訂潤色、裝潢成帙後，於次年三月上進文宗。全書分十篇，帝號、帝訓、帝制、帝系四篇為「君事」，由蒙古局纂修；治典、賦典、禮典、政典、憲典、工典六篇為「臣事」，由虞集等編纂。《經世大典》成書後，只

226 歐陽玄：《圭齋文集》卷九《元故奎章閣侍書學士翰林侍講學士通奉大夫虞雍公神道碑》。

有繕寫呈上的寫本，未付刊印，全書已佚，現僅存《元文類》所收《經世大典序錄》、《永樂大典》殘卷及清人從《永樂大典》中抄錄的若干內容。

《經世大典》以恢宏的氣勢記錄了蒙元時期的典章制度沿革，規模之大，內容之豐，堪與宋代各朝會要相比。儘管此書是集體成果，但總裁虞集費力尤多。至順元年（1330 年）四月開局修書，七月，作為總裁之一的趙世延以老疾退休，虞集專總其事。虞集五世祖虞允文曾編《宋會要》，《經世大典》則是仿唐、宋會要之體，虞集可謂有家學淵源。入仕以後，他歷經成宗、武宗、仁宗、英宗、泰定、文宗六朝，熟悉元朝典故，加之文辭優長，見識卓越，遂成為《經世大典》的最大功臣，故歐陽玄說：「《皇朝經世大典》之為書，公（引者註：指虞集）任其勞居多。」[227]其中，作為全書總綱的《經世大典序錄》乃虞集親撰。他在文中詳述每篇的內容，勾勒制度的原委，充分體現了學者的精深博大。如「各行省」條，考訂元代行省制度的變遷，言簡意賅；「入官」條，分析元朝的怯薛、軍功、吏職、教官、科舉、宗王府屬、納粟補官等選官之途，繁而不亂。取材方面，該書「悉取諸有司之掌故而修飾潤色之」，「其牘藏於故府者不足，則採四方之來上者」，「上送者無不備書，遺亡者不敢擅補」[228]，

227 歐陽玄：《圭齋文集》卷九《元故奎章閣侍書學士翰林侍講學士通奉大夫虞雍公神道碑》。

228 虞集：《經世大典序錄》，見蘇天爵編《元文類》卷四十；歐陽玄：《元故奎章閣侍書學士翰林侍講學士通奉大夫虞雍公神道碑》。《元文類》

即材料力求完備、真實。故，儘管《經世大典》僅存極小的一部分，但材料取自官方檔案的特點使該書受到史家的高度重視。

以上諸人外，元代江西地區還有幾位頗具學識的史家。臨川弋直，承吳澄之學，作《貞觀政要集論》，詳註唐代吳兢所著《貞觀政要》，並將柳芳、歐陽脩、范祖禹等唐、宋名家的議論附於每篇之後，發表了許多獨到見解；貴溪夏希賢，認為「學者不可以不知古今」，於是取諸史，去其繁而取其要，著成紀事本末體通史《全史提要編》，上起伏羲，下訖南宋滅亡，「千數百年之間，治道之得失，人物之臧否，欲觀其詳於某朝某事者，即此而知其所在，則無汗漫之憂矣」[229]；廬陵劉友益，宋亡以後閉門讀書，費三十年之功，著成《通鑑綱目書法》；鄱陽楊玄，祖父死於宋末，遂著《忠史》，記載夏商至宋代的忠貞之士八百餘人，等等。

第三節 ▶ 科技

大蒙古國擁有遼闊的疆域，域外文化源源進入中國。元朝又實現南北一統，境內交流日趨活躍。這些因素促使元朝在科技方面取得了許多令人矚目的成就，地理學、醫學、天文學、航海技

未署《序錄》作者名，但虞集文集《道園類稿》《道園學古錄》均收該文。

229 虞集：《道園類稿》卷十六《夏氏全史提要編序》。

術等方面的進步成為元代瑰麗多彩文化的重要組成部分，江西籍人士在科技上的成就則是這多彩畫卷中的一抹亮色。

一　地理學與方志

元代東西方交通盛況空前，既有意大利人馬可・波羅、鄂多立克、摩洛哥人伊本・白圖泰等東來中國，亦有耶律楚材、邱處機、常德等西去中亞，還有溫州人周達觀等航海南行至真臘，西域的地理知識也傳入中國。這一時期，人們的地理視野得到擴大，地理知識得以發展。在這種背景下，江西既有修輿圖地書如朱思本者，亦有出海遠航如汪大淵者，還有編纂方志如熊夢祥者，部分州縣也新修了地方誌書。江西的地理學成就與時俱進。

朱思本（1273-？），字本初，號貞一，臨川人。出身科第之家，祖父曾任淮陰縣令。十幾歲入龍虎山，成為一名道士。大德三年（1299 年），張仁靖奉命前往大都，朱思本隨行，後長期在兩都協助玄教大宗師處理道教事務。至治二年（1322 年），朱思本回到江西，主持龍興玉隆萬壽宮，今南昌市新建縣西山萬壽宮附近的山崖上仍留有他當年所題石刻。泰定年間（1324-1328 年），朱思本再度前往大都，數年後重返江西，約在元順帝統治前期病逝。

朱思本是元代著名的地理學家，在中國地圖學史上占有重要地位，其對後世影響最大的成就是繪製了《輿地圖》二卷。該圖是朱思本自至大四年至延祐七年（1311-1320 年），費十年之功繪製而成，後刊石於龍虎山上清三華院。《輿地圖》有如下特點：一是篇幅較大，內容豐富。據羅洪先《廣輿圖序》，此圖

「長廣七尺，不便卷舒」。朱思本稱圖中「河山繡錯，城連徑屬，旁通正出，佈置曲折，靡不精到」，即繪有山川、城邑、交通等，註記翔實，且系統地使用了符號圖例。二是採用了「計里畫方之法」，繪製方法先進。以畫方之法繪製地圖，始於魏晉間的地理學家裴秀。裴秀強調製圖有六體，即「分率」（比例尺）、「准望」（方位）、「道里」（道路里程）、「高下」（地勢高低）、「方邪」（角度）、「迂直」（彎曲度），他以「一分為十里，一寸為百里」的比例尺，繪製了已知的中國第一部歷史地圖集《禹貢地域圖》。唐代賈耽重提該法，用「一寸折成百里」的比例尺繪成《海內華夷圖》。朱思本在吸取前代畫方之法的基礎上，兼採元代自西域傳入中國的經緯線法，將其改進為「計里畫方之法」。因圖中繪有方格，又稱格方地圖[230]。《輿地圖》是中國首次以計里畫方法繪製的地圖。三是精準正確，可資利用。明代羅洪先經過多方比較，發現《輿地圖》是他所見地圖中最為精準的。他說：「嘗遍觀天下圖籍，雖極詳盡，其疏密失準，遠近錯誤，百篇而一，莫之能切也。訪求三年，偶得元人朱思本圖，其圖有計里畫方之法，而形實自是可據，從而分合，東西相侔，不至背舛。於是悉所見聞，增其未備，因廣其圖，至於數十。」[231]可

230 佚名：《貞一齋文稿序》，見朱思本《貞一齋雜著》卷首，適園叢書本。

231 羅洪先：《廣輿圖序》，見《廣輿圖》卷首。明嘉靖刊本。轉引自邱樹森《朱思本和他的〈輿地圖〉》，見《元史及北方民族史研究集刊》第六輯（1982年12月），第19-25頁。

見，羅氏選擇《輿地圖》作為底圖繪製《廣輿圖》，就是因其「形實自是可據」。四是寧闕勿濫，嚴謹科學。朱思本繪製《輿地圖》時，能繪則繪，不能則闕，絕不虛編胡造，尤其是對疏闊遼遠、人跡罕至、無從察考之地。他說，圖中「漲海之東南，沙漠之西北，諸番異域，雖朝貢時至而遼絕罕稽，言之者既不能詳，詳者又未必可信，故於斯類姑用闕如」。這種嚴謹的態度保證了《輿地圖》的科學性。但是，他對邊遠之地亦極關注，曾考證北海、和寧、八番諸處的地理，附於《輿地圖自序》之後，還翻譯了梵文本的黃河之源圖書，以加深對「遼絕罕稽」之地的瞭解。

朱思本的《輿地圖》之所以有如許特點，為後世所重，得益於其自身的素養、經歷以及元代地理學的發展。

首先，朱思本對地理學有著長期而濃厚的興趣。他自稱「幼讀書，知九州山川。及觀史，司馬氏周遊天下，慨然慕焉」[232]。至兩都後，公務繁雜，對地理仍「尤所偏善」。虞集說他「遇輶軒遠至，輒抽簡載管，累譯而問焉。山川險要、道徑遠近、城邑沿革、人物土產風俗，必參伍詢詰，會同其實，雖靡金帛，費時日，不厭也，不慊其心不止。其治事也，討論如議禮，嚴分若持憲。立志之堅確精敏類如此，施之功業，必不苟且循習而已」[233]。可見，朱思本對地理學是殫精竭智。仁宗時，以善於察人取材著稱的中書平章政事李孟非常欣賞朱思本的才學為人，曾

232 朱思本：《貞一齋雜著》卷一《輿地圖自序》。

233 虞集：《貞一稿序》，見朱思本《貞一齋雜著》卷首。

勸其棄道返儒，入仕為官，朱思本沒有接受，仍「霞裾星弁，訪歷名山大川，與太初溟涬游於無窮」[234]。正是由於有著如此強烈的興趣，朱思本才會幾十年如一日，始終關注地理學。

其次，朱思本學術功底深厚。他出自儒家，寄身道流，兼通藏文，「嗜聖經、史傳、諸子百家若飢渴」[235]。至兩都後，公事之外，「稍有餘力，則卷不釋手，夜讀書由乙至丙以為常」[236]，所讀之書「既不泛雜，讀之又有其道」[237]。所謂「不泛雜」，可能指朱思本所讀多為地理之書，「讀之有道」則指其帶著研究的眼光審讀。在長期積累的基礎上，朱思本編成《九域志》八十卷，於大德元年（1297 年）刊行。朱思本自序編纂該書的目的與體例時說：「自嬴秦破九州為郡縣，中古以下，迄而不改……暇日因取郡集，參考異同，分條晰理，一以《禹貢》九州為準的。乃以州縣屬府，府屬都省，以都省份隸焉。」[238]可見，《九域志》是朱思本廣泛蒐集舊志、細緻查堪比對的成果。因該書的編纂體例是將元朝的行省、路、州、縣等分隸於《禹貢》的九州，不利於查檢使用，而稍早編纂的官修《大元大一統志》是以地理繫於現行的省路州縣，既權威又方便，故《九域志》在明代以後沒有再版，對後世的影響遠不如《大元大一統志》。但是，

234 劉有慶：《貞一稿敘》，見朱思本《貞一齋雜著》卷首。
235 劉有慶：《貞一稿敘》，見朱思本《貞一齋雜著》卷首。
236 歐陽應丙：《朱煉師文集序》，見朱思本《貞一齋雜著》卷首。
237 虞集：《貞一稿序》，見朱思本《貞一齋雜著》卷首。
238 轉引自王成組《中國地理學史》上冊，商務印書館 1982 年版，第 51 頁。

該書為朱思本後來繪製《輿地圖》奠定了學術基礎。

複次，元成宗後期到武宗、仁宗時期，朱思本遊歷四方，又屢次奉命代祀五嶽四瀆等名山大川，車轍馬跡幾半天下，有利於實地考察。他自稱「登會稽，泛洞庭，縱游荊襄，瀏覽淮泗，歷韓魏齊魯之郊，結轍燕趙，而京都實在焉。由是奉天子命祠嵩高，南至於桐柏，又南至於祝融，至於海。往往訊遺黎，尋故跡，考郡邑之因革，核山河之名實，驗諸滏陽、安陸石刻《禹跡圖》、樵川《混一六合郡邑圖》，乃知前人所作殊為乖謬，思構為圖以正之」[239]。由此可見，朱思本不僅遊蹤廣，而且，在廣泛遊歷的同時，他既實地考查山川形貌，又細心探求舊跡古圖，還向民間廣為問詢，將書籍所載與實際情況相參證，核其實，糾其謬。這為《輿地圖》的精準奠定了基礎。

又次，朱思本在大都、上都期間，與名卿士大夫廣泛交遊，努力獲取信息，增廣見聞。他自稱「中朝夫士使於四方，冠蓋相望，則每屬以質諸藩府。博採群言，隨地為圖，乃合而為一」[240]。即朱思本在使臣出京之前，囑其代為考察自己不能親身而至的較偏遠之地，然後博採群言，隨地成圖，再將諸圖合而為一。朱思本還利用在京的機會，密切關注地理學的發展，隨時蒐集包括非漢文資料在內的各類信息。他對黃河之源的瞭解即得益於此。探索河源是元代地理學發展的重要成就之一。至元十七年

239 朱思本：《貞一齋雜著》卷一《輿地圖自序》。
240 朱思本：《貞一齋雜著》卷一《輿地圖自序》。

（1280 年），都實奉命往求河源，至冬月還報，「併圖其城傳位置以聞」[241]，即都實探索河源的結果有地圖予以顯示。延祐年間（1314-1320 年），翰林學士潘昂霄從都實之弟闊闊出處得其說，撰寫《河源志》，朱思本則從八里吉思家得到帝師所藏梵文圖書，並將其譯為漢文。潘、朱二人所志，互有詳略，今《元史・地理志》所附《河源》乃綜合兩家而成，以潘志為主體，將朱思本所譯部分內容以小字附於其下。如對河源所在，朱思本的譯本說：「河源在中州西南，直四川馬湖蠻部之正西三千餘裡，雲南麗江宣撫司之西北一千五百餘裡，帝師撒思加地之西南二千餘裡。水從地湧出如井。其井百餘，東北流百餘裡，匯為大澤，曰火敦腦兒。」對黃河的起始，朱之譯本說：「忽蘭河源，出自南山，其地大山峻嶺，綿亙千里，水流五百餘裡，注也裡出河。也里出河，亦出自南山，西北流五百餘裡，始與黃河合。」[242]均與潘志略有不同。朱思本得到梵文本河源圖書的時間不詳，但探索河源一事早於編繪《輿地圖》之時，朱思本可能有所借鑑。另，朱思本對地球儀及經緯線的瞭解可能也得益於京中友朋（詳見下文）。可以說，京中的名卿偉士是朱思本繪製《輿地圖》的重要信息來源。

最後，《輿地圖》的成就得益於元代地理學的發展。疆域廣袤的元朝在至元二十三年（1286 年）已開始官修全國地理志，

241 《元史》卷六三《地理志六》。
242 《元史》卷六三《地理志六》。

由札馬魯丁（又譯作札馬剌丁）、陳儼、虞應龍等奉命編纂。至元二十八年（1291 年）完成七五五卷，後由孛蘭兮、岳鉉主持增修雲南、甘肅、遼陽等邊遠地區的地理，大德七年（1303 年）完成全書，定名《大元大一統志》。因該書的倡修及主導者札馬魯丁是伊利汗國人，乃元初阿拉伯地理學東傳中的一位重要人物，故該書吸納了阿拉伯人先進的地理學知識。全書一三〇〇卷，共六百冊，至正六年（1346 年）在杭州刻板印行。書中，

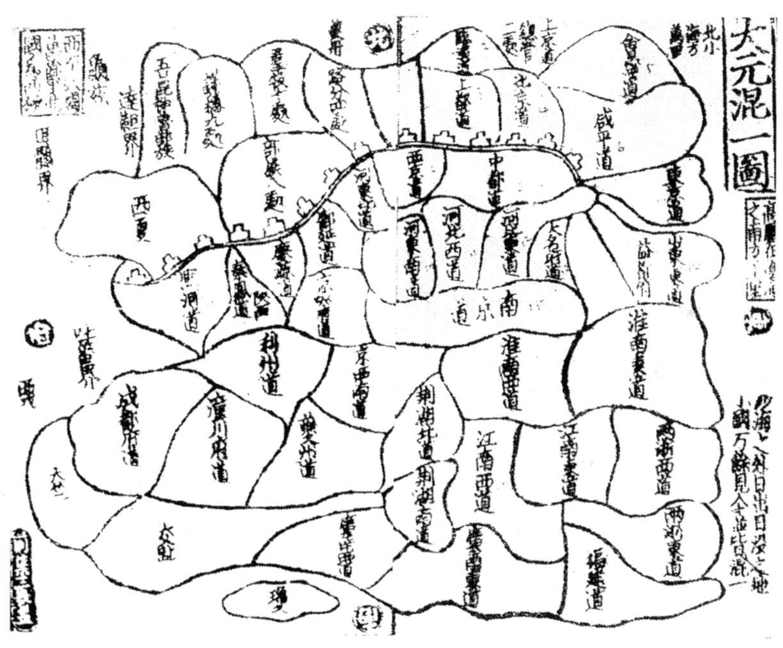

·《大元混一圖》

圖片說明：南宋陳元靚撰《新編纂圖增類群書類要事林廣記》至順年間翻刻增補本。此圖中，元朝全境分為三十七道，鄰國交趾、天竺也被收入，反映了元人的地理觀念。

圖片來源：中國國家博物館編《文物中國史》第 7 冊「宋元時代」，山西教育出版社 2003 年版，第 206 頁。

長江以南三行省資料多取自《輿地紀勝》及宋、元方志，江北多取材於《元和郡縣圖志》、《太平寰宇記》和金、元方志，雲、甘、遼三省則全據新志，故該書新增了許多前代所沒有的內容。原書繪有一幅彩色的「天下地理總圖」，在每一路的卷首則有彩色地理小圖。這種全國性的彩色大地圖應屬中國首次出現。同時，元代出現了中國第一個地球儀，是至元四年（1267 年）札馬魯丁在中國製造的西域儀象七件中的一件，即「苦來亦阿兒子」[243]。這是一個木質圓球，「七分為水，其色綠，三分為土地，其色白。畫江河湖海，脈絡貫串於其中。畫作小方井，以計幅員之廣袤、道裡之遠近」[244]。即球面以綠色代表水，占百分之七十，白色代表陸地，占百分之三十，這與現代地球儀的水陸比例百分之七十點八比百分之二十九點二基本接近。「苦來亦阿兒子」代表了當時西域對地球構造先進科學的認識水準。球面所繪可度量距離遠近和面積大小的小方井，就是現代意義上的經緯線。朱思本一直關注地理學，又長期生活在兩京，應該有條件接觸、研究並利用《大元大一統志》和「苦來亦阿兒子」。有研究者認為，《輿地圖》的計裡畫方之法即「苦來亦阿兒子」中的「小方井」。故，英國學者李約瑟說，「這幾位地理學家（引者註：

243 楊志玖：《元代回族史稿》，南開大學出版社 2003 年版，第 307 頁。「苦來亦阿兒子」為阿拉伯語 Kuraharz 的波斯語讀法 Kura－i－arz 的元代漢語音譯。「苦來」，意為「球、蒼穹」，「亦」表示屬格意義，「阿兒子」，意為「陸地、土地、國家」。

244 《元史》卷四八《天文志一・西域儀象》。

指朱思本及其後的李澤民、僧清睿等元代中國地理學家）顯然都曾經由於中國當時和西方的穆斯林、波斯人、阿拉伯人如札馬剌丁等之間的接觸而受益匪淺」[245]，「也許在更大的程度上和札馬剌丁一二六七年來北京時所帶來的地球儀有關」[246]。另外，朱思本可能還接觸到元代郭守敬組織的「四海測驗」對全國緯度進行空前規模測量所取得的成果，而《輿地圖》大致準確地將黃河源畫在星宿海西南的喀喇渠更是元代地理學成果的直接體現。可以說，沒有元代地理學的發展，就不會有《輿地圖》的成就。

儘管《輿地圖》精準、科學、翔實，但因此類大幅地圖較難複製或印刷，故一直未得到廣泛流傳，直至明嘉靖二十年（1541年），羅洪先才將該圖加以增訂，於三十四年（1555年）以《廣輿圖》之名刊印。到明末、清代，雖有利瑪竇等人傳入的西方繪圖技術，但基於《輿地圖》的《廣輿圖》仍是輿圖的重要範本，由此可見朱思本在中國地圖史上的地位。

除地理學成就外，朱思本的詩文亦頗受讚譽，著有《貞一齋雜著》二卷及《北行稿》。清江范梈論其詩文「論莊詞瀹，尤吾所謂馳騁橫縱而無所適者」[247]，四川劉有慶則盛讚其詩文是「如泉湧石竇，日掲日新；如雲幻晴峰，愈變愈麗。比、興、序、

245 李約瑟：《中國科技史》第五卷，中華書局香港分局 1978 年版，第 144 頁。

246 李約瑟：《中國科技史》第五卷，第 155 頁。

247 范梈：《貞一稿序》，見朱思本《貞一齋雜著》卷首。

論，粹乎儒者」[248]。

汪大淵（約 1311-？），字煥章，南昌人，「少負奇氣，為司馬子長之遊，足跡幾半天下」[249]。元中期，中國與海外聯繫暢達，「海外島夷無慮數千國，莫不執玉貢琛，以修民職，梯山航海，以通互市。中國之往復商販於殊庭異域之中者，如東西州焉」[250]。在此背景下，汪大淵自至順元年（1330 年）二十歲始，兩次出海遠航。第一次自泉州搭乘商船出海，歷時五年，約歸航於順帝元統二年（1334 年）夏秋間。第二次約在後至元三年（1337 年），亦從泉州附舶遠航，前後三年，估計在後至元五年（1339 年）夏秋間歸國。兩次出海，總計歷時八年。

至正九年（1349 年），泉州路達魯花赤偰玉立因慶元五年（1199 年）所修《清源郡志》已經散佚，淳祐八年（1250 年）所修《清源後志》雖存，但歷時百年，已不能全面反映社會變遷，遂命福州人吳鑑編纂《清源續志》。清源，即泉州。泉州為市舶司所在，乃南宋至元代華南地區第一大港，諸蕃輻輳，地方誌於此不能不記。偰玉立可能與汪大淵有舊，[251]於是令其續補

248 劉有慶：《貞一稿敘》，見朱思本《貞一齋雜著》卷首。

249 吳鑑：《島夷志略序》，見蘇繼廎《島夷志略校釋》卷首，中華書局 1981 年版，第 5 頁。

250 汪大淵：《島夷志後序》，見蘇繼廎《島夷志略校釋》卷末，第 385 頁。

251 偰玉立，字世玉，號止堂，又號止庵，出自著名的高昌偰氏，延祐五年（1318 年）進士。元中期至元末，偰氏隸籍龍興，在南昌東湖邊有私第。汪大淵為元中期的南昌人，很可能與偰氏相識。參見蕭啟慶《蒙元時代高昌偰氏之仕宦與漢化》，見蕭著《元朝史新論》，第 243-

《清源郡志》之別帙《島夷志》，附於《清源續志》之後。冬十二月（時在 1350 年）之前，汪大淵完成《島夷志》，並於至正十年（1350 年）攜歸南昌，單獨刊行，《清源續志》則完成於至正十一年（1351 年）。也許是由於單行本較《島夷志》有刪節，故名之為《島夷志略》，全書一卷。此書刊行不久，歷史進入元末動盪時期，汪大淵的經歷不詳。如果能僥倖躲過兵劫，那麼，入明時，汪大淵尚不足六十歲。

汪大淵自述在航海途中，「所過之地，竊嘗賦詩以記其山川、土俗、風景、特產之詭異，與夫可怪可愕可笑之事，皆身所遊覽，耳目所親見。傳說之事，則不載焉」[252]，故《島夷志略》自問世之日起，便以「親身所歷，信而有徵」著稱。至正九年（1349 年），吳鑑稱汪大淵「其目所及，皆為書以記之……以君傳者，其言必可信」[253]。至正十年（1350 年）翰林學士、山西人張翥說汪大淵「當冠年，嘗兩附舶東西洋，所過輒採錄其山川、風土、物產之詭異，居室、飲食、衣服之好尚，與夫貿易賚用之所宜，非其親見不書，則信乎其可征也」[254]。明、清學者多有同感。明末清初錢曾稱汪氏「書其目之所及不下數十國」[255]，

297 頁。

252 汪大淵：《島夷志後序》，見蘇繼廎《島夷志略校釋》卷末，第 385 頁。

253 吳鑑：《島夷志略序》，見蘇繼廎《島夷志略校釋》卷首，第 5 頁。

254 張翥：《島夷志略序》，見蘇繼廎《島夷志略校釋》卷首，第 1 頁。

255 錢曾：《讀書敏求記》卷二，書目文獻出版社 1983 年版，第 67 頁。

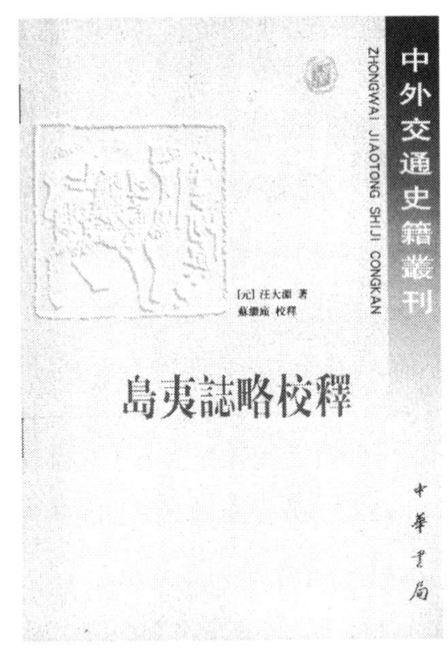

・汪大淵《島夷志略》
圖片說明：蘇繼廎校釋《島夷志略校釋》封面，中華書局 1981 年版。

四庫館臣說此書「皆親歷而手記之，究非空談無征者比」[256]。美國學者柔克義（Rockhill）則稱該書「所記純為親身經歷，其可取之處正在此」[257]。但是，國外的東方學家有對《島夷志略》所記是否均為親身經歷持懷疑態度者。柔克義在肯定該書的同時，認為，「惟有不少遠地，如古裡地悶與極西諸地，是否為其足跡所至，則頗可疑」[258]。伯希和則徑稱《島夷志略》之前有舊作，但「汪氏是志視前人舊作為勝」[259]。近據廖大珂考證，《島

256 永瑢等：《四庫全書總目》卷七一《史部地理類四・島夷志略》。
257 柔克義：《十四世紀時中國與南洋群島印度洋沿岸諸港往來貿易考》（*Note on the Relations and Trade of China with the Eastern Archipelago and the Coasts of Indian Ocean during the Fourteenth Century*），載《通報》1913 年號第 475 頁後，轉引自蘇繼廎《島夷志略校釋》附錄一《有關〈島夷志略〉資料》，第 393-394 頁。
258 轉引自蘇繼廎《島夷志略校釋》附錄一《有關〈島夷志略〉資料》，第 394 頁。
259 見《伯希和遺著》，轉引自蘇繼廎《島夷志略校釋》附錄一《有關〈島夷志略〉資料》，第 398 頁。

夷志略》之前確有舊志《島夷志》，系南宋泉州人所撰，記載了宋代海外諸國的情況，曾作為別帙繫於《清源郡志》。《島夷志略》是汪大淵在《島夷志》的基礎上，補充海外親歷而成[260]。因宋、元兩代海外情況變化頗多，故吳鑑說汪大淵所著「校之五年舊志（引者註：指慶元《清源郡志》），大有逕庭矣」[261]。由此，汪大淵兩次航海，蹤跡所及，也難以清楚界定。

《島夷志》久已失傳，僅明《寰宇通志》和《明一統志》中留有極少條文，以故，儘管《島夷志略》僅有部分內容為汪大淵親歷，但不妨礙學者重視此書。《島夷志略》是研究中外海上交通與地理的重要資料，全書共一百條，約兩萬餘字。其中，九十九條記載東起澎湖與文老古、西至阿拉伯與東非海岸的國名和港口，多記當地習俗風情、物產和貿易品。第一百條名「異聞類聚」，乃節錄前人舊記而成。書中記載的亞、非、澳各洲的國家和地區達二二〇餘個，且內容翔實。該書上承宋代周去非的《嶺外代答》、趙汝適的《諸蕃志》，下接明代馬歡的《瀛涯勝覽》、費信的《星槎勝覽》，是元代航海家遺留至今的兩部著述之一（另一部是周達觀的《真臘風土記》，僅記今柬埔寨事），且重要性超過宋、元、明諸作，故清四庫館臣評此書「所記羅衛、羅斛、針路諸國，大半為史所不載。又於諸國山川、險要、方域、

260 廖大珂：《〈島夷志〉非汪大淵撰〈島夷志略〉辨》，見《中國史研究》2001年第4期，第135-142頁。
261 吳鑑：《島夷志略序》，見蘇繼廎《島夷志略校釋》卷首，第5頁。

疆里，一一記述，即載於史者亦不及所言之詳，錄之亦足資考證也」[262]。早在十九世紀中葉，西方學者已注意該書，一八八八年以後，《島夷志略》先後被譯成英、法、日等多國文字，汪大淵因而被稱為「東方的馬可」。《島夷志略》今注、譯本有多種，以安徽太平人蘇繼廎的《島夷志略校釋》（中華書局 1981 年版）最佳，書中徵引多種史籍，採集諸家之說，逐條考釋，頗有見地，卷首對汪大淵生平和《島夷志略》的介紹亦很可貴。當然，疏誤在所難免。

熊夢祥（生卒年不詳），字自得，自號松雲道人，富州橫岡人[263]。聰明曠達，博讀群書，貫穿百氏。工詩文，思若泉湧。旁通音律，又工書法，能作數體書，儼然有米芾家法。亦善畫，乘興作山水圖，意境幽遠，無絲毫庸工俗狀。元末，以茂才異等薦任白鹿洞書院山長，後升大都路儒學教授、崇文監丞。因不喜拘束，棄官游江淮間，寓興詩酒，狂放不拘，頗有晉人之風。卜居婁江，匾所居為「得月樓」，與元末玉山草堂主人顧瑛為忘年交。著有《釋樂書》、《析津志》等。卒年九十餘。《釋樂書》已佚，《析津志》有輯本存世，《元詩選》和《草堂雅集》則存其部分詩作。

262 永瑢等《四庫全書總目》卷七一《史部地理類四・島夷志略》。

263 乾隆《豐城縣誌》卷十《人物誌》載：「熊自得，字夢祥，橫岡裡人。」元末顧瑛《草堂雅集》載：「熊夢祥，字自得，江西人。」清代顧嗣立編《元詩選・三集・庚集・松雲道人集》載：「夢祥，字自得，南昌進賢人。」所記互有出入。以顧瑛所記最早，乾隆《豐城縣誌》最詳，茲采諸家之說而定為：熊夢祥，字自得，富州橫岡人。

《析津志》之「析津」，是遼開泰元年（1012 年）到金貞元元年（1153 年）對今北京地區的稱呼。《析津志》即北京的地方誌。熊夢祥在大都時，常遊歷考察當地的山川名勝、風物人情。擔任崇文監丞期間，又有條件接觸大量的內府藏書和文獻資料。崇文監是後至元六年（1340 年）由藝文監改置而成，隸翰林國史院，任務是將儒籍譯為蒙古語，其下所設藝林庫掌收貯圖書，廣成局掌傳印經籍。熊夢祥所任崇文監丞為從五品官職，職責是協助該監最高長官太監參校儒籍，實是閒職。故，熊夢祥出任此職，有時間與機會接觸內府藏書。據《日下舊聞考》引《淥水亭雜識》，熊夢祥在大都時，居於京西齋堂村，因《大元大一統志》卷帙繁富，不便翻檢，遂撰大都方志《燕京志》，即《析津志》。該書早已亡佚，據明正統六年（1441 年）楊士奇所編《文淵閣書目》和成化時葉盛所編《菉竹堂書目》，該書共三十四冊，想必規模很大。《析津志》是最早記述北京地區歷史的一部專門志書，對北京的沿革、至到、屬縣、山川風物、歲時風尚、物產礦藏、河閘橋樑、城垣街市、

・熊夢祥著，北京圖書館善本組輯：《析津志輯佚》封面
圖片說明：北京古籍出版社 1983 年版。

朝堂公宇、百官學校、人物名宦、名勝古蹟等都有翔實的記載，是研究北京地區地理、歷史的珍貴資料。明初纂修《北平圖經志》《順天府志》等，對此書多有採擇。自二十世紀三〇年代始，北京圖書館善本組將《永樂大典》、《日下舊聞考》、徐維則鑄學齋藏本《憲台通紀》等書中的《析津志》內容輯出，編為《析津志輯佚》，一九八三年由北京古籍出版社出版。這是現存十餘種元代地方誌中的一種，彌足珍貴[264]。

朱、汪、熊三人之外，樂平馬端臨、金溪危素、新喻梁寅等對地理學也有所涉獵。馬端臨《文獻通考》中有較豐富的地理資料，涉及鹽、鐵、礬、坑冶、漕運、水災、地震、氣象、氣候等內容。書中還表達了他的一些地理學觀點，如關於建都條件問題，馬端臨反對過分強調客觀地理條件，主張客觀條件應與國力配合，都城才能安全；如果國力弱，客觀地理條件再好，都城也會受到威脅。在河源的問題上，他贊同杜佑、歐陽忞對河出崑崙的非議[265]。危素學博位高，至正二十四年（1364 年）任嶺北行省左丞。在任期間，他以該行省治所和寧為元朝肇基之地，而無圖志可征，於是向朝廷申請，作《和寧志》[266]。從宋濂為危素所撰墓銘的字裡行間看，該志似已修成，但宋濂羅列其著述時，又

264 以上關於熊夢祥的論述，多參考李致忠《〈析津志輯佚〉整理說明》，見《析津志輯佚》卷首，北京古籍出版社 1983 年版。

265 陳得芝主編《中國通史》第八卷《中古時代・元時期（下）》，第 692-693 頁。

266 宋濂：《宋學士文集》卷五十九《故翰林侍講學士中順大夫知制誥同修國史危公新墓碑銘》。

未言及該志。也許，危素在嶺北僅一年左右，此志最終未能完成。梁寅曾撰《河源記》一文，乃是讀潘昂霄《河源志》而起。文中，梁寅曆數《禹貢》、《山海經》、《穆天子傳》、漢代張騫、唐代薛元鼎及佛教書籍關於黃河之源的論述，對元代都實考察河源一事、潘昂霄所撰《河源志》一書給予肯定，認為該書「詳而信」，故引述其中部分內容，以資後人考訂[267]。

元中期，江西社會基本穩定，部分熱心地方事務和文化事業的地方官和士人編修了新的地方誌，反映元代江西社會的發展變化。現就已知者羅列如下[268]：

龍興路：《續豫章職方乘》十四卷，劉有慶、潘斗元纂。《續豫章志》十三卷，趙迎山纂。《豐水續志》六卷，延祐年間（1314-1320 年）富州儒學教授李肖翁在南宋淳祐舊志的基礎上，補入「城池、人物、時政之跡及前志所未備者」，續補成書[269]。《富州志》，撰人、卷數不詳。

瑞州路：《瑞陽志》十冊，至治年間（1321-1323 年），路總管府經歷、普寧人崔棟令學正楊升雲修纂。楊升雲，即楊衢，太和人，泰定元年（1324 年）進士。《瑞陽高安縣誌》，撰人、卷

267 梁寅：《新喻梁石門先生集》卷一《河源記》。

268 以下關於元代江西地方誌的編修情況，主要參考黎傳紀、易平《江西古志考》（南海出版公司 1989 年版），本書作適當增刪修改。黎、易的資料來源主要有《永樂大典》、錢大昕《元史藝文志》及《補》、倪燦《補遼金元藝文志》、黃虞稷《千頃堂書目》及《補》、張國淦《中國古方志考》和江西各地舊志。

269 揭傒斯：《揭文安公全集》卷八《豐水續志序》。

數不詳。《新昌州志》，延祐年間（1314-1320 年），州判官馬嗣良纂。嗣良，字繼可，廣漢人。

南康路：《南康志》，撰人、卷數不詳。

饒州路：《鄱陽續志》十五卷、《新志》二十四卷，後至元二年（1336 年）路總管狄師聖令邑人吳存修纂，書未成而吳歿，由門人楊端如續成。全志分兩部分，前十五卷乃繼南宋嘉定八年（1215 年）舊志而作，起自嘉定九年（1216 年），止於德祐元年（1275 年），曰《鄱陽續志》。後二十四卷敘至元十三年（1276 年）至後至元元年（1335 年）間事，當為新志。《浮梁志》，臧廷鳳纂。廷鳳，南宋景定三年（1262 年）進士，曾任鎮江教授。該志對浮梁的「風俗沿革之異，貢賦土產之興，與夫文人才子聞望後先，無不備載而詳錄焉」[270]。《樂平廣記》三十卷，邑人李士會纂。士會，字有元。

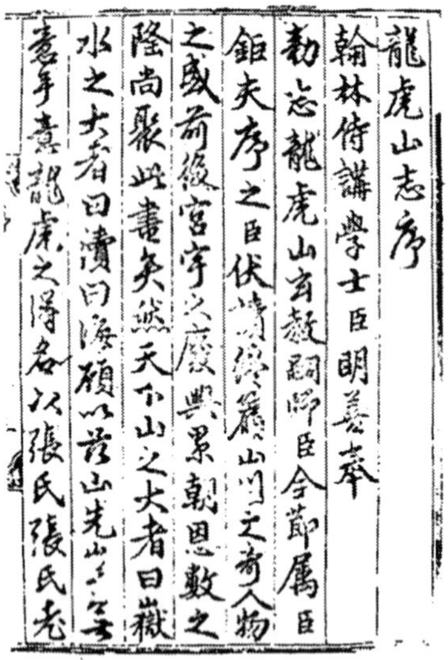

・程鉅夫撰《龍虎山志序》
圖片說明：乾隆五年（1740 年）刻本《龍虎山志》卷首。

信州路：《永豐縣誌》，修於泰定年間（1324-1328 年），撰

270 屠濟亨：《浮梁志序》，見康熙《浮梁縣誌》卷首。

人、卷數不詳。《弋陽縣誌》，張純仁纂。純仁，字景范，號藍山，至治元年（1321 年）進士，曾任繁昌縣尹、江浙行省左右司郎中。《龍虎山志》，元中期，翰林侍講學士元明善奉敕撰，程鉅夫作序。

撫州路：《羅山志補》四卷，乃天歷二年（1329 年）崇仁吳寶翁在南宋嘉定三年（1210 年）《羅山志》及寶慶二年（1226 年）黃元增補本的基礎上續補而成，止於南宋之末。後，崇仁彭壽卿采該縣「山川人物、典章文雅、廢興沿革之詳、古今盛衰之跡，悉匯而錄之」，編成《寶唐拾遺》。此志「或本之郡乘邑志，或得之稗官小說，或質之裡巷故舊，或採之鉅公之文集，信而有證，簡而不泛」[271]，是元代崇仁縣類似地方誌的著作。《樂安縣誌》，元統年間（1333-1335 年）在縣達魯花赤燮理溥化的倡導下，由縣鰲溪書院直學李肅在南宋舊志的基礎上續修而成，邑士陳良佐出資付印。該志「封珍之廣狹、山川之遠近、名宦之遊歷、文人之詠，與夫一民一物、一言一行之有關於世教者，靡不載」[272]。

建昌路：《廣昌縣誌》，元初邑人連仲默撰，卷數不詳。

袁州路：《鈐岡新志》，趙瑗纂，歐陽玄作序。瑗，字尚之，泰定三年（1326 年）任分宜縣尹。

271 周山堂：《寶唐拾遺序》，見雍正《崇仁縣誌》卷首。
272 燮理溥化：《樂安縣誌序》，見康熙《樂安縣誌》卷首。「封珍」當作「封畛」。

吉安路：《吉州郡志》，撰人、卷數不詳。《吉水州志》三冊，撰人、卷數不詳。

贛州路：《會昌州志》，撰人、卷數不詳。《上猶縣誌》，大德年間（1297-307 年）黃文傑纂，卷數不詳。

南安路：《南安郡志》，黃文傑纂，卷數不詳。

南豐州：《南豐州志》十五卷，大德四年（1300 年）知州李彝令邑人劉壎修，程鉅夫作序。全書已佚，劉壎文集《水雲村泯稿》中有《南豐郡志序目》，保留了該書的概貌，內容依次為：建制沿革、郭內門坊、版籍戶計、風土物產、稅糧、課程、州治公宇、學校、倉庫站驛院寨橋渡、州境山川、壇廟祠墓、僧寺、道觀、州官年表、首領官題名、鎮守軍官、儒學官、司屬官、僧道官、前縣官題名、前進士題名、名宦政績、釋者徒、方外士、前代制誥、里中遺事。《南豐州續志》，續劉壎志而成，修於元末，撰人、卷數不詳。

婺源州：《星源續志》，邑人汪幼鳳纂。幼鳳，字子翼，至正元年（1341 年）江浙鄉貢。《婺源州志》，邑人俞元膺纂。元膺，字符應，至正十三年（1353 年）江浙鄉貢。

元代全國共修方志約一六〇種[273]，以上所列江西地區的元代方志有二十九種，占總數的百分之十八。現存元代方志全本或輯本約十餘種，以上江西地區的元代方志則多已不存，只在《永樂大典》和後來的續修志書中或多或少存有若干條目。雖然很少，

273 據張國淦《中國古方志考》統計，中華書局 1962 年版。

仍有助於瞭解元代江西社會。

二　醫學

元代的醫療制度既有繼承金、宋的成分，又有蒙古人的舊有因素，還引進了西域的醫學成就，具有不同於以往的醫療保健體制，而活躍的中外交流則使元朝在醫學交流方面富有成就。元朝戶籍中有專門的醫戶，即以醫藥為職業者。他們世代相襲，有利於醫藥學經驗的積累和傳承。元朝從中央到地方有一套較為完備的醫療制度和人才培養機制，中央設太醫院、廣惠司、典醫監、掌醫監、廣濟提舉司等醫藥機構；各地設醫學，既是培養醫學人才的教育機構，又是治療機構；另有醫學提舉司，負責太醫院和各級醫學人才的考校，並校勘醫籍，辨別藥材，指導各地醫學。更重要的是，元朝不賤醫，習醫者有不錯的待遇與前途；同時，醫學以救人為本的實踐又與儒家以仁為本的觀念相吻合，在科舉停廢期間，許多儒人轉而習醫，成為儒醫。以故，元代出現了愛薛、忽思慧、滑壽、朱丹溪等大批醫藥名家，醫學爭鳴也很活躍。在這種背景下，江西地區的醫學也頗盛，出現了一批醫學人才，取得了新的醫學成就。

南豐危亦林在臨床醫學方面卓有成就[274]。危亦林（1277-1347年），字達齋，出身行醫世家。高祖危雲仙精於內科，伯祖

274 以下關於危亦林的論述多參考許敬生主編《危亦林醫學全書》（中國中醫藥出版社2006年版）而略有不同。

危子美擅長婦人科和正骨金鏃科，父危碧崖又習小兒科，伯父危熙載兼習眼科和癆瘵病，家藏歷代醫書、藥方甚多。危亦林自幼喜讀醫書，在繼承祖上從醫經驗的同時，跟隨南豐江東山習瘡腫科，從臨川范叔清習咽喉口齒科，後出任南豐州醫學教授。在多年的行醫過程中，他深感醫方浩如煙海，「卒有所索，目不能周」，於是積十年之功，於後至元三年（1337 年）著成綜合性醫學著作《世醫得效方》十九卷[275]。

該書涉及中醫臨床的許多方面，在宋元時期醫學重內科、輕外科的背景下[276]，危氏對二者不偏不倚，外科占有相當比重。全書依科目分為八個部分：一至十卷為大方脈雜病科（內科），十一至十二卷為小方脈科（兒科），十三卷為風科，十四至十五卷為產科兼婦人雜病科，十六卷為眼科，十七卷為口齒兼咽喉科，十八卷為正骨兼金鏃科，十九卷為瘡腫科，針灸一科的內容分散附記於各科之中。全書內容弘富，編次有法，層次清晰而科目無遺，共設子目二八〇多項，以病為綱，以症為目，每門之下首論病源症候，繼而分病列方，並附針灸之法；每方之下有主治病

275 清朝人在該書後附孫思邈《養生書》節文及《黃帝雜忌法》《房中補益法》共 1 卷，故有 20 卷本流傳於世。

276 宋末臨川人陳自明在《外科精要・序》中說：「能療癰疽，持補割，理折傷，攻牙療痔，多是庸俗不通文理之人，一見文繁，即便厭棄。」元末新喻人梁寅在《新喻梁石門先生集》卷二《贈醫師鄧文可序》中說：「醫之諸科，傷寒至重也，其攻於是者以人之命在其掌握，率多美衣冠，良輿馬，豐燕食，加餽贈，視外科若輕然。」均證明宋元時期輕外科，重內科。

欽定四庫全書

世醫得效方卷一

元 危亦林 撰

大方脈雜醫科

集脈說

人之有生血氣順則周流一身脈息和而諸疾不作氣血逆則運動遲澀脈息亂而百病生然脈之精微心中了了指下難明故西晉王叔和猶為切慮凡診之際須

欽定四庫全書　　世醫得效方

澄神靜慮以呼吸息數定病人之脈候兩手各三部分為寸關尺左三部正臟心肝腎小腸膽與膀胱為腑右三部正臟肺脾命大腸胃與三焦為腑每部浮按消息之次中按消息之又沈按消息之浮以診其腑見六腑之盛衰沈以診其臟見五臟死生盈虛中則診其胃氣蓋胃為水穀之海人以食為命有胃氣則生無胃氣則死每三部三三如九乃為九候復有七表八裏九道脈風寒暑濕中傷之脈七情虛損寒熱之脈當析而論之七

・危亦林《世醫得效方》

圖片說明：影印文淵閣四庫全書本，上海古籍出版社 1988 年版，第 746 冊，第 170 頁。

症、藥物組成、用法用量等，內容詳備。全書共載三三〇〇餘道醫方，取材嚴謹，論治精詳，博而見約，保存了許多瀕於失傳的古代驗方。其中，對正骨一科，危亦林論述尤精，詳記正骨理論和各種整復手法的原則，細述常見的四肢骨折、關節脫位、跌打損傷的症狀、診斷和治療方法。如對正骨麻醉，他主張術前用少量多次給藥的方法，讓患者服用以曼陀羅、草烏加酒調製的麻醉藥，讓患者進入「醉酒」狀態；如果未能達到預期的麻醉效果，酌情添加少許藥量；應用這種麻醉技術時，必須根據患者的年齡、體質、有無出血等具體情況，靈活掌握劑量，避免因一次性用藥過量導致的麻醉意外。這種全身麻醉術與現代醫學全身麻醉的給藥原則基本相符，比日本人華岡青州在一八〇五年使用的類似麻醉法約早四個世紀。麻醉所用「草烏散」包含曼陀羅花、川烏、皂角、木鱉子、當歸、川芎等成分，是我國現存最早的麻醉藥方記錄。對正骨方法，他主張用舂杵法與架梯法治療肩關節脫位，在我國中醫正骨技術的發展中起到承先啟後的作用，後者一直是骨科臨床治療陳舊性肩關節脫位沿用的傳統方法之一。尤其是對治療棘手的脊椎骨折，他採用「懸吊復位法」，讓患者俯臥，雙足懸吊，利用患者自身的重力，使脊柱自然復位。這是正骨史上首次嘗試利用過伸復位的原則治療壓縮性脊柱骨折。與此類似的治療方法，直到 20 世紀初才有英國骨科醫生戴維斯進行報導。危氏另有一些正骨手法和複雜骨折的復位及固定方法，亦是此前傷科文獻所未見者。

《世醫得效方》是危亦林「積其高祖五世所集醫方，合而成書」，包含了《傷寒雜病論》、《金匱要略》、《千金方》等傳統醫書的古方、民間流傳的驗方以及危氏五代行醫所積秘方，同時還吸納元代傳入中國的西域醫學成就[277]，「所載良方甚多，皆可

277 據高曉業《回回藥方考略》（載《中華醫史雜誌》1987 年第 2 期），約成書於元末明初的《回回藥方》主體是漢文，同時夾雜大量的阿拉伯文、波斯文及其譯音，是以阿拉伯醫學為主兼具中國傳統醫書風格的著作，是元朝西域醫學傳入漢地的反映。此書在譯成漢文之前，已長期流傳於元代的回回醫家中。全書已佚，僅存 4 卷。其中殘卷第 34 卷記載的骨傷科內容十分豐富，許多正骨手法不見於元代以前的醫學文獻。通過比較，發現《回回藥方》的折傷門和《世醫得效方》的正骨科內容多半相同，而「架梯法」「撐引法」等骨傷復位手法較危亦林所載更加系統，故醫學史研究者認為，《世醫得效方》正骨科的內容實是吸收了東傳的阿拉伯醫學成就。

以資考據」，對醫學實踐具有很強的指導作用。書成後，江西官醫提舉司將其上送中央太醫院，太醫院評價該書「廣覽醫經，深明脈理，藥有君臣佐使之辨，方按古今南北之宜，議論精明，證治精審」，隨即令江西、江浙、湖廣、河南、陝西五省官醫提舉司進行校定，最後由太醫院在至正五年（1345 年）正式刊行，成為通行全國的醫書。該書是元朝醫學的一項重要成就，也是上承唐宋下啟明清的一部重要方書，對今天的臨床醫學仍有重要的指導意義。

清江杜本是元中後期的江西籍醫學家，儘管他當時是以文學知名。杜本於至正元年（1341 年）將前代的《敖式驗舌法》增補為《敖氏傷寒金鏡錄》。《敖式驗舌法》主要討論傷寒舌診，繪有十二幅舌苔圖。杜本在《敖氏傷寒金鏡錄》中根據舌色分辨寒熱虛實、內傷外感，在敖氏舌苔圖的基礎上，將其增訂為三十六幅，詳記每圖中病理舌苔的症候、治療方法、方藥以及若干鑑別方法。如舌色，杜本分為淡、紅、青三種；苔色，分白、黃、黑、灰四種；舌質，有乾、滑、澀、刺、偏、全、陋瓣等。該書是中國現存第一部圖文並茂的舌診專著，使中國的中醫舌診水平有所提高，其學術價值高於《觀舌心法》、《傷寒舌鑑》等醫書[278]。

婺源王國瑞，精於針灸，撰《扁鵲神應針灸玉龍經》。該書

278 參閱陳得芝主編《中國通史》第八卷《中古朝代・元時期（下）》，第 710 頁。

專論針灸之法，有《一百二十穴玉龍歌》八十五首、《註解標幽賦》一篇、《天星十一穴歌訣》十二首、《人神尻神太乙九宮歌訣》、《六十六穴治證》等內容，並附《針灸歌》及《雜抄切要》。雖然其中名目頗涉鄙俚，文義亦多淺近，但「剖析簡要，循覽易明，非精於其技者，亦不能言之切當若是也」[279]。

危、杜、王三人的醫學著作存留至今，使後人得窺其醫學成就。元代江西地區尚有許多醫家的著作湮沒無存。出身醫學世家的永新王東野，曾任職太醫院，建議設立廣惠局，以濟平民，並先後出任該局同提舉和提舉。六十三歲退歸鄉里後，以所受賞賜買田供贍家鄉的醫學，並刊刻家藏《集驗方》，以廣流傳。金溪鄧文彪，費數十年之力，搜匯古醫經，著《醫書集成》三十餘卷。崇仁熊景先，輯「家傳之方、常用之藥累試而驗者」編成《傷寒生意》[280]。富州徐棪，棄儒習醫，「人有一方之良，一言之善，必重幣，不遠數百里而師之，以必得乃止」，後著《易簡歸一》數十捲，「辨疑補漏，博約明察，通徹融敏」[281]，較此前《易簡》諸書，「其論益微密，其方益該備」[282]。南城三世業醫的姚宜仲增補《斷病提綱》，幾與錢聞禮的《傷寒百問歌》同功；尤善查脈，著《診脈指要》。撫州儒醫李季安對《素問》《靈樞》《難經》《傷寒論》等醫家六經瞭如指掌，融會貫通，著《內經

279 王國瑞：《扁鵲神應針灸玉龍經》卷首，景印文淵閣四庫全書本。
280 吳澄：《吳文正公全集》卷九《傷寒生意序》。
281 揭傒斯：《揭文安公全集》卷八《贈醫氏湯伯高序》。
282 吳澄：《吳文正公全集》卷十《易簡歸一序》。

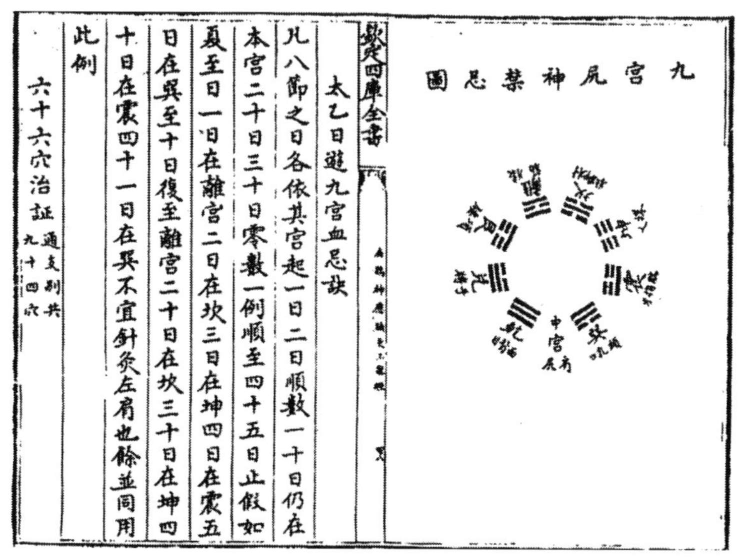

九宮尻神禁忌圖

欽定四庫全書

太乙日遊九宮血忌訣

凡八節之日各依其宮起一日二日順數一十日仍在本宮二十日三十日零數一例順至四十五日止假如夏至日一日在離宮二日在坎三日在坤四日在震五日在巽至十日復至離宮二十日在坎三十日在坤四十日在震四十一日在巽不宜針灸左肩也餘並同用此例

六十六穴治証 通玄制共九十四穴

・王國瑞《扁鵲神應針灸玉龍經》
圖片說明：影印文淵閣四庫全書本，上海古籍出版社 1988 年版，第 746 冊，第 755 頁。

指要》。龍虎山上方觀道士陳子靖收集古今醫家有效驗方，編成《醫方大成》。上高潘壽，累世業醫，著《醫學繩墨》一書，依據治病的順序列出十目（切脈、問症、斷病、辨逆順、明標本、立治、審輕重、處方、用藥效、調理），詳述每個環節應遵循的事項，乃從醫者之「繩墨」。諸如此類，不勝枚舉。此外，江西地區還有許多不著書而醫術高明的醫士，如豫章范文孺擅長治療痔瘡，其法是「先攻之以毒藥，去惡肉，然後養之以善藥，長新肉」，吳澄稱「其方秘，其術奇，而能者鮮也」[283]；崇仁縣青雲鄉祈真觀道士鄧自然善治風疾，「能愈數十年不瘉之疾」[284]；安福奔清甫、樂安董起潛、撫州章晉、南城湯堯等亦是當時的名醫。

三　天文、物理等

元代天文學在宋代的基礎上有所發展，並在許多方面超越前代，出現了更精確的《授時曆》，天文觀測與天文儀器製造也取得了新成就，從而將中國天文學發展推進到新的階段。物理學的總體水平與宋代大體相當，只在某些領域有更深的認識。德興人趙友欽在這些方面均有所貢獻。

趙友欽（生卒年不詳），一名趙敬，字子恭（又字子公、敬夫），號緣督，宋宗室之子。宋室覆亡後，歸隱山林，後棄家為全真道士（詳見本章第四節「宗教」），浪跡江南，往來於衢州（治今浙江省衢州市）、婺州（治今浙江省金華市）等地。晚年僑居江浙行省龍游縣，講學授徒，並築觀象台，潛心研究天文。死後葬於縣東雞鳴山。他主要活動在元中葉。

趙友欽學識博大精邃，凡經學、天文、地理、術數、兵法無不精通，曾注《周易》數萬言，又撰道書《仙佛同源》《金丹正理》《盟天錄》，所著《革象新書》尤有科學價值。全書五卷三

283 吳澄：《吳文正公全集》卷十九《送范文孺痔醫序》。
284 吳澄：《吳文正公全集》卷十八《贈鄧自然序》。

十二篇，初刊於元代，明代收入《永樂大典》，清人又將其收入《四庫全書》。該書涉及天文、物理、數學諸多方面，不乏創見[285]。弟子朱暉及再傳弟子章浚等繼承其學術，章浚後受知於明太祖朱元璋，任職於欽天監。

《革象新書》反映了趙友欽在科技方面的努力與成就。卷五「小罅光景」篇中，他記述並總結了自己進行針孔成像實驗的情況。先利用壁間大小、形狀不同的小孔，觀察日光、月光通過時所成倒像大小、濃淡的不同，然後，他設計進行了大型實驗：以樓房作為實驗室，分別在樓下兩個相鄰房間的地面各挖一個直徑四尺多的圓井，左井深八尺，可放一張四尺高的桌子，右井深只有四尺；另做兩塊直徑四尺的圓板，每塊板上密插一千多支蠟燭，可放在井底或桌面上作為光源；然後，兩個井口分別用中心開孔的板子遮蓋，固定的像屏則以樓板為之。實驗分五個步驟進行：首先，保持光源、小孔與像屏三者距離不變，觀察開孔很小但又略有不同的兩處小孔成像；然後，通過更改蠟燭的數量，改變光源的強度；其後，另用兩塊大板水平掛在樓板之下作為像屏，通過改變像屏的高度來改變像距；再後，移去左井內的桌子，將點燃的蠟燭置於井底，改變物距；最後，更換蓋在井口的中心開孔不同的木板，改變孔的大小與形狀。通過實驗，他總結

285 參閱陳得芝主編《中國通史》第八卷《中古朝代・元時期（下）》，第 677-679 頁；王錦光：《趙友欽及其光學研究》，載《科技史文集》第 12 輯（1984 年），第 94-99 頁；王錦光、洪震寰：《中國光學史》，湖南教育出版社 1986 年，第 79-91 頁。

欽定四庫全書

革象新書卷三　　元　趙友欽　撰

月體半明　　日月薄食

日輪分視　　五緯距合

月體半明

以黑漆毬於簷下映日則其毬必有光可以轉射暗壁太陰圓體即黑漆毬也得日映處則有光常是一邊光而一邊暗若遇望夜則日月躔度相對一邊光處全向

欽定四庫全書　革象新書　卷三

於地普照人間一邊暗處全向於天人所不見以後漸相近而側相映則向地之邊光漸少矣至於晦朔則日月同經為其日與天相近月與天相遠故一邊光處全向於天一邊暗處卻向於地以後漸相遠而側相映則向地之邊光漸多矣由是觀之月體本無圓缺乃是月體之光暗半輪轉旋人目不能盡察故言其圓缺耳至於日月對望為地所隔猶能受日之光者蓋陰陽精氣隔礙潛通如吸鐵之石感霜之鐘理不難曉素月體較小於地體

· 趙友欽《革象新書》

圖片說明：景印文淵閣四庫全書本，上海古籍出版社 1988 年版，第 786 冊，第 245 頁。

了各種情況下針孔成像的規律：「景之遠近在竅外，燭之遠近在竅內。凡景近竅者狹，景遠竅者廣。燭遠竅者景亦狹，燭近竅者景亦廣。景廣則淡，景狹則濃。燭雖近而光衰者，景亦淡；燭雖遠而光盛者，景亦濃。由是察之，燭也，光也，竅也，景也，四者消長勝負皆所當論者也。」即物距、像距、光源強度和孔竅大小都影響成像的大小與濃淡。其中，他對第五個步驟關於小孔與大孔成像實驗結果的總結尤詳：當光源為日、月時，小孔不足以容納日、月之體，故像「隨日、月之形」，反之，大孔足以容納日、月體，故像隨孔形；當光源為「千燭」時，小孔「不睹一井之全」，故像隨千燭之形，而大孔「總是一井之景」，故像隨孔形。最後，他總結道：「小景隨光之形，大景隨空之像，斷乎無可疑者。」即孔大時，所成像與孔的形狀相同；孔小時，所成像與光源的形狀相同。趙友欽的這項實驗對小孔的形狀和大小、光源的強度和形狀、成像的形狀和亮度以及物距、像距等因素之間的關係進行規律性的探討，進而闡述日月交食的原理，是中世紀最大型的光學實驗，較伽利略的實驗早二三百年。其研究方法科學，結論正確，是中國物理學史、天文學史上的一項重要成就。

卷三「月體半明」篇中，他記載了利用實驗模擬研究月球反射陽光而出現盈虧的情況。將一黑漆球懸掛於屋簷下，比作月球，觀察日光照射其上時黑漆球反光部分形狀的差異，由此發現月亮盈虧的規律：「若遇望夜則日月躔度相對，一邊光處全向於地，普照人間；一邊暗處全向於天，人所不見。」之後，月相逐漸變小，「（日月）漸相近而側相映，則向地之邊光漸少矣」。至月相最小的晦朔日，「日月同經，為其日與天相近，月與天相遠，故一邊光處全向於天，一邊暗處卻向於地」，月球幾近於無。其後，月相又逐漸變大，是「（日月）漸相遠而側相映，則向地之邊光漸多矣」。最後，趙友欽通俗地解釋了月亮的盈虧：「月體本無圓缺，乃是月體之光暗，半輪轉旋，人目不能盡察，故言其圓缺耳。」他還提出「日道距天較遠，月道距天較近」，在中國歷史上第一次提出「日之圓體大，月之圓體小」的論斷。同時，他還利用實驗結果總結了物理學上的視角問題，說：「近視則雖小猶大，遠視則雖廣猶窄。」在卷二「天地正中」篇中，他則說：「遠視物則微，近視物則大。」二者是同一意思。

天文學方面，趙友欽持渾天觀。卷一「天道左旋」篇中，他以形象的比喻說：「天如蹴球，內盛半球之水。水上浮一木板，比似人間地平；板上雜置微細之物，比如萬類。蹴球雖圓轉不已，板上之物俱不覺知。」這種說法雖承襲傳統的天圓地方說，但有別於天似一蓋、覆於地面的說法。此說後來被明代的黃潤玉和朱載靖襲用。卷四「横渡去極」篇中，他提出觀測恆星去極度的新方法。同卷「經星定躔」篇中，他通過實驗提出了觀測恆星赤經差的新方法：將一套特製的漏壺置立於地中，壺的浮箭分成一四六格半，控制水的流速，使箭在一晝夜內沉浮各五十次，共移動一四六五〇格。在一個平太陽年中，天球繞地轉三六六度又四分之一度，因此天運一度，箭之沉浮移四十格。通過計算兩次刻畫數之差，即可得出二星的赤經差。這種觀測原理和方法與近代子午觀測原理一致。

數學方面，趙友欽在《革象新書》卷五「乾象周髀」篇中闡述了對圓周率的研究。他曆數歷代名家所用 π 值，進而由圓內接正方形起算，順次求出正八、正十、正三十二邊形的一邊之長，從而證得十分精確的 π 值。他還提出了周天直徑的計算方法。

元朝在天文學方面取得大大超過宋代水平的成就，很大程度上與郭守敬、札馬剌丁等人任職於中央天文機構，利用司天台、司天監的儀器、資料及全國不少於二十七處的天文觀測點所取得的數據進行研究有關。如果說他們是利用國家資源進行研究的話，那麼，趙友欽在當時天文之書受國家控制，又獨處江南，沒有觀測儀器的情況下，能自製簡單儀器，多方實驗，在天文學、物理學、數學等方面有所創新，則顯得尤為可貴。

第四節 ▶ 宗教

元朝是多種宗教並重的時代。蒙古人多信奉原始的薩滿教，舊有的漢傳佛教和道教繼續傳衍，藏傳佛教異軍突起，唐代進入中國的基督教聶思脫裡派再度傳入內地，天主教派首次進入中國，伊斯蘭教則伴隨著穆斯林的腳步傳遍大江南北。宗教的多元化是元代多彩文化的重要組成部分。具體到江西地區，仍以舊有的佛、道二教為主。

一 道教

在中國道教發展史上，蒙元是一個既合流又分化的時期，道教既受到上層統治者的鼎力支持，又在民間世俗化方面日益普及，從而出現了道教發展史上的第二次中興局面。元代最主要的道教派別有內丹派的全真道和符籙派的天師道，此外還有北方的真大、太一，南方的靈寶、上清、金丹派南宗、淨明、神霄、清微等道派。全真道在大蒙古國時期盛極一時，地位超過佛教和儒學。蒙哥時期（1251-1259 年）發生兩次佛道論辯，全真道士兩次失敗，道教地位遂降於佛教之下，全真道也失去了在北方一門獨尊的地位。後，全真道漸次南傳，與金丹派南宗等合併，形成內丹派大宗全真道。天師道在南宋滅亡之初即受到蒙古統治者的支持。元世祖中後期，佛教地位日漸提高，至元十八年（1281 年），應佛教領袖之請，元廷令佛、道兩家論辯考察道教諸經真偽。由於佛理的精深和道教的粗疏，結果，除《道德經》外，其餘道經均被判為偽經，元廷遂下令焚燬《道德經》和有關齋醮祠祭之外的一切道書，尤其是涉及佛道關係的道籍和傳記。雖然這道詔令最終沒有完全執行，但道教遭到沉重打擊。由於張留孫等人的努力，直到元成宗繼位以後，道教才從焚經厄運中解脫出來[286]。此後，天師道得到統治者的刻意支持，逐漸融合其他符籙道派，最終形成一統舊有符籙派的局面。故，元代道教總體上是全真道和正一道「此起彼伏的二元對峙格局」[287]。

元代江西地區的道教以符籙派為主，兼有內丹派道士的活動。符籙派是由巫鬼道發展而來，以巫術為重要的思想淵源，主要用符籙施行祈禳，達到消災祛禍、治病除瘟、濟生度死的宗教目的，與民間文化風俗和鬼神信仰密切聯繫，一直在南方流傳甚廣。南宋時期，龍虎山天師道（正一派）、茅山上清派、閣皂山靈寶派這三大傳統符籙派中，以天師道影響最大，上清派其次，以擅長齋醮祭煉著稱的閣皂靈寶派則與上層聯繫很少，影響最小，另有神霄、淨明等南宋時期新創立的符籙道派。進入元代，活躍於江西地區的符籙道派仍然非常龐雜，它們多沿續南宋以來融合內丹丹法、兼收禪宗禪法、附會儒家綱常的特色，具有很強的適應性，易得到上層和民間的信奉與支持。

龍虎山天師道自北宋末年的第三十代天師張繼先開始，兼收內丹、禪宗、理學，改進符籙道法，形成「正一雷法」，使傳統天師道煥發出新的活力，既獲上層青睞，又在民間日益普及。第

286 參閱陳得芝主編《中國通史》第八卷《中古時代・元時期（上）》，上海人民出版社 1997 年版，第 612-614 頁。

287 張立文、祁潤興：《中國學術通史・宋元明卷》，人民出版社 2004 年版，第 591 頁。

三十五代天師張可大（1217-1263年）頗受南宋理宗重視，多次奉詔舉行齋醮科儀，嘉熙三年（1239年）獲賜號「妙觀先生」，敕命提舉三山符籙兼御前諸宮觀教門公事，主領都城臨安的龍翔宮。這意味著張天師不僅是皇家道教事務的主持者，最受皇室青睞，更正式成為江南符籙諸派的宗教統領。大蒙古國憲宗九年（1259年），忽必烈率軍攻至長江沿岸的鄂州，聞張可大神異之名，命王一清潛入龍虎山。張可大授以靈詮，且對使者說：「善事爾主，後二十年當混一天下。」[288]二十年後的至元十三年（1279年），南宋果平。忽必烈遣使召張可大之子、第三十六代天師張宗演赴闕。述及往事，忽必烈說：「神仙之言驗於今矣。」[289]賜張宗演玉冠、玉圭、金服，冠以「靈應沖和真人」之號，給三品銀印，免上清宮賦役，令其主領江南諸路道教，允許其自行出牒度人為道士。如果說南宋時期張天師提舉三山符籙只限於符籙派的「業務」方面，三宗

・龍虎山祖天師木刻像
圖片來源：江西省博物館編《江西歷史文化瑰寶》（江西省博物館五十週年慶典文物圖冊）。

288 宋濂：《宋學士文集》卷三六《漢天師世家敘》。
289 《元史》卷二〇二《釋老傳》。

在管理方面彼此平等，沒有隸屬關係，那麼，至張宗演受命主領江南道教，張天師的權力已擴展到包含符籙派、內丹派在內的江南各道派的「管理」方面，其對任免道官、修建道觀、傳授經籙等擁有極大的權力。張天師也由此開始了在元代的「位望儕於親臣，資用儗於封君，前代所未嘗有」[290]的貴盛之途。

在此，先將元代龍虎山的六代天師世系略作介紹：

第三十六代天師張宗演（約 1244-1291 年），字世傳，自號簡齋，上任天師張可大次子，十九歲嗣教。至元十三年（1276 年）、十八年（1281 年）、二十五年（1288 年）三次赴闕。

第三十七代天師張與棣（？-1294 年），字國華，自號希微子，張宗演長子。至元二十八年（1291 年）嗣教，次年入覲。

第三十八代天師張與材（？-1316 年），字國梁，自號廣微子，張與棣弟。至元三十一年（1294 年）嗣教，次年，成宗召見於大明殿。

第三十九代天師張嗣成（？-1344 年），字次望，自號太玄子，張與材子。由仁宗遣使至山，命其嗣教。

第四十代天師張嗣德（？-1352 年），號太乙子，張嗣成弟。嗣教後八年，社會開始動盪，組織弟子招募義勇，守衛鄉里。

第四十一代天師張正言（？-1359 年），號東華子，張嗣德長子。當時兵興道梗，由元廷經江浙行省遣使至山賜予各種封號。

290 吳澄：《吳文正公全集》卷二六《仙岩元禧觀記》。

張正言逝後，弟張正常（？-1378 年）嗣教，是為第四十二代天師。當時，元廷在江西地區的統治已告結束，張正常引領龍虎山天師道在明朝繼續著貴盛之路。

元代，龍虎山天師的貴盛主要體現在以下幾方面：

1. 賜號。儘管歷代龍虎山宗教首領被徒眾和民間尊為「天師」，但從未獲得官方的正式認可。宋代崇道，龍虎山的十二位嗣教者，有八位被賜號「先生」，其中最受重視的提舉三山符籙的張可大，也僅被賜為「妙觀先生」。入元，他們的賜號上升。張宗演賜號「演道靈應沖和真人」；張與棣賜號「體玄弘道廣教真人」；張與材於元貞二年（1296 年）賜號「太素凝神廣道大真人」，大德八年（1304 年）封「正一教主」，至大（1308-1311 年）初加封為「太素凝神廣道明德大真人」；張嗣成於延祐三年（1316 年）十二月封「太玄輔化體仁應道大真人」，泰定二年（1325 年）加授「正一教主」；張嗣德授「太乙明教廣玄體道大真人」；張正言授「明誠凝道弘文廣教大真人」。可見，由宋至元，張天師的稱號由「先生」升為「真人」「大真人」或「教主」，封字由六個增為八個，反映了元廷的日益倚重，「正一教主」之號則是官方對張天師宗教首領地位的正式認可。由於張天師主領江南三山符籙，這意味著自大德八年（1304 年）張與材封「正一教主」始，江南符籙道派從此歸併到正一派之下。

2. 品級。至元十四年（1277 年）張宗演初次入覲時，世祖忽必烈給予他的是三品銀印，後升二品[291]。成宗鐵穆耳在大德八年（1304 年）給予張與材的是二品銀印，武宗海山在至大元年（1308 年）將該銀印換為一品，且授張與材為金紫光祿大夫，還將張氏漢初先祖張良的封號賜予他，封其為留國公。至此，張天師攜一品官印躋身公卿之列。

3. 職掌。元代龍虎山天師的職掌有一個逐步擴大的過程。至元十四年（1277 年）正月，張宗演受命統領江南諸路道教，職掌由符籙道派擴展到江南所有道派，由符籙一事擴展到道觀的管理、道官的任免。此後，歷任天師襲掌該職，管轄範圍僅限於江南三行省。泰定二年（1325 年），第三十九代天師張嗣成知集賢院道教事。集賢院是從二品機構，掌提調學校、徵求隱逸、召集賢良等事宜，玄門道教、陰陽祭祀、占卜祭遁等事亦為其所轄。張嗣成擔任此職，意味著張天師的權限由江南擴展到對全國道教事務實施行政管理。後至元三年（1337 年），張嗣成進一步加知集賢院事，成為集賢院的首領，可兼理道教以外的其他事務。張天師職掌的擴大有利於龍虎山天師道的擴張，也有利於江南各符籙派的融合。

4. 弟子和宮觀分布。由於張天師主管江南道教，後又兼理全國道教事務，從龍虎山派出的大批弟子遂分散各地，擔任路州縣

291 宋濂所撰《漢天師世家敘》未及張宗演獲二品銀印事。見宋濂《宋學士文集》卷三六。據其子張與棣所撰《張宗演壙記》，張宗演是「以二品銀印管領江南諸路道教」，見陳柏泉編著《江西出土墓誌選編》，江西教育出版社 1991 年版，第 251-252 頁。

的道教官職，使得龍虎山弟子遍及全國。安仁人李存說：「國初制道家，以上饒張氏之傳為正一，宜主領其教事。凡郡縣之宮若觀，得以其徒之通敏於時者而官司之。」[292]袁桷也說：「龍虎山為老子祖宮。其民食其業，以游於襄、陝、廣、蜀，歲幾萬人，而江淮復不與。」[293]正一派宮觀，除在祖山龍虎山空前繁盛外[294]，江南三省、燕京甚至上都開平一帶亦有分布。燕京最早的正一派祠宇建於至元十四年（1277 年）張宗演由大都返山之後。因弟子張留孫留駐京師，為方便舉行祀禮，次年七月，元廷令在大都建「漢祖天師正一祠」，即張陵祠（後賜額「崇真萬壽宮」，成為玄教在大都最重要的宮觀）。此後，原來不屬於龍虎山正一派勢力範圍的北方地區逐漸有了正一派道士執掌的宮觀。當然，其數量和規模均無法與全真派宮觀相較。

5. 定為「正教」，醮典通行天下。元代，道士舉行醮儀，為國祈恩祛禍、為民祈福禳災是非常普遍的現象。奉帝命舉行的大型醮儀一般由各道派領袖主持，如全真掌教宋德方於中統元年（1260 年）冬奉忽必烈之命在長春宮設羅天清醮，太一道五祖李

292 李存：《番易仲公李先生文集》卷二四《道錄張君墓誌銘》。

293 袁桷：《清容居士集》卷十九《信州貴溪縣楊林橋記》。

294 關於元代龍虎山中張天師一系的宮觀之盛，吳澄這樣描述：「盛極甲天下，一本三十六支，冠褐千餘。」陳旅則說：「江左之山曰龍虎者，仙聖之玄都也。太上清宮既神氣之會，旁為支宮，無慮百十，又盡得地勢之所宜矣。」除此之外，玄教一系亦在龍虎山仙岩一帶建設宮觀。見吳澄《吳文正公全集》卷二六《仙岩元禧觀記》；陳旅《安雅堂集》卷十《龍虎山繁禧觀碑銘》。

居壽奉世祖之命在本宮設黃籙靜醮，冥薦南下攻宋的捐軀者，等等。張天師在大都期間，亦經常奉命舉行醮儀，如至元十四年（1277 年）正月，張宗演在長春宮修周天醮；二十五年（1288 年）十二月，世祖令張宗演設醮三日，以去水患；泰定四年（1327 年），泰定帝命張嗣成修醮，以平鹽官州海溢，等等。各道派舉行醮儀的程序、內容原有所不同，正一派早在張陵時期就以醮法見長，後有各類專醮儀式，以滿足不同的祈禳需求。成宗鐵穆耳繼位後，解除道教厄運，令第三十七代天師張與棣率南北道士一千人設醮於萬歲山和長春宮。事後，封張與棣歷代祖先，賜以寶冠、金服、玉圭，「命天下行其醮典……賞賚優渥，人榮其遇」[295]。這意味著以後各道派應棄用本派舊有醮儀，一體遵用龍虎山正一派的醮典。元貞二年（1296 年）封張與材為真人時，制書中有「學參萬景之淵微，籙闡三元之正教」之語[296]，用制書的形式進一步明確了龍虎山正一派的正教地位。成宗時期令天下通行正一醮典，肯定其「正教」地位的舉動，對擴大正一派的影響，促進符籙派的融合有很大作用。

龍虎山正一派在元代的貴盛還有諸多體現，如翰林侍講學士

295 婁近垣編輯，張煒、汪繼東校註：《龍虎山志》卷六《天師世家》，江西人民出版社 1996 年，第 55 頁。虞集的《張宗師墓誌銘》（《道園學古錄》卷五十）載成宗「詔天下復用其（引者註：張留孫）經籙章醮」，似乎是以玄教的醮典通行天下。其實，玄教本出於龍虎山正一派，二者所用經籙章醮沒有多大區別。

296 婁近垣編輯，張煒、汪繼東校註：《龍虎山志》卷八《爵秩・歷代封號》，第 96 頁。

元明善奉敕編纂《龍虎山志》三卷，翰林學士承旨程鉅夫作序；「上清正一宮」增名為「大上清正一萬壽宮」；奉敕修繕宮宇，營建藏室，收藏道藏，等等，這些榮遇均是龍虎山以前所未有的。

以張天師為領袖的龍虎山正一派在元代受到如此的尊崇，主要是由於以下幾方面的原因：

其一，正一派的符籙法術與蒙古人信奉的薩滿教有相通之處。相對於全真道深奧的內丹理念來說，正一派帶有巫鬼色彩的符籙法術更易被蒙古統治者所接受。對此，忽必烈甚至顯得有些急迫。憲宗九年（1259 年），元朝滅宋的戰爭尚未大規模開始，忽必烈就遣王一清潛入龍虎山問命；至元十二年（1275 年），攻宋戰爭還在如火如荼地進行，三月，龍虎山所在的江東剛被元軍控制，四月，忽必烈就遣兵部郎中王世英、刑部郎中蕭郁持詔召張宗演赴闕。《元史》卷八《世祖紀五》將三十六代天師張宗演誤記為第四十代天師，並非簡簡單單的記載失誤，它反映了在南北隔絕的情況下，朝中史官不瞭解龍虎山的傳承法系。而忽必烈自憲宗九年（1259 年）遣使潛入龍虎山後，對正一天師就很信任，始終將前任天師張可大所說「後二十年當混一天下」的讖言銘記在心。眼見南宋政權岌岌可危，天下混一在即，忽必烈急忙遣使徵召[297]。詔書清楚表達了忽必烈的急切心情：「卿之先祖道

297 《元史》卷八《世祖紀五》將張宗演記為第四十代天師，可能是由於當時的史官不瞭解正一派而誤記。明初據世祖實錄修《世祖本紀》

陵用心精一，得法籙之正傳，甚有征驗。流布至今，子孫相承已數十代，千二百年矣。雖常聞卿之譽，以兩國梗絕之故，未遂延請……上天眷佑，大江已為我有，南北一家……毋以易主，遂我疑貳。卿之先世自東漢以來歷事一十五姓，無非公心，未嘗有所偏執。天無私心，厥命靡常，卿知道者，寧復昧於是乎？宜趣命駕，毋多辭讓。」[298]在此，忽必烈表達了早欲延請張天師、深恐其囿於忠君觀念而拒絕赴闕的心情。但是，當時硝煙未散，張宗演沒有及時應詔北上。至元十三年（1276 年）三月，伯顏進入臨安，趙宋太后和少帝被押解北上。四月，忽必烈再召張宗演。這個過程充分反映了雄才大略的忽必烈對正一派天師的迷信。

其二，元朝歷代天師與高弟的素養均較高，不乏儒、道兼通者，易將法術解釋得圓融周全，獲取信任。張與棣擅長詩文，兼通儒、釋、道三家；張與材善於賦詩作畫，尤擅大字草書；張嗣德亦工詩文書畫。素養較高，意味著他們善觀天象，察地理，能兼收他派之長，長於表演齋醮科儀，所做法術易於「靈驗」，這對獲取蒙古統治者的寵信極其重要。史載張與材投鐵符平息海

時，編修官未加詳審，故錯誤留存至今。查清代婁近垣所編《龍虎山志》中保留的召張宗演赴闕詔，既未提天師世系，也未及張宗演之名，可見，兵戈紛擾中，元朝的史官對龍虎山真的不瞭解，甚至可能不知道張可大已經作古。另，蒙古人出征時卜問吉凶是較普遍的現象，忽必烈遣伯顏征南宋，就曾召楊恭懿問卜。當時，征宋戰爭雖形勢大好，但南宋都城臨安尚未攻下，距張可大預言的「後二十年當混一天下」也還有幾年，忽必烈此番召張天師赴闕，亦有問命之意。

298 婁近垣編輯，張煒、汪繼東校註：《龍虎山志》卷八《爵秩・歷代封號》，第 94 頁。

鹽、鹽官兩州的海潮，又建壇祈雪，均獲成功。成宗說：「卿能感神明一至此耶！」[299]遂封其為「正一教主」。張嗣成在泰定四年（1327 年）五月亦修醮平息鹽官州海溢。所謂法術靈驗，實際是天文、氣象、地理等知識與齋醮科儀表演的完美結合。

其三，正一派歷史悠久，在江南民間影響很大，蒙古統治者對此不能不予重視。前引忽必烈召張宗演詔中「子孫相承已數十代，千二百年矣」說明了這一點。《元史》還記載了這樣一則故事：張宗演入覲，忽必烈命取正一派祖天師張陵所傳三五斬邪雌雄劍和陽平治都功印。看後，忽必烈對侍臣感嘆道：「朝代更易已不知其幾，而天師劍、印傳子若孫尚至今日，其果有神明之相矣乎！」[300]嗟嘆久之。這說明忽必烈充分認識到正一道派在民間的源遠流長和根深柢固。

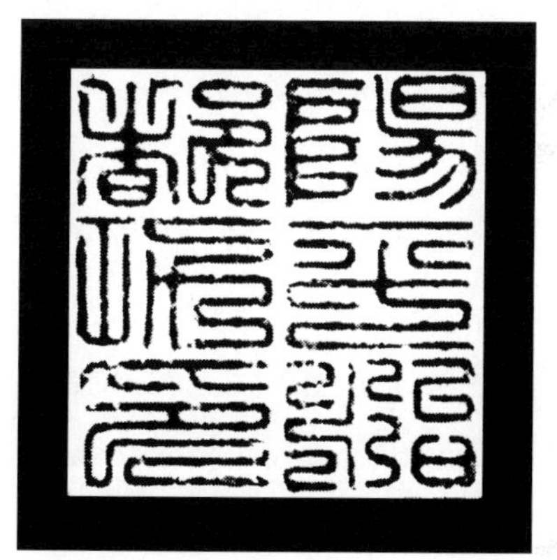

· 張天師陽平治都功印
圖片來源：江西省博物館編《江西歷史文化瑰寶》（江西省博物館五十週年慶典文物圖冊）。

龍虎山正一派在元代所受尊崇，是其一千八百年歷史的頂點。入明，張天師儘管仍受重視，但已難及元代。進入清代，其

299 宋濂：《宋學士文集》卷三六《漢天師世家敘》。
300 《元史》卷二〇二《釋老傳》。

地位更進一步下降。

元代龍虎山正一派雖貴盛，但不及從其中衍生出來的玄教。玄教由張留孫開創，吳全節光大，保持了龍虎山正一派的基本信仰，在組織上卻另成體系，擁有「大元賜張上卿」劍和「玄教大宗師」印作為傳承信物，在思想上具有重儒同時兼收其他道派的特點。在此，先將玄教在元朝的幾代宗師簡介如下：

張留孫（1248-1321 年），字師漢，信州貴溪人。自幼隨兄張聞詩學道於龍虎山。至元十三年（1276 年），張宗演應詔赴闕，張留孫等弟子從行。張宗演還山，其他弟子厭北方「地高寒，皆不樂居中」[301]，張留孫遂留於京師。此後，張留孫憑藉才學與為人，漸受眷顧，創立玄教，歷經世祖、成宗、武宗、仁宗、英宗五朝，使玄教日益貴盛。他先後擁有的特進上卿、玄教大宗師、大真人、總攝江淮荊襄道教等頭銜由此後的歷任掌教承襲。

吳全節（1269-1346 年），字成重，號閒閒，饒州安仁人。十三歲入龍虎山大上清正一宮之達觀堂，師事李宗老。至元二十四年（1287 年）被張留孫征至京師，協助處理玄教事務。大德十一年（1307 年）任玄教嗣師、總攝江淮荊襄等處道教都提點，持二品銀印，成為玄教第二號人物。張留孫逝後的第二年，即英宗至治二年（1322 年）嗣教，歷英宗、泰定帝、文宗、明宗、

301 袁桷：《清容居士集》卷三四《有元開府儀同三司上卿輔成贊化保運玄教大宗師張公家傳》。

順帝五朝，將玄教推向極盛。

夏文泳（1277-1349 年），字明適，號紫清，信州貴溪人。十六歲入龍虎山崇真院學道，大德四年（1300 年）被張留孫召至京師，至正六年（1346 年）嗣教，成為玄教第三代掌教。掌教的四年間，遵循舊規，守成而治。

張德隆（生卒年不詳），字元傑，號環溪，張留孫侄。早年入龍虎山學道，後隨伯父張留孫居京師崇真萬壽宮。至正九年（1349 年）嗣教。時臨近元末世亂，張德隆沒有大的作為。

於有興（生卒年不詳），張留孫弟子，生平不詳。約在至正十四年（1354 年）嗣教，是玄教的第五代掌教，至正十八年（1358 年）仍掌教事。此時，元朝烽火遍地，元廷疲於戰事，無力眷顧道教，玄教失去朝中的有力支持。元朝覆滅後，明朝朱元璋支持張天師一系。此後，缺乏教義支撐、依靠元廷寵信而創建並興盛的玄教隨之煙滅，徒眾多歸於天師一系。

元代玄教的貴盛是以元室的倚重為基礎，地位與影響遠遠超過龍虎山張天師一系。主要體現在以下幾個方面：

1. 優獲賜號與品級。至元十四年（1277 年），張留孫獲賜「上卿」之號，取代了張天師在「禁近」的地位（此待後文詳述）。次年，賜號「玄教宗師」，標誌著玄教正式創立。大德三年（1299 年），張留孫的「玄教宗師」增號為「玄教大宗師」，別給銀印，視二品上。天師張與材直到五年後的大德八年（1304 年）才獲二品銀印。三年之後，玄教第二號人物吳全節獲「玄教嗣師」印，視二品，與張天師銀印平級。為了在名義上尊崇天師，至大元年（1308 年），天師張與材的銀印換為一品。但是，後來吳全節嗣教時，其「玄教大宗師」印也是一品，又與天師平級。玄教宗師的其他封號則高於元代的多任天師。至大二年（1309年），張留孫增號「特進上卿」，皇慶元年（1312年），加賜為「輔成贊化玄教大宗師」，延祐二年（1315年），加授「開府儀同三司」、「輔成贊化保運玄教大宗師」。「開府儀同三司」是一個位列三公的稱號，高於當時第三十八代天師張與材的「金紫光祿大夫」。天歷二年（1329年），加封已故的張留孫為「輔成贊化保運神德真君」。這個八字封號僅次於元貞元年（1295年）授予首任天師張陵的「正一沖元神化靜應顯佑真君」十字封號，與第三十六代天師張宗演的「演道靈應沖和元靜真君」八字封號齊平，高於自第二代天師張衡至第三十五代天師張可大的六字「真君」封贈，而元代的其他幾任已故天師始終未能獲贈「真君」封號。

2. 職高權重。玄教自開創者張留孫開始，歷任掌教者均獲賜崇號，對道教事務的管理權甚至超越龍虎山天師。至元十五年（1278年），張留孫任江南諸路道教都提點。當時，天師張宗演主管江南道教事務，張留孫遂成為天師之下掌管江南道教具體事務的最高一級道官。次年，詔諭張留孫主管江北的淮東、淮西、荊襄等處道教[302]。此後，這一職掌由玄教高弟世襲。這意味著元

302 袁桷：《清容居士集》卷三四《有元開府儀同三司上卿輔成贊化保運玄教大宗師張公家傳》載：「（至元）十五年，加（張留孫）玄教宗師，授道教都提點，管領江北淮東淮西荊襄道教事，佩銀印。」《元史》卷十《世祖紀七》載：至元十五年五月，「制授張留孫江南諸路

廷將淮河以南、長江以北劃定為張留孫的專控區域，使玄教宗師從此在道教管理權方面擺脫了張天師的控制而與之比肩。元貞元年（1295 年），張留孫任同知集賢院道教事，表明玄教宗師的權力由江淮荊襄擴展到全國，同時，江淮荊襄一帶仍為其專控區，由玄教弟子管理。當時，張天師的權力仍侷限於江南。這意味著玄教首領的權限從此位居張天師之上。張天師直到泰定二年（1325 年）才由張嗣成通過任同知集賢院道教事獲此權力。大德十一年（1307 年）九月，新繼位的武宗海山命張留孫知集賢院事，而張天師直到後至元三年（1337 年）才獲任此職。至大二年（1309 年），張留孫在集賢院的地位進一步上升，位居從二品的集賢大學士之上。這是龍虎山天師始終無法達到的高度。至於第二任玄教大宗師吳全節介入其他道派的內部事務，推薦孫履道擔任全真道掌教這樣的事情，更是龍虎山天師無力為之的。

3. 護佑道教。至元十六年（1279 年），流竄於華南的南宋小朝廷最終覆滅，張留孫奏請道士別立戶籍，免除宮觀的賦役負擔，給道教以實實在在的保護和優待。至元十八年（1281 年），在佛道之爭中失敗的道教開始遭受厄運，張留孫通過太子真金向忽必烈請求，使道教齋醮祠祭之書得以保留。後，張留孫又建議將道教事務隸屬於從翰林集賢院分立出來的集賢院，分置各級道

道教都提點」。至元十六年二月，「詔諭宗師張留孫悉主淮東、淮西、荊襄等處道教」。二處文獻對張留孫所授官職的時間和職掌範圍記載不同，本書采《元史》之説。

官，加強對道教的管理。吳全節繼任宗師後，亦不遺餘力地保護道教。虞集說：「東南道教之事大體已定於開府（引者註：即張留孫）之世，而艱難險阻不無時見。（吳全節）於所遭裨補扶持，彌縫其闕，使夫羽衣黃冠之士得安其食飲於山林之間，而不知公之心力之罄多矣。」[303]可以說，元代道教能夠擺脫世祖中期的厄運，實現中興，與玄教宗師的努力有很大關係。

4. 以出世之身行入世之事，廣泛參與政事。自至元十七年（1280 年）始，張留孫、吳全節等利用代祠名山大川的機會訪求遺逸，利用身處大廷的機會推薦賢才，所薦之人皆得錄用。至元二十八年（1291 年），張留孫利用占卜術建議忽必烈立完澤為相，使成宗朝得以順利施行守成之政。至元二十九年（1292 年），張留孫支持開鑿通惠河，以利漕運與民生。成宗繼位之初，他又婉轉彌縫，儘力協調中書省和御史台的關係。到第二代宗師吳全節時，更自視為朝臣，而非方外之士。他曾說：「予平生以泯然無聞為深恥。每於國家政令之得失、人才之當否、生民之利害、吉凶之先征，苟有可言者，未嘗敢以外臣自詭而不盡心焉。」[304]他常利用代祠岳瀆、巡行天下的機會，體察民情，訪求賢才，先後推舉盧摯、閻復、吳澄等元代名士。虞集說：「朝廷得敬大臣之體，不以口語傷賢者，則公（引者註：指吳全節）深

303 虞集：《道園學古錄》卷二五《河圖仙壇之碑》

304 虞集：《道園學古錄》卷二五《河圖仙壇之碑》。

有以維持也。」[305]舉薦賢才還在其次，吳全節更重要的參政活動是為朝廷重臣提供政策諮詢。虞集曾說：「外庭之君子巍冠褒衣，以論唐虞之治，無南北皆主於公（引者註：指吳全節）矣。」[306]何榮祖、李孟、趙世延、王約等朝臣執政時，對其「多所咨訪」，以致於武宗、仁宗兩度欲令其棄道從政。雖然吳全節最終沒有拋棄黃冠，但他對政事的熱心可以說已經遠離了玄教「清靜無為」的教旨。在這方面，僻處信州的龍虎山天師遠不及身在大廷的玄教宗師。

5. 弟子和宮觀遍布南北。玄教首領主管全國道教事務，有利於其擴張勢力。吳澄曾說玄教「嗣其統於神奇者若而人，演其派於故山者若而人，分設宮觀，布列朔南郡縣者不可勝計」[307]，指出了玄教宮觀數量之多，分布之廣。情況的確如此。玄教除以大都和上都的崇真（萬壽）宮為基地外，在張天師管領的江南地區還有幾處重要的活動基地。一是天師道祖山龍虎山，二是南嶽衡山[308]，三是至元二十九年（1292 年）世祖詔令在浙西所建的崇真宮，四是大德九年（1305 年）成宗詔令於吳全節家鄉饒州安仁所建萬壽崇真觀（後改名崇文宮）。元中期的泰定年間（1324-

305 虞集：《道園學古錄》卷二五《河圖仙壇之碑》。
306 虞集：《道園學古錄》卷二五《河圖仙壇之碑》。
307 吳澄：《吳文正公全集》卷二六《仙岩元禧觀記》。
308 虞集：《道園學古錄》卷二五《河圖仙壇之碑》載：「皇元初有中原，五嶽之四在天子封內。既得宋，而後南嶽之神得而禮焉。是以世祖特命開府張公（引者註：張留孫）領其祠，至是屬諸公（引者註：吳全節）矣。」衡山及周邊重要宮觀均為玄教控制。

1328年），張留孫的弟子控制南北許多重要宮觀和道教事務，如夏文泳任江淮荊襄道教都提點，毛穎達掌兩都遁教事務[309]，王壽衍提點杭州開元宮，余以誠領鎮江路宮觀，孫益謙領杭州佑聖觀、延祥觀，陳日新掌皇室的興聖宮，何恩榮提點信州真慶宮，李奕芳提點南嶽廟兼衡山昭聖宮、壽寧宮，張嗣房提點潭州岳麓宮，等等。可見，玄教弟子不僅控制著江淮荊襄，還擴展到北方和張天師所轄的江南地區，甚至包括天師所在的信州。

6. 與元室關係親密，獨獲專寵。張留孫自至元十四年（1277年）起朝夕從駕忽必烈，為忽必烈的兩位皇孫、後來的武宗海山和仁宗愛育黎拔力八達命名。大德八年（1304年），成宗賜玉冠，為張留孫賀壽。仁宗為太子時，張留孫侍講《老子》，每次必賜座。後，仁宗命畫師為其繪像，令翰林學士承旨趙孟頫書寫贊語，印以「皇帝之寶」賜予他。這些小事充分體現了元室對張留孫的寵信。第二代大宗師吳全節同樣獲得繪像、題贊、印寶、賜壽宴於崇真宮的寵遇，順帝還親書「閒閒看雲」四個大字，題以「賜吳上卿」，蓋上「明仁殿寶」印賜之，以示寵渥。由於玄教宗師與元室的親密關係，玄教因而超越其他道派，取得專寵。吳全節嗣教時，英宗「敕省、台、百司，諭以傳宗之事而大護其

309 遁教祠太一六丁神，由常山王劉秉忠初作祠宇於宛平西山和開平南屏山，俱稱靈應萬壽宮，掌教者稱祭遁真人。第六代祭遁真人為毛穎達，是張留孫和吳全節的弟子，至順初退休於龍虎山。第八代祭遁真人郭宗純原是玉笥山道士。見危素《危太朴文集》卷八《送郭真人還玉笥山序》。

教」[310]。此後，每有新帝繼位，吳全節就盡心斡旋，使玄教得以維持尊寵。泰定帝時，吳全節兩次行大醮於長春宮和崇真宮，泰定帝遂有「護教之詔如故事」。泰定帝逝後，元朝先後發生「兩都之戰」和「明文之爭」等影響全局的帝位之爭，身處大廷的吳全節在這些殘酷的爭鬥中，先是「北迎明宗皇帝。謁見之次，賜封衣、上尊」。明宗「暴崩」後，圖貼睦爾即位，是為文宗。而吳全節「及歸，天歷護教之詔如故事」。明宗「暴崩」已成千古之謎，吳全節在這場爭鬥中如何斡旋，實現從獲得明宗青睞到取得文宗的「護教之詔」同樣是謎。元統元年（1333 年），在吳全節的努力下，元朝末帝妥歡貼睦爾再下「護教之詔如故事」。這種尊崇是元中後期的其他道派難以奢求的。至於玄教宗師和弟子所獲「推恩上及其私親，錫命旁加於子弟」[311]之類的榮寵，更是不可勝計，如張留孫祖上三代褒封為魏國公，其祖師八人追贈為真人；張留孫之侄張榮祖、張熙祖入值宮廷宿衛，後分別出任邵武路和衢州路同知；吳全節「父母被寵光，封鄉國，高年偕老，時優詔使歸為壽」[312]等等。張留孫下葬時，饒州、信州、撫州三郡守臣和將領、江南諸名山的道教領袖各率官屬會集，「賓客之盛，東南數十年間未有能仿佛其萬一者」[313]，極盡哀榮。

---

310 虞集：《道園學古錄》卷二五《河圖仙壇之碑》。

311 吳全節：《進龍虎山志表》，見雍正《江西通志》卷一一四《藝文・詔敕表箋》。

312 虞集：《道園學古錄》卷二五《河圖仙壇之碑》。

313 虞集：《道園學古錄》卷二五《河圖仙壇之碑》。

從上述玄教宗師的賜號、職掌、參與政事的活動、與元室的關係以及弟子和宮觀的分佈看，元代玄教宗師的地位遠在龍虎山天師之上。袁桷所撰《張留孫家傳》中有這樣一句話：「自三十六代嗣師宗演至於今（引者註：即泰定年間，1324-1328 年）凡四傳，皆公（引者註：指張留孫）所匡翊。」[314]言下之意，龍虎山天師在元前中期所擁有的地位很大程度上得益於張留孫在中朝的幫助。從張留孫所受倚重分析，這是極有可能的。對此，虞集說得更加直白：「天師，神明之家也。公（引者註：指張留孫）為奏其子孫之傳，亦既四易，況其他哉！」即包括嗣教人選在內的龍虎山正一派的許多事務實際由張留孫決定。虞集甚至錯誤地記載：「用公（引者註：指張留孫）奏，以天師宗演為真人，掌教江南。」[315]即張宗演封真人、掌教江南是出於張留孫的推薦。儘管這與實情全不相符[316]，但反映了元中後期人們已經擁有玄教宗師對龍虎山天師多有提攜這一觀念。這種觀念背後的事實是，玄教宗師利用主管全國道教事務的機會和元室的倚重，擁有了對龍虎山正一派相當的控制權。史料反映，實際情況的確如此：大德三年（1299 年）和至治三年（1323 年），天師所居的大上清正一宮兩次遭災，是吳全節奉旨馳驛回山，率所屬重修宮宇；仁

314 袁桷：《清容居士集》卷三四《有元開府儀同三司上卿輔成贊化保運玄教大宗師張公家傳》。

315 虞集：《道園學古錄》卷五十《張宗師墓誌銘》。

316 張宗演獲賜真人之號，領江南道教，事在至元十四年（1277 年）正月。時張留孫僅是跟隨在張宗演之後的弟子，尚未進入忽必烈的視線。見《元史》卷九《世祖紀六》。

宗時期，元明善奉敕編修《龍虎山志》，是由於吳全節先建言於集賢院，再由集賢院大學士上奏請修，等等。

元中後期，龍虎山天師不僅在中朝受到玄教宗師的提攜甚至控制，在其所轄的江南地區，道教事務亦受到玄教的干預。前文已述，江南部分宮觀在元中期已成為玄教的活動基地或由玄教弟子控制，這是玄教勢力侵入天師轄地的明證。撫州路崇仁縣華蓋山昭清觀主持之爭或許更能說明問題。該觀先有張天師遣王應真主持觀事，既而吳全節又命黃處和主持該觀。二人也許相持不下。縣達魯花赤保童因王應真主持觀事頗有成績，遂權宜請黃處和移主該邑相山保安觀。但是，保童無權處理這類道教事務，於是同時向張天師和吳大宗師提出申請。後，張、吳二人均同意保童的處置辦法，糾紛解除。這個事例直接說明了玄教勢力對天師轄地的侵蝕。再如新淦州的洞陽宮，該宮先由天師更名為「洞陽萬壽宮」，既而宮內道士郭務元又向玄教吳全節請示。吳全節說：「宜如天師命。」[317]雖然吳全節表現了對張天師的充分尊重，但無法掩蓋玄教勢力在江南的滲透。即使在張天師的本山龍虎山，玄教的宮觀和弟子也與天師所轄分庭抗禮。玄教自延祐三年（1316 年）始，在龍虎山仙岩一帶建設宮觀，獨立於天師系統之外。到吳全節掌教時，他十三歲初入龍虎山學道的達觀堂地位上升。達觀堂原是大上清正一宮的支觀，到吳全節時，該堂「尊顯獨隆於他支，封真人者凡數十人，奉被璽書、主宮觀者尤不可勝

317 程鉅夫：《雪樓集》卷十九《洞陽萬壽宮碑》。

紀」[318]，在龍虎山的勢力可能超過大上清正一宮。

元代玄教備受寵渥，是由諸多因素共同促成的。

首先，張天師遠離禁近，長期居於龍虎山，給玄教的發展提供了機會。元制，「凡為其教之師者，必得在禁近，號其人曰真人，給以印章，得行文書，視官府」[319]。即道教各宗的掌教原則上必須居於兩都，就近為元室服務。但是，元代的歷任天師主要居於龍虎山，只是偶爾應詔赴闕。張天師的缺席給了玄教近承天光、獲取優寵的契機。歷代玄教宗師以兩都的崇真宮為最重要的活動基地，時刻準備著為元室服務。張宗演第一次覲見忽必烈離京後，忽必烈與太子真金行祠，風雨忽至，急召張留孫平息風雨。這時，張宗演若在京師，張留孫將不會有機會。自此，張留孫進入世祖的視線，獲賜廩給裘服，扈從上都。稍後，張留孫又治癒皇后之疾。世祖甚喜，命其為「天師」，即打算以張留孫完全取代龍虎山天師。張留孫以「天師嗣漢張陵，有世系，非臣所當為」[320]為由拒絕，世祖遂賜「上卿」之號。這些事就發生在張宗演回山的當年。趙孟頫說，張留孫拒受「天師」之號後，世祖於是以「宗師」為「天師」之別號而賜張留孫為「玄教宗師」。這說明，在元室看來，玄教宗師就是龍虎山正一派在京中的領袖，就是「天師」。既然「禁近」已有所謂的「天師」，龍虎山

318 虞集：《道園學古錄》卷二五《河圖仙壇之碑》。
319 虞集：《道園學古錄》卷五十《真大道教第八代崇玄廣化真人岳公之碑》。
320 虞集：《道園學古錄》卷五十《張宗師墓誌銘》。

天師自然只能侷促於江南。此後，龍虎山天師雖多次入覲，也頗受優寵，但始終無法奪回其在禁近的地位。而且，玄教宗師與弟子多次奉詔在兩都舉行醮儀，又祠祭天下名山大川，張天師不僅不能代替帝王行此要事，甚至在龍虎山代帝修醮，都由玄教為之。龍虎山天師在禁近的邊緣化自張宗演回山之日已經開始，從此再無力排擠玄教，取而代之。

其次，歷代玄教宗師既道行高超，堪為宗教領袖，又深諳經邦理國之道，可作政治輔臣，對於信奉宗教的蒙古皇帝來說，他們比普通儒臣更易獲取信賴。張留孫在成宗朝時，成宗鐵穆耳秉承蒙古人的「長生天」信仰，認為「道家醮設事上帝甚謹」，屢令張留孫行醮儀，地點既有內廷的仁智殿、延春閣，又有宮城外的崇真宮、長春宮。成宗經常親臨祠祭，親署御名於醮章之上。其他水旱、地震等災異發生時，張留孫亦為之祈禳。但是，張留孫沒有停留在祈禳之上，他常借災異發生之機，以「修德省政之事懇懇為上言」，發揮以天災警人事的作用。「朝廷有大謀議，必見咨問。其救時拯物，常密斡於幾微」[321]，虞集對張留孫「密斡於幾微」的描述說明他已將宗教領袖與政治輔臣兩種身分完美結合。至於吳全節，「尤識為政大體」，張留孫稱「每與廷臣議論，及奏對上前，及於儒者之事，必曰：『臣留孫之弟子吳全節深知儒學，可備顧問。』」[322]同時，吳全節深知高超的道術對獲

321 虞集：《道園學古錄》卷五十《張宗師墓誌銘》。
322 虞集：《道園學古錄》卷二五《河圖仙壇之碑》。

取元室寵信具有重要作用，於是在掌握龍虎山正一派傳統祈禳之術的基礎上，向陳可復（可能是全真南宗道士）學雷法，向東華派林靈真習道法[323]，又從湖南趙淇處得到劉海蟾和李觀的內丹之書，「於科教之方無所遺闕」，掌握了許多道派的法術，甚至兼通全真道宗旨，深得元帝倚重。

復次，歷任玄教宗師均具有很強的人格魅力，或者善於周旋，或者精通儒學，或者擅長詩文，在朝臣尤其是儒臣中獲得了廣泛的聲譽，從而得到他們的有力支持。如張留孫精於學問典故，又「排解薦助，人不知所自，亦不肯自以為功，絕口不言。朝政貴客至爭短長，酒盡三爵即假寐。客去，禮復初」[324]。他是一個深通圓融之術的人，故在至元、大德年間，「大臣、故老、心腹之臣莫不與開府（引者註：即張留孫）有深契焉」[325]。玄教中學問優長的代表是第二代宗師吳全節。他少年時期師從儒道雷思齊。雷思齊，生於南宋，約卒於大德年間（1297-1307 年），字齊賢，號空山，臨川人。宋亡後，託身道流，居於臨川鐘湖觀，潛心撰著，與當地名士曾子良、吳澄等相友善。張宗演於元初受命執掌江南道教後，禮請思齊為龍虎山達觀堂玄學講師。其學問賅博，兼通儒道，工於詩文，著《易圖筮通變義》《老子本

323 曾召南：《元代道教龍虎宗支派玄教紀略》，載《世界宗教研究》1988 年第 1 期，第 77-90 頁。

324 袁桷：《清容居士集》卷三四《有元開府儀同三司上卿輔成贊化保運玄教大宗師張公家傳》。

325 虞集：《道園學古錄》卷二五《河圖仙壇之碑》。

義》《莊子旨義》等數十卷，另有詩文二十餘卷。吳澄稱其為「儒中之巨擘，非道家者流也」[326]。其詩「精深工致，豪健奇傑，有杜韓之風」[327]，其文則合儒老之所同，張宗演贊《易圖筮通變義》是「合儒老之所同，歷詆其所異，條分緒別，終始一貫，不翅入老氏之室，避之席以相授受也。其將學是者終究其說，知其玄之玄而不昧其所向，傳之將來，庶幾於吾教非小補也」[328]，清康熙年間納蘭成德則稱「其所撰宜吾儒所不擯也」，足見其學術兼綜儒道且博大精深。吳全節先在臨川種湖師事雷思齊，至元十四年（1277 年）雷氏任達觀堂講師後，吳全節繼續受業。他曾對吳全節說：「文章於道，一技耳。人之為學，將以明斯道也；不明斯道，不足以為聖賢之學矣。」[329]這純然是儒者言論。受過這種教育的吳全節兼通儒、道兩家，又好吟詠，時人譽為「玉堂學士」。他於泰定二年（1325 年）奉旨代祠江南符籙三山，沿途吟詠不斷，著成詩集《代祠稿》；至順二年（1330 年），吳全節因朱學大興，世人罕及陸學，遂上進陸九淵《語錄》。諸如此類，均屬儒士所為。當時，吳全節周圍聚集了大批著名的儒臣與文士，包括閻復、姚燧、盧摯、王構、陳儼、程鉅夫、郭貫、元明善、袁桷、鄧文原、張養浩、商挺、王都中等，他們雅相友

326 吳澄：《吳文正公全集》卷十三《空山漫稿序》。

327 揭傒斯：《空山先生易圖通變序》，見雷思齊《易圖通變》卷首，清康熙十九年（1680 年）通志堂經解本。

328 張宗演：《易圖通變序》，載雷思齊《易圖通變》卷首。

329 吳全節：《易圖通變序》，載雷思齊《易圖通變》卷首。

善，形成一個遍及朝野又互為聲援的團體。至於吳全節「薦引善良惟恐不及，憂患零落惟恐不盡其推轂之力。至於死生患難，經理喪具，不以恩怨異心」[330]之類的行為，亦能為玄教贏得廣泛支持。玄教的其他重要人物如夏文泳、朱思本、薛玄曦等都兼該儒道。夏文泳出身儒學之家，其父夏希賢以詞賦名聞鄉里，曾撰《全史提要編》。夏文泳秉承了家學。朱思本詳見本章第三節「地理學與方志」。薛玄曦，字玄卿，號上清外史，貴溪人，12 歲入道，先後師事張留孫、吳全節。延祐四年（1317 年）提舉大都萬壽宮，又提點上都萬壽宮。泰定三年（1326 年）辭歸龍虎山。著有《上清集》，是元代中期影響廣泛的詩人、道士。《元詩選》錄其詩二十八首。

但是，儘管玄教在政治上盛極一時，組織上另成體系，其在教義方面卻沒什麼創新，依然從屬於龍虎山正一派，同樣尊奉《正一經》，因而被有些學者稱為「龍虎宗支派」。如果說玄教大宗師是江南道教的政治領袖，那麼，元代符籙派的教義領袖依然是張天師。正由於此，玄教的尊顯對擴大龍虎山正一派教義的影響有極大的推動作用，有助於諸符籙道派融合到正一派名下。

除龍虎山正一派及玄教外，元代江西地區還有其他符籙道派的活動，其中既有南宋相沿入元的茅山上清派、閣皂靈寶派、神霄派、天心派等，亦有元代新創的淨明道。

茅山上清派：以蘇南句容茅山為祖山的上清派在北宋時期勢

330 虞集：《道園學古錄》卷二五《河圖仙壇之碑》。

力一度略勝於龍虎山正一派，南宋時期則稍弱於龍虎山。入元，該派主要以江浙為活動基地，兼及福建，江西地區亦有傳播。南豐州人諶檝於延祐元年（1314 年）前往茅山，「受經籙於宗壇，分爐薰於靈瑣，嚴奉以歸」[331]。三年後，諶檝在南豐建紫霄華陽岩真君祠，祀茅山三仙。

閣皂山靈寶派：清江閣皂山靈寶派在南宋時期的符籙三山中勢力最弱，入元，該派仍有傳人，且一度受到元廷重視。世祖時期，該山萬壽崇真宮住持李宗師某在每年的正月十五仍照舊例舉行齋醮儀式[332]。後，該宮奉敕改為大崇真萬壽宮，第四十六代嗣教宗師楊伯封為「太玄崇德翊教真人」。延祐二年（1315 年），吳全節奉旨代祀東南名山，到過該山的萬壽崇真宮，憩於蒼玉軒。時閣皂山宮觀年久失修，一片頹敗[333]。這說明，元代閣皂山雖有傳承，已很衰落，可能不久即歸於正一派之下，不再單獨傳承。

神霄派：由天師道演化而來，與上清派亦有很大聯繫，同時融合了內丹與符籙，強調祈禳的關鍵在於是否能夠運用自身的元神達到天人一體，獲得呼風喚雨、祛病消災的神通。以兩宋之交的南豐人王文卿（1093-1153 年）為主要創始人，據稱其擅長驅使風雨雷電除魔降妖。王文卿晚年，「得其傳者則新城高子羽，

331 劉壎：《水雲村泯稿》卷八《紫霄華陽岩真君祠記》，明天啟三年（1623年）李光刻本。

332 《元典章》卷三三《禮部六・釋道・道教・閣皂山行法籙》。

333 虞集：《道園學古錄》卷四六《蒼玉軒新記》。

授之臨江徐次舉，以次至金溪聶天錫，其後得其傳而最顯者曰臨川譚悟真人云。人不敢稱其名，但謂之譚五雷」[334]。譚悟真人即譚悟真。宋亡後，譚悟真猶浮沉人間，隱顯莫測。其後，出身名族的廬陵羅虛舟得其真傳。因譚氏曾告誡羅虛舟「每傳不過一二人；若廣洩之，則速死」[335]，故羅氏弟子雖然較多，唯周立禮、蕭雨軒兩人得其真傳。周氏是虞集的姻親，傳法於子，蕭氏則傳於鄱陽胡道玄。胡氏遊歷南北，遍及關陝、荊襄、江漢、閩海、兩浙，人稱「神霄野客」。可見，神霄派王文卿一系主要流傳於江西，代有傳人，至胡道玄時才擴大範圍。元代神霄派另有以吳興人莫月鼎為代表的一系，在民間影響較大，江西地區亦在其活動範圍之內，具體情況不太清楚。

天心派：全稱「天心正法派」，由臨川人饒洞天始創於北宋太宗淳化五年（西元 994 年）。據傳饒氏入崇仁華蓋山，「夜見上升壇前五色寶光上衝霄漢，尋光掘地，遂獲金函。開視，有篆文天經，題曰《天心正法》」[336]。後，他在南豐受學於泉州道士譚紫霄，悟得靈文真義，遂傳天心正法。此派實由正一派衍生而來，法術以雷法見長，強調施法必須兼以內修，內外相合，法術才會靈驗。宋元更迭之際，武昌雷時中（1221-1295 年）傳天心正法，弟子數千人，分為東南和西蜀兩派，東南派以江西南康人

334 虞集：《道園學古錄》卷二五《靈惠沖虛通妙真君王侍宸記》。
335 虞集：《道園學古錄》卷二五《靈惠沖虛通妙真君王侍宸記》。
336 謝希楨編纂，吳小紅校註：《華蓋山志》卷三《仙真志・饒動天》，江西人民出版社 2002 年版。原題小字註：「府志作洞天。」

查泰宇為首，影響較大[337]。

淨明派：全稱「淨明忠孝派」，認為許遜「以忠孝自修得道，入以救世」[338]，奉其為祖師，以南昌西山為活動中心。隨著唐宋時期許遜地位的日益提高，南宋建炎元年（1127 年），西山道士何真公（一作周真公）稱許遜等六真降臨，傳授靈寶淨明秘法，倡導忠孝廉謹之教，於建炎三年（1129 年）立翼真壇，傳度弟子五百餘人，明確打出「忠孝」的淨明旗號，該道派正式形成。但是，何真公及弟子何守證、方文之後，淨明道幾乎湮沒無聞，只是以許遜為主的淨明忠孝信仰仍在流傳。入元之初，朝廷確定江南名山宜祠者，西山玉隆萬壽宮名列其中。世祖末年，南康路建昌人劉玉重新進行創教活動，弘揚淨明宗旨。

劉玉（1257-1308 年），字頤真，號玉真子，原是鄱陽石門人，後遷至建昌。自幼讀書力耕，志存方外。至元二十年（1283 年），自稱遇西山道士胡慧超，告以淨明大教將再度興起，當選出弟子八百名，以劉玉為師，遂重創淨明道，以許遜為第一代祖師，本人為第二代傳人。在大德元年（1297 年）之前的十餘年間，劉玉大量編造仙真降臨的神話，自稱得到許遜、郭璞等人降授的《玉真靈寶壇記》《中黃大道》《八極真詮》《玉真玄壇疏》

337 神霄派和天心派在元代江西地區的傳佈多參考陳兵《元代江南道教》，載《世界宗教研究》1986 年第 2 期，第 65-80 頁。

338 滕賓：《正道淨明忠孝全書序》，載《正統道藏》之《正道淨明忠孝全書》卷首，轉引自李修生主編《全元文》第三十一冊，鳳凰出版社 2004 年版，第 14 頁。

等經典以及胡慧超降授的道法和「三五飛步正一斬邪之旨」，使淨明道的典籍和符法得以充實。他又設壇廣收弟子，恢復了淨明道的組織。符籙方面，此派實從靈寶派分化而來，兼收上清、正一兩派之學，形成獨具特點的符籙，宣稱其符法出自日宮孝道明王，強調淨明內修是施法的基礎。

劉玉對淨明道的更大貢獻是圍繞「淨明忠孝」四字重新闡釋教義。在門人所輯《玉真先生語錄》中，劉玉說：「淨明只是正心誠意，忠孝只是扶植綱常。」乍一讀之，分明是理學說教。劉玉進一步解釋四字：「淨」即不染物，「明」是不觸物，「忠」是忠於萬神之主宰的心君，「孝」是以事親之孝格於上天，獲天心印可。在此，劉玉將道、儒、禪合而為一，從日常的忠君孝親擴展到「一物不欺」之忠和「一體皆愛」之孝，著重於在內心涵養忠孝觀念，以達到純潔淨明的真忠真孝的淨明道最高修練境界。至於如何達到這種境界，劉玉認為，「人道」是「仙道」的基礎，必須以「人道」的「忠孝」為本，「入吾忠孝大道之門者，皆當祝國壽、報親恩為第一事。次願雨順序，年谷豐登，普天率土，咸慶昇平」。具體的修練要經過三個步驟，即「始於忠孝立本，中於去欲正心，終於直至淨明」。其中去私慾最為緊要，猶如理學的正心修身，存守正念，天長日久，自然進入「一物不欺」「一體皆愛」而毫無雜念的淨明之境。在劉玉看來，道教傳統的追求成仙長生已不重要，精神上的至善至美才是永恆。所以，劉玉革新後的淨明道雖仍有鬼神恐嚇，仍有符籙、齋醮用於驅鬼斬邪、祈福禳災，但符籙已相當簡易，也不重視齋醮科儀的表演形式。這種頗富理學色彩、追求道德至善的道教具有強烈的入世主張，鬼神之氣較少，在道教諸派中極為罕見，充分體現了儒教倫理向道教的全面滲透。同時，「不雜不觸」的「淨明」二字兼收禪宗心性本自淨明的思想。故，淨明道是在當時儒、釋、道日益相互影響的背景下出現的三教融合產物。

劉玉之後的淨明道第三代傳人是黃元吉。黃元吉（1270-1324 年），字希文，人稱中黃先生，出身富州名族，十二歲入西山玉隆萬壽宮學道。嗣教後，他在西山造玉真、隱真、洞真三壇，大量傳度弟子。至治三年（1323 年），黃元吉到大都布教，「公卿士大夫多禮問之，莫不嘆異」[339]。泰定元年（1324 年），第三十九代天師張嗣成因廷臣推薦，以黃元吉為淨明崇德弘道法師、教門高士，令其擔任玉隆萬壽宮焚修提點。未及出行，吳全節留其居於大都崇真萬壽宮，獲賜璽書。黃元吉在大都期間，致力於弘傳淨明道學說，人稱其「貌和而心正，論直而行方」[340]。他的此次大都之行實是淨明道的宣傳之旅，使該道派在士大夫間獲得了廣泛的聲譽。

黃元吉之後，徐慧為淨明道四傳。徐慧（1291-1356 年），又名異，字子奇，號丹扃子，人稱奇峰先生、丹扃道士。先祖為富州望族，後因任官遷居廬陵。徐慧幼習儒學，善做詩文，有詩集《杯水玉霄》。延祐五年（1318 年）至大都，游於公卿間。黃

339 虞集：《道園學古錄》卷五十《中黃先生碑銘》。
340 滕賓：《正道淨明忠孝全書序》，載《正統道藏》之《正道淨明忠孝全書》卷首，轉引自李修生主編《全元文》第三十一冊，鳳凰出版社 2004 年版，第 14 頁。

元吉到大都後，徐慧聞其名，拜於門下，習淨明忠孝道。他還參全真道掌教藍道元於長春宮，獲全真無為之旨。英宗時期，獲賜「淨明配道格神昭傚法師」之號。泰定元年（1324 年），徐慧歸鄉，在當年的大旱中禱雨應驗，從此弟子日眾，且多為文學特達之士。徐慧在歸鄉後的二十餘年間，「千百里內，水旱豐凶，請禱即往」，進一步擴大了淨明道在民間的影響。

安福人趙宜真（？-1382 年）是繼徐慧之後的淨明道五傳，為元末明初的著名道士。其師承關係中有全真、清微、淨明諸多道派，被淨明、清微兩派尊為嗣師，集中體現了元代以後道教合流的大趨勢。此不贅述。

淨明道在劉玉時期已有大量經典，自黃元吉開始編輯本派道籍。黃元吉輯有劉玉的《玉真先生語錄》，陳天和、徐慧等編集黃元吉的《中黃先生問答》，徐慧等還將淨明道諸書集結為《淨明忠孝全書》六卷，記載龍沙應期、仙真復出、玉真奇遇等事蹟，強調「一物不欺，一體皆憂，一念之欺即不忠，一念之孝印於天」等民彝世教的大綱大領[341]。包括知經筵事張珪、江南行台御史中丞趙世延、國子司業虞集、江西儒學提舉滕賓、應奉翰林文字曾巽申和建昌路儒學教授彭埜在內的許多著名文士都為該書作序[342]。

341 《正道淨明忠孝全書序》，載《正統道藏》之《正道淨明忠孝全書》卷首，轉引自李修生主編《全元文》第三十一冊，鳳凰出版社 2004 年版，第 14 頁。

342 以上關於元代淨明道的論述多參考卿希泰、唐大潮主編《道教史》，淨明道是元代江西地區影響較大的道教符籙派，對內丹派道士都具有很強的吸引力[343]，其強烈的入世色彩，更受到公卿士大夫的讚譽。元廷對該派最重要的宮觀——玉隆萬壽宮非常重視，凡主持該宮者，均德高望重，受璽書而來，如至治元年（1321年）著名道士朱思本（玄教道士）受命任該宮提點。但是，也正由於淨明道的積極入世，使其本該具有的宗教超越色彩淡化，偏於世俗的倫理綱常而無法關注終極問題。所以，淨明道雖相沿入明，但已無法嚴守淨明道法，更無從長期延續。

元代還有金初興起於北方、由正一派衍生而來的太一道，形成於南宋初、由靈寶派分化出來的東華派，形成於南宋初、由上清派衍化而來的清微派等符籙道派。因筆者尚未見到這幾個道派在江西地區活動的史料，此處略而不述。

由於元代龍虎山正一派所受尊崇遠在茅山上清派和閣皂山靈寶派之上，南宋時期三宗平行的格局被元代正一派獨尊的局面所取代，龍虎山成為符籙各派的核心。在張天師的掌領下，江南許多符籙派宮觀的主持者成為尊奉《正一經》的道士，他們頻繁接觸，互相借鑑學習，教義、法術相互滲透，逐漸失去自己的宗派特色和傳承法系，《正一經》成為符籙各派共同奉持的經典，正

江蘇人民出版社 2006 年版，第 256-260 頁；張澤洪《淨明道在江南的傳播及其影響——以道派關係史為中心》，載《中國史研究》2002 年第 3 期，第 47-58 頁。

343 全真道南宗道士劉天素曾聞淨明之旨於劉玉，認為與乃師金志揚之説相契合，遂居豫章五靈道院，習淨明道法。見虞集《紫山全真長春觀記》，載道光《宜黃縣誌》卷三十一之二《藝文・記》。

一派則最終歸併靈寶、神霄、天心、淨明等符籙各派，形成與全真道派鼎立的大宗符籙派。

江西的內丹派以金丹派南宗為主。該派以北宋張伯端為開派宗師，既承繼張氏的內丹學說，又融合禪、道兩家，主張在修命的基礎上追求心性的徹悟和道德的至善。其實際創派人是南宋寧宗時期的海南瓊州人白玉蟾。南宋時，該派活動於江南一帶，但人數少，無固定宮觀，影響也不大。江西南昌的西山玉隆萬壽宮、崇仁的華蓋山等都有白玉蟾的蹤跡。進入元朝，全國一統，全真道士隨之南下弘法。他們以武當山為基地，散布到蘇、浙、閩、贛等地。由於金丹派南宗和全真道均奉鍾離權和呂洞賓為始祖，基礎均為道教的內煉理論，金丹派南宗道士開始加入全真道，或徑直自稱全真道士，逐漸與全真派交融，最終實現南北二宗的合併。在這一過程中，江西地區先後有金志揚、余希聖、桂心淵、張模、趙友欽、陳致虛等道士活躍的身影。他們都是元中後期促成兩宗合併的積極推動者。

金志揚（一作金志陽），生卒不詳，號野庵，不髻不冠，人稱「金蓬頭」，溫州永嘉人。其師承關係中既有金丹派南宗，又有北方全真道[344]，時人徑稱其為「全真之有聲聞者」。金志揚師徒在江西地區主要活動於撫州和龍虎山一帶。皇慶（1312-1313

344 張宇初：《峴泉集・金野庵傳》載金志揚之師李月溪是白玉蟾之徒，《歷世真仙體道通鑑續編》則載李月溪是全真道士李志常的弟子，那麼，李月溪是以金丹派南宗道士的身分進入全真道。李月溪後命金志揚北上從學李志常，則金志揚的師承道派與其師一樣。

年）初，宜黃鄒廷佐在臨川見有全真道士「作宮以容其同學，有堂以游息，至日如歸，曰雲堂。又為靜坐修習之處，以盤水置大盂，穴其底如針端，引水上升，俟水滿以為坐者起止之候，曰鉢堂」[345]。鄒氏頗為這種靜修之法傾倒，遂請武當山道士王道行主持在宜黃修建全真宮觀，以金志揚為師。金志揚自此進入江西。在金志揚的影響下，宜黃的這處全真道院「清侶川至雲合」，人數日眾。居一年有餘，金志揚往龍虎山先天觀後石崖上結蓬萊庵以居。雖是人跡罕到之處，但既有慕道參學者前往受教，更有身患痼疾者扶攜而至，使龍虎山成為江南一處內丹派中心。二十六年後，金志揚離開龍虎山，居於武夷山中，但其弟子劉天素、方方壺等仍活動於江西。

余希聖（1280-1339 年），號非非子，撫州路崇仁縣華蓋山南谷人，吳澄夫人余氏的從侄。十五歲入宜黃縣南華山昭福觀學道，後遍歷南北，北到燕趙，南登羅浮，西至華陰，東臨天台，武當、衡岳、終南、武夷、齊魯，均親身遊歷。返鄉後，居崇仁縣東仙遊山昭清觀。當時「江東西高雅之流或道過，或徑詣」，民眾則「信響四至」[346]，影響較大。余希聖所屬道派不明，但虞集將其與金志揚並稱，可以推測，他是在遊歷南北期間皈依全真道。其弟子彭致中編《鳴鶴餘音》，是一部道教詩詞集，所收多

345 虞集：《紫山全真長春觀記》，載道光《宜黃縣誌》卷三十一之二《藝文・記》。
346 虞集：《道園學古錄》卷五十《非非子幽室志》。

為全真道士之作，據此也可推定，余希聖、彭致中師徒二人均屬全真派。

桂心淵，生平不詳，隱於廬山。宋濂載：「時桂心淵隱匡廬，金志揚居武夷。二人者，世號『真仙翁』，修丹之士依之者成市。」[347]據此，桂心淵是一個與金志揚相似的「修丹」道士，而廬山則成為江南另一處內丹派中心。

陳致虛（1290-？），字觀吾，號上陽子，廬陵人，原是金丹派南宗陰陽雙修的著名道士。天曆二年（1329 年），他在衡陽拜全真道士、德興人趙友欽為師，學習金丹之道。趙友欽是德興人張模的弟子，而張模得法於李鈺，李鈺又是全真道士宋德方之徒，還在武夷山、真州、青城山等處修丹，所以，趙友欽兼承內丹南北二宗。陳致虛繼承乃師，既有陰陽雙修之法，又有全真道的清修思想，遂成為元代後期的內丹名家。他主要活動於贛、浙、閩一帶，著有《金丹大要》、《金丹大要圖》、《金丹大要列仙志》、《金丹大要仙派》、《元始無量度人上呂妙經註解》、《參同契分章注》等，又與薛道光、陸墅共著《悟真篇三注》。在《金丹大要列仙志》等書中，他宣稱自己師承丘處機弟子宋德方，並擬定了全真道與金丹派南宗共同認可的祖師傳承系統，且壓低南宗祖師地位[348]，將其納入北方全真道系統中，是促成南北

347 宋濂：《宋學士全集》卷十一《太上上清正一萬壽宮住持提點張公碑銘》。

348 全真道和金丹派南宗起初各自祖述本宗的傳承世系。全真道最初有「七真」之說，即王喆的七個弟子馬鈺、譚處端、劉處玄、王處一、

二宗合流的最有力推動者[349]。

在南北內丹派道士的共同努力下，順帝時期（1333-1368年），北方全真道與金丹派南宗實現合併，形成統一的全真道，原流行於北方的全真道成為北宗，流行於南方的金丹派成為南宗。如果說前述金志揚尚帶有金丹派南宗之跡，到元統年間（1333-1335 年）劉天素活動於撫州、龍興一帶時，則完全自視為全真道士。劉天素曾說：「吾全真之教自重陽王君一傳為邱神仙，首為太祖皇帝召見龍墀，啟神武不殺之旨，有功於中原生靈多矣。」[350]言語之間，絲毫不提張伯端、白玉蟾諸人。但是，儘管江西地區的龍虎山、撫州、廬山等地的全真道士比較活躍，其宮觀數量與修道人數終難與符籙派相較，也遠不及北方全真之盛。

元代江西地區的道士總數不明。據弘治《撫州府志》，元代

丘處機、郝大通和馬鈺之妻孫不二，被合稱為「七真」。後，王喆的再傳弟子秦志安著《金蓮正宗記》，始倡「五祖七真」之說，但還是沒有與唐代道士鐘離權、呂洞賓聯繫起來。金丹派南宗尊張伯端、石泰、薛道光、陳楠、白玉蟾為「五祖」。到白玉蟾時，始將丹法淵源上溯至鐘、呂二人。陳致虛綜合二派，提出一個兩家均能接受的傳承系統，即以王玄甫、鐘離權、呂洞賓、劉海蟾、王喆為共同的五祖，王重陽下設「北七真」，劉海蟾下設「南七真」。「北七真」即全真道的舊「七真」，「南七真」由南宗的舊「五祖」加上劉永年、彭耜組成。此後，這個傳承系統長期為全真道南北兩宗所遵奉。

349 以上關於陳致虛的論述主要參考卿希泰、唐大潮主編《道教史》，江蘇人民出版社 2006 年版，第 240-241 頁。

350 虞集：《紫山全真長春觀記》，載道光《宜黃縣誌》卷三十一之二《藝文・記》。

撫州路有僧、道、尼、女冠一三七八七名[351]，其中樂安縣有南真、石泉、招仙三處道觀，道徒十八九人[352]。據此可推斷，撫州路道士的數量遠遜於僧尼。南豐州，「道觀十數而已，昔未嘗列於祠官而又多微，宜不足比隆釋氏矣」[353]。可能除了龍虎山之外，其他路州的情況都差不多，即道教勢力總體上弱於佛教。

元代江西設有江西道教都提點，路設道錄司，州設道正司，縣設威儀司，宮觀設提點、主掌等，多由道士擔任，總轄於中央的集賢院。其中，江西道教都提點一職出自朝廷的宣授，其餘亦來自政府的任命，各路道官用五品印。如臨川人張紹隱受宣命任江西道教都提點，安仁人張元漢受命出任袁州路道判。一般說來，各級道官往往兼任當地重要宮觀的提點。如李允一任臨江路道錄，兼任玉笥山最大道宮——萬壽承天宮提點，江西道教都提點張紹隱同時提點浮雲山聖壽萬年宮和撫州梅仙元都觀，等等。

各級道教機構主要處理教法以外的道教事務。南豐劉壎對當地道教機構有如下描述：「設官一如有司，每日公署蒞政施刑」，「刑政得自專，惟事關於民，乃用約會法。外是，則有司無所與，符移往復，視州邑之品從而與之齊。」[354]即道教設官一如民官系統，品級亦與民官相埒。他們獨立於民官系統之外，專門處

351 弘治《撫州府志》卷十二《版冊一・戶口》。
352 吳澄：《吳文正集》卷二六《樂安縣招仙觀記》，景印文淵閣四庫全書本。
353 劉壎：《水雲村泯稿》卷五《南豐郡志序目》，清道光愛余堂刊本。
354 劉壎：《水雲村泯稿》卷五《南豐郡志序目》。

理涉及道眾的刑法和政事，民官不能幹預，唯事涉普通百姓時，才與民官商議解決。他們在地方勢力頗大，「道官出入，騶從甚都，前訶後殿，行人辟易，視都刺史、郡太守無辨」[355]。道官及其徒眾是地方社會的一支重要力量。

道官雖由政府任命，但因其多由道士擔任，正一派天師和玄教大宗師遂對選任道官有直接影響。李存說：「凡郡縣之宮若觀，得以其（引者註：指張天師）徒之通敏於時者而官司之。」[356]前述張紹隱、張元漢都是張天師的門下。玄教勢力在天師之上，弟子分布也廣，對選任道官的影響更大。江南符籙和內丹兩派所有道士正式身分的認定也須經過正一派張天師。元朝規定：「但是江南田地宮觀裡有的先生每（引者註：即道士們），依著在先體例裡，張天師根底要了戒法文字做先生者。沒文字的人，休做先生者……沒張天師文字做先生的人，要罪過者。」[357]即江南修道之人要成為正式道士，必須得到張天師頒發的認可證明，憑此才能做法事，並享受免役的特權。此外，江南各處宮觀的新建、命名、維修、升格、由私立道觀改為官屬道觀等事務，也要經過龍虎山張天師和（或）玄教大宗師。如劉道圓欲在湖口縣建全真派道觀，「請於天師，將建碧霞觀」[358]；朱思本提點南昌西山玉

355 吳澄：《吳文正公全集》卷二五《撫州元都觀藏室記》。
356 李存：《番易仲公李先生文集》卷二四《道錄張君墓誌銘》。
357 《元典章》卷三三《禮部六・釋道・道教・有張天師戒法做先生》。
358 吳澄：《吳文正公全集》卷十五《贈道士劉道圓序》。

隆萬壽宮，欲修繕宮宇，事前「以狀請於教主嗣漢天師」[359]；撫州路宜黃縣私建的全真道觀在延祐元年（1314 年）由第三十八代天師張與材命名為「長春道院」，隸歸官屬；吉安新建的天華宮先由玄教大宗師張留孫命名，後由張天師更名為天華萬壽宮等等。江西有些全真道觀既聽命於張天師，又服從於全真道掌教，如宜黃的長春道院在獲得張天師的認可後，全真道第十三代掌門人苗道一又自京師出文書護之，再名之為「長春」，對天師的命名予以確認。

元代的道教宮觀在上層統治者的支持下，廣殖貨產，干預地方事務，甚至為非作歹，成為一股強大的勢力。以江州廬山太平興國宮為例，該宮最初有三千畝田地，元中期迅速增加到一七〇〇〇多畝[360]，僅湯德潤任提點期間就增加一一〇〇〇畝，跨越興國路的大冶、永興，蘄州路的黃梅和江州的德化、彭澤、湖口、德安、瑞昌等地。該宮大廚每日炊米十斛，供食千人，可見道徒之眾。雖然姚燧說太平宮新增土地的來源有「貨取」、「施入」、「力作」三種方式，即出資購買、信眾捐贈和自己墾闢，但是，從「民之入錢取薪炭山者皆給之　。恆遣力人持挺（引者

359 柳貫：《柳待制文集》卷十四《玉隆萬壽宮興修記》。

360 據姚燧所記，該宮「始田履畝才及三千，今萬有奇」。筆者據姚燧所列各處田地數量相加，得出一七〇〇〇餘畝，而不是「萬有奇」。其間幾千畝的差距可能是茶園、樹林等山地。姚燧：《牧庵集》卷九《太平宮新莊記》，卷十一《江州廬山太平興國宮改為九天採訪應元保運妙化助順真君殿碑》。

註：當作『梃』）行邏林間，盜採者有罰」的記載分析[361]，該宮在江州、興國、蘄州三路交界地帶不僅擁有很強的經濟實力，而且能夠對「侵犯」其利益的民眾施行責罰，亦具有很強的政治實力。既然如此，該宮採取侵占、強取等方式廣殖貨產也未嘗不可能。臨江路玉笥山萬壽承天宮的「飯眾之田」超過萬畝[362]，經濟實力也非同一般。至於道士不遵戒規、敗亂倫常、作姦犯科之事，在江西亦時有發生[363]。

二　佛教

佛教傳入中國後，到唐代進入發展的鼎盛時期。北宋時期，佛教雖產生不少學者，流布亦廣，但已不及唐代。南宋、元朝和明朝前中期是中國佛教史上比較平淡晦暗的時期。具體到蒙元，大蒙古國時，蒙古統治者最先接受的是禪宗。約在蒙哥汗時期（1251-1259 年），藏傳佛教（喇嘛教）開始滲入蒙古內廷，並逐漸抑制漢傳佛教，最終成為元代佛教諸派中地位最高者。總領全國佛教事務的帝師均出自喇嘛教，凡天子即位，必受其戒，后妃公主，無不膜拜。但是，喇嘛教主要流行於宮廷和貴族間，南北民間雖有崇奉者，為數極少。就全國總體而言，宋、金以來的漢

361 姚燧：《牧庵集》卷九《太平宮新莊記》。
362 揭傒斯：《揭文安公全集》卷十二《臨江路玉笥山萬壽承天宮碑》。
363 《元典章》卷四三《刑部五・諸殺二・燒埋・打死姦夫不征燒埋》記錄了兩起與江西道士有關的案件。一是瑞州路道士王清一與鄒文興義女盧三娘通姦，被鄒打傷致死；二是臨江路太平玉虛觀道士鄒亨復與黎縣丞女瑞小娘之婢春蓮等通姦，被黎拿獲，用繩吊死。

傳佛教仍占主導地位，分為禪、教、律三大派，「禪尚清虛，律嚴戒行，而教則通經釋典」[364]。至元二十五年（1288 年），元廷集江南教、禪、律三宗的代表人物至大都廷辯，結果，教居於禪、律之上。但是，元代流行最廣的還是禪宗，尤其是臨濟和曹洞兩家[365]。北方臨濟宗以海雲印簡（1202-1257 年）為代表，被奉為「臨濟正宗」，但其傳承情況和對後世的影響不及南方；南方臨濟宗以雪岩祖欽（1216-1287 年）、高峰原妙（1238-1295 年）、中峰明本（1263-1323 年）等為代表，生機勃勃。北方曹洞宗以萬松行秀（1166-1246 年）為代表，連綿不斷，南方曹洞宗則日趨式微。這些高僧提倡既耕作又修行，同時注重規範寺院管理，約束僧眾行為，在佛寺制度方面對後世有很大影響。

具體到江西地區，以臨濟最盛，雪岩祖欽禪師為首。曹洞宗傳人不多，而以無印大證禪師為代表。

袁州仰山是江西臨濟宗的傳法重地。咸淳五年（1269 年），臨濟第十五世雪岩祖欽禪師（？-1287 年）住持仰山，力主儒釋一致。當時，「得法於其門者十數人，遍佈江湖之間，各在所至坐大道場，宣闡法要」[366]，仰山遂成為江南影響極大的名剎之一，號稱「法窟第一」。祖欽弟子中，名僧眾多，聲聞最著者有：高峰原妙，平江吳江人，後住持江南名剎杭州天目山師子

364 劉仁本：《羽庭集》卷二《送大璞　上人序》。
365 參閱陳得芝主編《中國通史》第八卷《中古時代・元時期（上）》，第 607-609 頁。
366 虞集：《道園學古錄》卷四八《大辨禪師寶華塔銘》。

岩，「道風日馳，遠方學徒如西域、南詔，不遠數萬里，云臻水赴」[367]；大辨希陵，婺州義烏人，獲世祖召見，賜號「佛鑑禪師」，後住持江左名寺杭州徑山，屢次賜號至「佛鑑大圓慧照禪師」；法琳，可能是袁州人，受璽書住持撫州梅山廣濟禪寺，賜號「佛慈普濟妙慧禪師」；天隱圓至，瑞州高安人，住持建昌能仁禪寺，是元代著名的儒僧；鐵牛禪師，吉安太和人，在衡陽酃縣建靈云寺，「大弘雪岩之道，儼然一大道場矣」[368]，其弟子則分佈於豫章、瑞州、天臨（治今湖南省長沙市）、廬山、江陵、臨江諸路的名剎。

雪岩祖欽之後，大辨禪師希陵（1247-1322 年）繼任仰山住持，一住三十年，規範森嚴。大德年間（1297-1307 年），希陵建大仰山太平興國禪寺，成宗令翰林學士承旨程鉅夫撰文為記，進一步擴大了仰山的影響。仁宗延祐三年（1316 年），希陵奉敕升住杭州徑山興聖萬壽禪寺，名僧晦機禪師元熙（詳見下文）繼任仰山住持，該寺繼續在江南佛教中保持重要地位。

袁州仰山外，洪州奉新百丈山大智壽聖寺、袁州南泉山慈化寺、江州廬山東林寺、撫州金溪疏山寺等亦是江南名剎。元貞二年（1296 年）始，晦機禪師元熙住持百丈山達十三年之久。在他的經營下，該山「赫然為天下禪宗第一」[369]。順帝時期，東陽

367 趙孟頫：《松雪齋文集・詩文外集・天目山大覺正等禪寺記》，四部叢刊初編本。

368 虞集：《道園學古錄》卷四九《鐵牛禪師塔銘》。

369 虞集：《道園學古錄》卷四九《晦機禪師塔銘》。

德輝住持百丈山，與笑隱禪師大訢共同編定《敕修百丈清規》，為天下叢林所宗。袁州南泉山慈化寺在元中期以規模宏大瑰麗著稱，號稱「建造為天下最」[370]，「四方之人懷金負貨，沖衢溢陌，所祈必應，如食得飽。寺無釜庾之田，日飯數千之眾」[371]，經濟實力很強。該寺住持慈昱稱「普蓮宗主」，賜號「明照慧覺圓應大禪師」。袁州周邊寺院的住持多出自該寺，宜春縣的逄溪山聖壽寺住持即是慈昱弟子。廬山東林寺是元代白蓮教的中心之一，出現了淨日禪師、祖誾禪師及優曇宗主普度等名僧，影響及於朝廷。本書第四章第一節「白蓮教及彭瑩玉的活動」已有詳論，此不贅述。金溪疏山寺在南宋時期已是江南名剎，入元繁盛依舊。程鉅夫說：「西江之西，之山之宮，仰為大，疏次之。」[372]他將疏山寺列為僅次於仰山的江西第二名寺。大德六年（1302年），徑山名僧雲住持璽書移主該寺，使該寺輝麗一時。其他如廬山開先寺、建昌能仁寺、撫州廣濟寺等，也具有一定影響。

元代處於中國佛理髮展的沉寂期，江西僧人在這方面也沒有特出建樹，但《敕修百丈清規》的編定使其在中國佛教史上占有重要一席。自唐代後期奉新百丈懷海（西元 749-814 年）制定《禪門規式》（又稱《百丈清規》），整飭禪宗寺院後，宋元兩代屢有修訂，先後有北宋崇寧二年（1103 年）真定長蘆洪濟院宗

370 揭傒斯：《揭文安公全集》卷十一《袁州宜春縣逄溪山聖壽寺記》。
371 程鉅夫：《雪樓集》卷十九《大慈化禪寺大藏經碑》。
372 程鉅夫：《雪樓集》卷十三《疏山白雲禪寺修造記》。

賾的《禪苑清規》十卷（又稱《崇寧清規》）、南宋景定二年（1208 年）龜峰宗壽《入眾日用清規》一卷、咸淳十年（1274 年）婺州後湖惟勉的《叢林校定清規總要》兩卷（又稱《咸淳清規》、《惟勉清規》、《婺州清規》）、至元十八年（1281 年）澹寮繼洪的《村寺清規》兩卷、至大四年（1313 年）廬山東林寺澤山壹鹹的《禪林日用清規》十卷（又稱《至大清規》、《澤山清規》）以及延祐四年（1317 年）中峰明本的《幻住庵清規》一卷和《庵中須知》十卷。以上清規，有的流行較廣，如《崇寧清規》，有的僅行於一寺，如《幻住庵清規》，同時，《禪門規式》仍在行用。元中後期，百丈山大智壽聖寺住持德輝（東陽人，懷海第十八代傳人）鑒於《禪門規式》流傳已久，後世各種清規雖在其基礎上進行增刪，但矛盾時出，難以折中，而元代的僧官體系已經完備，清規的混亂狀況常使教內執法無所適從，遂欲釐正各類清規。德輝至大都，通過御史大夫撒迪上奏陳請，順帝詔令其和集慶（治今江蘇省南京市）大龍翔集慶寺住持大訢（詳見下文）共同編定新的清規。大訢曾是百丈山僧人，元文宗任命為大龍翔集慶寺的開山住持後，以《禪門規式》作為本寺的「日用動作威儀之節」[373]。輝、訢二僧奉詔率其他師出百丈山者在《禪門規式》的基礎上，參考《崇寧》《咸淳》《至大》等清規，於元統三年（1335 年）完成編訂，稱《敕修百丈清規》，頒行天下叢

373 黃溍：《金華黃先生文集》卷十一《百丈山大智壽聖寺天下師表閣記》。

林。

《敕修百丈清規》上、下兩卷，上卷五章，下卷四章，全書共九章。第一章《祝釐章》是聖節（皇帝生日）、千秋節（皇太子生日）、景命齋日（每月初一、初八、十五、二十三）、善月（正月、五月、九月）及每日的祝贊之詞。第二章《故思章》包括感謝國主佑佛的「國忌」和災異祈禳兩部分內容。第三章《報本章》規定了紀唸佛祖和帝師的儀式。第四章《尊祖章》是關於紀念禪宗祖師的儀禮。第五章《住持章》詳細規定了迎請新住持及其圓寂後重選住持的相關制度和儀式。第六章《兩序章》介紹了寺院迎來送往、上下交接的具體規程。第七章《大眾章》是關於僧人得度、受戒、著裝、用具、遊方、參禪、修行、普請及料理亡僧後事等細務的相關規定。第八章《節臘章》是僧伽節日和齋戒儀式的說明。第九章《法器章》詳細介紹鐘、板、木魚、磬、鼓、鐃等號令法器及其使用情況。書後附有《百丈祖師塔銘》、《百丈山天下師表閣記》和此前幾部清規的序文等。

《敕修百丈清規》幾乎涵蓋了禪宗寺院生活的所有方面，經朝廷頒行後，起到了整飭禪寺的作用。元代還有律僧省司等於泰定二年（1325 年）編成《律苑事規》，教僧自慶於至正七年（1347 年）編成《增修教苑清規》，漢傳佛教中禪、律、教三類寺院的內部規定至此都進一步制度化而「各守其業」[374]。其中，《敕修百丈清規》在明、清兩代，其主要規定一直被相沿執行，

374 《元史》卷二〇二《釋老傳》。

對禪宗的長久流傳功不可沒。這是元代江西佛教界的重大貢獻。

名剎、名規外，元代江西地區還出名僧。入元以後的江西，頗有原習儒業或出身儒族者遁世為僧，他們兼宗儒、釋兩家，長於文辭，精通佛理，足跡遍及江南、幽燕，不僅享譽江南，還馳聲京師，晦機、行滿、圓至、大訢、懷渭等是其中的佼佼者。元代禪林的「詩禪三隱」（天隱圓至、笑隱大訢和覺隱本誠）中，兩「隱」出自江西[375]，不可謂不盛。下文將略述幾位名僧。

元熙（1238-1319 年），字晦機，元帝賜號為「佛智」，俗姓唐，號南山遺老，南昌人。出身儒家，族父明公在西山明覺院學佛，聚族中子弟而教之。元熙與堂兄唐元齡從學其中，習進士業。後元齡高中進士（宋末任臨江通判，隨文天祥起兵而死），元熙則在十九歲時從明公祝發遊方。在蘇、浙一帶，元熙名聲漸起。因擅長文辭，錢塘名寺多虛記室之職（引者註：即書記，寺院八大執事之一，掌書翰文疏）以待之。至元（1264-1294 年）中後期，江淮釋教總攝楊璉真伽奉旨取阿育王塔中舍利進京，請元熙撰文記述始末，並與之俱趨京師。後，元熙歸鄉築竹所，四方從學者數百人。再徙居安徽潛山。六年後，洪州天寧寺、黃龍寺請任住持，均辭而不往。元貞二年（1296 年），始應百丈山之請，任住持達十三年，使該寺「赫然為天下禪宗第一」。至大元

375 關於圓至和大訢，陳得芝《論元代的「詩禪三隱」》一文有詳細論述，原載《禪學研究》第一輯（1992 年），又收於陳著《蒙元史研究叢稿》，人民出版社 2005 年，第 502-523 頁。本書多有參考。

年（1308 年），應邀住持杭州淨慈寺。到寺之日，江浙行省和行宣政院長官率僚屬拜伏恭迎。淨慈寺是禪宗五山之一，名聞天下，元熙住持期間，「中國學者及高麗、雲南、日本之僧前願致師而不得者皆爭見，門下以千百數」。在淨慈七年後，中書省平章政事張閭和江浙行省丞相告令江浙群寺，除老病和守舍僧外，其餘眾僧近萬人齊集冷泉亭下，聽晦機講法。此後，元熙移駐杭州徑山，僅居三個月即辭位。晚年返居袁州仰山，三年後圓寂，葬於金雞石。元熙兼綜儒、釋，覃思博學，虞集論其「非俗儒小生所能至。其大辨明慧，洞徹心要，誠一代之宗匠」[376]。元熙善為文辭，趙孟頫、袁桷等文宗鉅儒皆與其傾心納交，歐陽玄則將其於禪林文僧圓至並稱，認為二人在元初倡興斯文於東南，影響很大。晦機一生四住名山，弟子數百，參學者數十，多特達卓異之僧，而以笑隱禪師大訢為首。

圓至（1256-1298 年），俗姓姚，字天隱，自號筠溪牧潛，瑞州高安人。高安姚氏在宋代以科舉著稱，為當地望族。圓至叔父姚勉是南宋寶祐元年（1253 年）進士第一，歷官內外，後與權相賈似道不合，辭官歸野。方逢辰稱其為「瑞州奇士」。圓至之兄姚云是咸淳四年（1268 年）進士，宋末累官至工刑部架閣，入元後長期不仕，晚年出任撫州、建昌儒學提舉。勉、云二人均工於文辭，分別有《雪坡文集》和《江村遺稿》行世。圓至之父文叔、從兄弟龍起、元夫等亦於宋季中舉入官，可見姚氏實為儒

376 虞集：《道園學古錄》卷四九《晦機禪師塔銘》。

宦名家。圓至幼從父兄習儒，十九歲時，因元軍攻宋，時局混亂，遁入袁州仰山太平興國寺為僧，師事雪岩祖欽禪師。江南稍定，圓至雲游荊襄、吳越諸地。在平江承天能仁寺，他跟隨禪、教兼精的名僧覺庵夢真禪師學習佛法。又居長洲磧砂延聖院，與詩僧天紀行魁過從甚密，又與當地文士頗相往來。至元二十三年（1286 年），圓至到達慶元，依從天童景德寺月波明禪師和育王廣利寺橫川如珙禪師。天童、育王二寺名列江南「五剎」之中，為叢林之望，明、珙兩位禪師則是禪林宗師。同時，圓至還與當地名族袁氏聯繫密切，一度寓居其家，袁洪、袁桷父子及袁桷之師戴錶元均為其摯友。

遊歷十餘年後，圓至於至元二十八年（1291 年）回到廬山，三年後，住持建昌能仁寺。這是圓至唯一的一次擔任住持，也是居止一所寺院最久的一次。在能仁寺期間，他講說佛法，一本於乃師祖欽。由於天性淡然，不樂居位，兩年不到，圓至辭歸廬山。因體弱多病，大德二年（1298 年）卒，年僅四十三歲。

圓至人品如「天隱」「牧潛」之號，一生甘於寂寞，遠離權要。他兼攻儒書釋典，出入儒釋之間，可謂「儒而禪，釋而文」，故戴錶元說：「今世言禪者，亦多推天隱。」[377]尤究心文辭，自稱「獨於文字鑽抉，則力已竭而志不衰」[378]。所做詩文備受讚譽。方回稱其文「讀而醉心」，擬之以「斬鐵切玉」；戴錶

377 戴錶元：《剡源戴先生文集》卷九《圓至師詩文集序》。
378 圓至：《牧潛集》卷五《與袁伯長書》。

欽定四庫全書
牧潛集卷三
元 釋圓至 撰
碑記
雙嶺禪寺碑
西山南趾羣奔飲於江望水十五里張翼而立曰雙嶺雙嶺之趾石泉漱漱土田沃衍高壁隔其前大峯擁其旁藏焉若塢屏焉若國有麓垂首飲塢中圖志云東晉時有異比邱開其上為寺立七石磴坐天神之稟法者
欽定四庫全書　牧潛集　卷三　二
西有臺曰雨華云謝康樂譯經感瑞其上有壇離峙曰羅漢環巒竦立境益幽樹物皆異狀東北一二里有臺曰禪儀則隱人煮石為膳屋其處真誥稱白石子者也西山僊聖古境雙嶺又最舊所傳藏皆異代故物有銅像三千七百軀軀高數尺陳貞明元年又獲阿育王所造像於梁安寺隋敬埒禪師又鑄瑞佛五軀錄經五千餘卷度焉則雙嶺禪之始也境既最則居遊皆賢偉聞

・釋圓至《牧潛集》

圖片說明：影印文淵閣四庫全書本，上海古籍出版社 1988 年版，第 1198 冊，第 117 頁。

元論其文「清馴峭削，殆以理勝」，楊維楨對其也頗為欣賞。《四庫全書總目》說：「自六代以來，僧能詩者多，而能古文者不三五人。圓至獨以文見，亦緇流之中卓然者。」對圓至給予很高的評價。其詩，雖然少有言及亡國之痛的作品，但黍離之感時見於字裡行間。天紀行魁集其詩文，編為《牧潛集》，刊印行世。至於所著《三體唐詩注》，則有「疏漏殊甚」[379]之評。

行滿（生卒年不詳），俗姓曾，號萬山，吉安太和人。父曾

379 永瑢等：《四庫全書總目・三體唐詩》。

應龍，字拱辰，號翠庭先生，由科舉入仕。行滿幼習儒書，九歲入云亭蕩原彌陀院為行童，僧名福可。後北遊，登五台山。至元十七年（1280 年）入山西仰山，剃髮為僧，更名行滿，受戒於大同大普恩寺圓戒會。行滿先習曹洞宗法，又參云門臨濟。大德年間（1297-1307 年），行滿在北方聲聞大振，「四方求法者歸之如流水」，宣政院使相迦失里、功德使大司徒輦真吃剌思與其為同道友，王公貴人皆稽首歸敬。時海山戍守北邊，令施鈔萬貫，在仰山棲隱寺造文殊菩薩像。海山登位後，駕臨其寺，施金百兩、銀五百兩、鈔六萬貫，賜行滿為「佛慧鏡智普照大禪師」，並令織造金龍錦緣僧伽黎大衣，極其工巧，歷時一年才造成。袈裟織成後，海山特召行滿至宮中受賜。仁宗為太子時，三次臨幸仰山，不僅大造寺宇，還賜蘇、杭水田五千畝，作為該寺的地產。皇慶元年（1312 年），仁宗授行滿銀青榮祿大夫、司空。趙孟頫說：「自四海一家，梵僧往往至中國，而師出於江左（引者註：當作『江右』），能以其道鳴於京師，以承天子之寵命，真世所希有。」[380]言下之意，元代獲天子寵渥者多是梵僧，行滿以江南之人名震京師，獲武宗、仁宗兩帝優寵，實屬難得。行滿確是獲賜俗世勛爵最高的元代江西僧人。

大訢（1284-1344 年）是元代聲譽顯赫的名僧，自號「笑隱」。先世出自江州「義門」陳氏，後徙南昌。大訢自幼習儒，過目成誦。九歲奉父母之命，入伯父所在的龍興路水陸院祝發為

380 趙孟頫：《松雪齋文集・詩文外集・仰山棲隱寺滿禪師道行碑》。

小沙彌，不廢讀書。受戒後，十七歲出遊廬山，參謁開先寺一山了萬禪師。因聰慧開爽，頗有學基，了萬禪師留為內記。不久，至奉新百丈山參謁晦機禪師元熙，深受器重，由內記升為記室。至大元年（1308 年），晦機遷主杭州淨慈寺，大訢隨行。時晦機門下弟子眾多，大訢仍穎秀出眾，至大四年（1311 年）由淨慈寺出任湖州烏回寺住持。後，該寺遭寇掠，大訢脫身游於江浙之間，皇慶二年（1313 年）復歸淨慈。此後的幾年間，大訢在杭州與名儒趙孟頫、黃溍、鄧文原、楊載、袁桷、仇遠等交遊，結為忘年友；又游天目山，訪名僧中峰明本，甚得敬重。至此，大訢在儒、佛兩界均擁有較高聲譽。

延祐七年（1320 年），江浙行省丞相兼領行宣政院事脫歡因杭州鳳凰山報國寺毀於大火，擇可負興復之任者為住持。大訢出任該職，使報國寺棟宇一新，土田盡復，得到脫歡的賞識。泰定二年（1325 年），脫歡升其住持中天竺寺。中天竺寺為禪宗十剎之首。自宋代排定「五山十剎」後，凡任其住持者，「必先出世小院，候其聲華彰著，然後使之拾級而升。其得至於五名山，殆猶仕宦而至將相，為人情之至榮……淄素之人往往歆豔之」[381]。即出任「五山十剎」住持者均是僧界之「將相」。大訢在至大四年（1311 年）到泰定四年（1325 年）的十四年間，從普通的烏回寺住持升至中天竺寺住持，實是「官運」亨通之人。在中天竺寺，他不負所望，又將災後的寺院興復如初。

381 宋濂：《宋學士文集》卷四十《住持淨慈寺孤峰德公塔銘》。

天曆元年（1328 年），元文宗即位。次年，詔將其潛邸所在的金陵改名為「集慶」，舊居改建為大龍翔集慶寺。由於和當朝天子的緊密關係，該寺在營造、產業、規制、地位等方面均超過江南舊有的「五山十剎」，開山住持更是眾目所矚。大訢憑藉聲望與才學，榮膺其選。文宗特授三品文階、太中大夫，冠於其法號「廣智全悟大禪師」之上。至此，大訢成為江南「才名動九天」[382]的名僧。天曆三年（五月改至順元年，1330 年），大訢承詔馳驛進京，覲見文宗。自至元二十五年（1288 年）江南教、禪、律三宗廷辯後，教一直居於禪、律之上，大訢以禪僧而受如此寵遇，禪僧多為之鼓舞。

在京師，大訢與文宗對坐奎章閣，談禪論法，深契帝意。文宗知其善文，令人誦其詩文，以資欣賞。此次入覲，大訢收穫甚豐，不僅有貂裘、金衲衣及異寶之賜，其曾經住持的中天竺寺奉詔改名為天曆永祚寺，所居別院廣智院得到虞集所書匾額，其師晦機禪師還得到奎章閣侍書學士虞集奉詔所撰塔銘，甚至是從行弟子都獲聖賜。歸途中，大訢作《黃河阻風》詩，其中有「我行不有神靈助，風送天香自帝傍」一句，得意之色躍然紙上。

大訢南還後，文宗「復遣使頒降 書加護，香幣之頒無虛月」[383]。順帝即位，寵遇更甚。至元元年（1335 年），已經住持

382 薩都剌：《薩天錫詩集・外集・寄賀天竺長老訢笑隱召住大龍翔集慶寺》，四部叢刊初編本。

383 黃溍：《金華黃先生文集》卷四十二《龍翔集慶寺笑隱禪師塔銘》。

欽定四庫全書
蒲室集卷二
元 釋大訢 撰
古詩 七言
月支王頭飲器歌
呼韓款塞稱藩臣已知絶漢無王庭馳突猶令漢使者
縱馬夜出居延城我有飲器非飲酒開函視之萬鬼走
世世無忘冒頓功月支強王頭在手帳下朔風吹酒寒
欽定四庫全書 蒲室集 卷二 一
凝酥點雪紅斕斑想見長纓繫馬上髑髏濺血如奔湍
手摩欲回斗杓轉河決崑崙注尊滿酒酣劍吼浮雲悲
使者辭歎歸就館古稱尊俎備獻酬孰知盟誓生戈矛
斬取樓蘭懸漢闕功臣猶數義陽侯
曹娥江請碑圖
海門五月潮如山龍伯哭負蒼蛟頑越俗輕生好巫鬼
婆娑蹈舞洪濤間羣巫妓服盱獨好歌聲忽絶紅旗倒
孝娥死抱父屍出天地無情日杲杲雄詞不媿邯鄲兒

・釋大訢《蒲室集》

圖片說明：景印文淵閣四庫全書本，上海古籍出版社 1988 年版，第 1204 冊，第 535 頁。

大龍翔集慶寺七年之久的大訢奏請辭職，順帝不允，特詔加授「釋教宗主兼領五山寺」。這意味著大訢躍升江南五山名剎住持之上，成為名副其實的江南眾僧之首。之後，大訢優處大龍翔集慶寺，屢獲寵賜，惠及其徒。到至正四年（1344 年）病逝時，大訢住持大龍翔集慶寺達十五年之久，實屬罕見。逝後，名宗巨儒虞集、黃溍分別奉敕撰寫《道行記》和《塔銘》；明初，其塔院廢於兵燹，太祖朱元璋捐私財營建祠宇，用於遷葬，宋濂為撰《遷塔記》、《五燈續略》、《續燈存稿》等僧史皆錄其傳，足見其在元代的地位之高和明初的影響猶存。

但是，大訢並不是一個僅僅坐享尊榮的僧界「貴官」，他還是禪鋒機敏的名僧和辭章優長的文士。大訢二十來歲在百丈山師事晦機禪師時，苦心悟禪，「平生凝滯渙然冰釋」[384]。此後，更精研佛典，旁及儒家、道流和百氏之說。三十來歲與中峰明本禪師在天目山夜半座談時，大風幾乎吹裂崖石。眾僧驚慌失措，大訢安坐如常，表現了極高的定力。晚年住持大龍翔集慶寺，參謁者絡繹不絕，大訢以機鋒峻峭著稱於時。弟子集其語錄，編為《四會語錄》。他還與百丈山住持德輝禪師共同校正《叢林清規》，頒行禪林。至於大訢的詩文，頗受讚譽。黃溍稱其文「無山林枯寂之態，變化開闔，奇彩爛然。而論議磊落，一出於正，未嘗有所偏蔽」。虞集贊其文「如洞庭之野，眾樂並作，鏗鋐軒昂，蛟龍起躍，物怪屏走，沈冥發興。至於名教節義，則感厲奮激，老於文學者不能過也」[385]。其詩文中頗多與官員的酬唱之作，功名之心、得意之情時有流露，且力倡忠君友悌等名教節義。「無山林枯寂之態」的文風與其名「訢」（即「欣」）、其號「笑」是一致的。這種文風的形成，固然與大訢的開爽之性有關，更得益於尊榮之位。所著有《蒲室集》。

守忠（1255-1348 年），俗姓黃，字曇芳，都昌人[386]。三十八歲入建昌（今永修縣）雲居山真如禪院。時玉山德珍禪師[387]住

384 黃溍：《金華黃先生文集》卷四十二《龍翔集慶寺笑隱禪師塔銘》。
385 黃溍：《金華黃先生文集》卷四十二《龍翔集慶寺笑隱禪師塔銘》。
386 以下關於曇芳禪師守忠和玉山德珍禪師的論述，並請參閱任宜敏著《中國佛教史·元代》，人民出版社 2005 年版，第 255-256 頁。本書多有採擇。
387 按：玉山德珍禪師為江西南康人，曾開法於雲居山真如禪院，成宗大

持該院，守忠從習禪法，後辭師東遊，歷參名僧。德珍主法杭州靈隱，守忠前往依止。德珍逝後，守忠相繼住持金陵保寧寺、蔣山太平興國禪寺等名剎。泰定二年（1325 年）初，懷王圖貼睦爾至金陵。當晚，太平興國寺毀於火。次日，圖貼睦爾親詣蔣山，請守忠興復被毀寺院，守忠則請圖貼睦爾為大檀越。後者欣然應允，並請新建崇禧寺。此後，圖貼睦爾多次登山問法，對守忠非常敬服。致和元年（1328 年），圖貼睦爾登位，改元天歷，是為文宗。隨即，文宗遣使者至蔣山，賜守忠金襴袈裟一襲、銀五百兩、金五十兩、納失失（引者：一種華麗的繡金錦緞）幡一對，次年又遣使特授守忠「廣慈圓悟大禪師」之號，令其住持大崇禧寺，兼領太平興國寺。至順元年（1330 年），守忠奉詔與大龍翔集慶寺住持大訢馳驛入京，見文宗於奎章閣，獲賜優厚。至正二年（1342 年），應杭州行宣政院之請，遷主徑山。至正四年（1344 年），大訢逝，次年，守忠因特旨升住大龍翔集慶寺，三年後逝。大龍翔集慶寺一度是江南地區最重要的寺院，位居舊有的「五山十剎」之上，而該寺從建設之初到至正八年（1348 年）的二十年間，始終由江西籍僧人擔任住持，不可不謂元代江西佛教界的一大盛事。

懷渭（1317-1375 年）是元中後期至明初江南著名的「文辭僧」，俗姓魏，字清遠，晚年自號竹庵，南昌人，笑隱禪師大訢

德年間（1297-1307 年）住持杭州靈隱寺，獲賜「佛光海印禪師」尊號，為當時名僧。

之甥。十九歲祝發為僧，往依大訢。時大訢住持大龍翔集慶寺，四方名紳翕然來聚。大訢與江南行台御史中丞張起岩、翰林學士承旨張翥以及尚為布衣的臨川危素等往來酬唱，「或發天人性命之秘，或談古今治忽之幾，或輪（引者註：當作『論』）文辭開闔之法」[388]。懷渭侍於大訢之側，學問漸長，又精通佛法，被大訢視為「能弘大慧之道使不墜者」。懷渭先任大訢的記室，大訢圓寂後，出遊江南，拜虞集於臨川，見黃溍於瀏陽，後出任紹興寶相寺住持。不久，遷主大訢曾經住持過的杭州報國寺，再轉湖州。元末兵亂，避居廬山。洪武初，杭州名剎淨慈寺虛席，懷渭憑藉卓著的聲望，任該寺住持。後，懷渭奉朱元璋詔至金陵，聚兩浙名僧，在鐘山舉行無遮大會。自金陵返浙後，懷渭退居藏有大訢禪師爪發的錢唐梁渚院，問道之人接踵而至。懷渭兼通儒釋，神宇超朗，長於鼓琴，更擅為文辭，所著篇翰「如千葩競放，錦麗霞張，而不見春風煦嫗之跡，沉冥盡斂，精明自然，老於文學者爭歆慕之」，時人譽為「文中虎」。亦善草書、隸書。順帝前期，其詩文、書法行於四方。有《四會語錄》和《詩文外集》。

大證（1297-1361 年），鄱陽人，俗姓史[389]。自幼穎異，素有善願。十四歲入饒州昌國寺，精研佛典，四處遊方，先後在廬

388 宋濂：《宋學士文集》卷五七《淨慈禪師竹庵渭公白塔碑銘》。

389 以下關於無印禪師大證的論述，采自任宜敏著《中國佛教史・元代》，第 299 頁。

山圓通寺謁荊溪石琬禪師，往天童山參雲外雲岫禪師，去天目山禮中峰明本大和尚。大證參謁的諸僧中，既有曹洞一系的名僧，又有明本這樣的臨濟宗匠，但因其得云岫禪師嗣法，而後者是元代南方曹洞宗的大德，故大證亦屬曹洞一系。至治年間（1321-1323 年），大證奉詔赴大都書寫金字藏經，受賜織金屈眴之衣。泰定元年（1324 年），應江浙行省丞相脫歡之請，住持浙江衢州南禪寺。其後，歷住贛州光孝寺、龍興翠岩寺、信州祥符寺、浙江奉化雪竇山資聖禪寺，晚年退居定水圓明庵。大證是元代後期南方曹洞宗的代表性人物。

此外，元代江西地區還有幾位頗負時望的名僧：了萬，俗姓金，臨川人。幼英敏好學，年十五，已通古今經緯之學。後在金溪縣常樂院祝發，遊歷諸方，遍參名宿。了萬禪思機敏，才思英發，為人耿直，善於獎掖後學，先後住持廬山開先寺、東甌江心寺等名剎。道慧，字性空，廬山東林寺僧人，主要活動在元代中期，與宋代遺民汪元量及文壇名流程鉅夫、吳澄、貫云石等有詩文往還。道慧多作律詩，其詩清新樸實，感情真切，少有學究之氣，整體詩風乃宋代江湖派在元代的緒餘。他比較關心世事，筆下多有涉及民間疾苦之作，詩集《廬山外集》今存。正友，貴溪人，俗姓于，號古梅。早年從末山禪師出家，後遊歷江淮兩浙多年，禪鋒靈動，曾任福建兩處名寺住持，並先後獲賜「湛然至遠禪師」和「佛日廣智禪師」尊號及紫袈裟一領。有《語錄》二卷行於世。惟則，俗姓譚，字天如，吉安路永新人。先得法於普應國師，又從學於名僧中峰明本，後遁跡於松江九峰，道風日振，獲賜「佛心普濟文惠大辨禪師」尊號。元末，在平江城東北隅選廢圃築為方丈。因乃師明本在天目山師子岩講道說法，遂命名該方丈為「師子林」。林中有竹萬竿，竹外多怪石，軒堂亭閣，冠絕一時。倪元鎮、徐復等文人時常流連其中，繪景題詠，師子林遂成為元末文壇勝地。惟則兼綜儒、釋，在佛理方面造詣高深，著《楞嚴經會解》十卷和《淨土或問》。又擅文辭，侍者集其詩文為《師子林別錄》，其中有些詩作意致清絕，頗耐諷誦。《元詩選》收其詩三十六首。至仁，俗姓吳，字行中，號澹居子，又號熙怡叟，鄱陽人。得法於杭州徑山元叟端和尚，元末居蘇州萬壽寺。工詩能文，博綜經史，貢師泰、黃溍等名流對他都很推重。虞集論其文醇正雄簡而有史筆，可比釋子中的司馬遷，宋濂則贊其文辭簡奧而有西漢之風。顧嗣立認為其詩穩秀有法。有詩文集《澹居稿》，已佚，惟《元詩選》存其詩二十五首。自恢，字復元，豫章人。至正末，住海鑑法喜寺。洪武初，移住廬山。善詩，詩作見於《玉山雅集》、《名勝集》等。

元代崇佛不減於兩宋，但僧尼人數少於故宋和明代。據至元二十八年（1291 年）戶口統計，全國有寺院四二三一八所，僧尼二一三一四八人[390]，略少於北宋熙寧元年（1068 年）的二十五萬餘僧尼，遠少於明代僧尼的五十萬之數。當然，這只是官方統計，還有相當一部分僧尼未被納入統計。而元代老氏之流，「男女三十萬」[391]，遠不及僧尼之眾。在江西地區，佛教勢力亦

390 《元史》卷十六《世祖紀十三》。
391 孛術魯翀：《菊潭集》卷二《平章政事尚公神道碑》，藕香拾零本。

在道教之上，各地寺院的數量遠遠超過道教宮觀，如南豐州，「歸附後，（寺院）滋益盛矣。豐一州耳，寺院相望」[392]，而該州道觀只有十幾所。寺庵僧尼利用朝廷的護佑和部分特權，廣占田產，又經營手工業、商業、高利貸，成為地方一股重要的政治和經濟勢力。他們時常侵占民田、學田，元廷為此屢下詔令，禁止僧道與民田為鄰，以防止他們購買或強占民田。如臨江路儒學田「在新淦之鄙，與僧舍鄰，冒占強奪垂二十年。官職往問，貪者中其餌，怯者駭其橫，卒莫之誰何」[393]；分宜縣崇法寺僧強占分宜縣學田達四十餘年之久；廬山開先寺與南康儒學爭田，其間爭訟不絕，經久難息。金溪疏山寺的財富擴張和為害一方是十分典型的事例。番僧雲住住持該寺的前八年間，該寺「無日不事，無事不有功」：「一年而僧堂改觀；二年宮殿塗壂，丹護莊嚴像，設供養之工畢舉；三年，作下院於撫州，又作於金溪縣；四年，鑿山為園，藝桑，植桐，植茶凡四千；五年，萃堵波、小大之屋皆完新，以其餘力復取化城洲地；六年，又鑿山種株餘二萬，役水舂磑而屋焉之；七年，架萬歲閣；八年，閣成，粉飾咸具，刻畫肖像萬身，創二庫以豐財。」疏山寺的財富在急遽擴展，雲住仍不滿足，說：「未哉！明年吾新香積矣，又明年吾又新西堂矣。明年明年無量，吾事亦無量。」[394]在雲住的經營下，疏山寺

392 劉壎：《水雲村泯稿》卷五《南豐郡志序目》。
393 吳澄：《吳文正公全集》卷二二《臨江路修學記》。
394 程鉅夫：《雪樓集》卷十三《疏山白雲禪寺修造記》。

成為當地經濟實力最為雄厚的寺院，不僅擁有如化城洲地那樣的優質田產，據有廣植桑、桐、茶、 的大片山園，還有水舂用以生財。其擴充財富的過程中，不乏「發人冢墓取財物」[395]這樣的卑劣手段。除了瘋狂聚斂，雲住還廣結權要，饒州路總管王都中及江西肅政廉訪司官員李侖、周䄇、薩德彌實等與雲住「俱厚善[396]，時有詩文相贈。雲住住持疏山寺達三十年之久，最終將該寺發展成為害一方的豪惡勢力。後，撫州路推官楊景行決意懲治雲住，但歷經凶險：雲住被告發後，「官吏受賄，緩其獄」，楊景行加以抵制；「僧以賄動之」，楊景行拒納賄賂；僧「乃賂當道者，以危語撼之」[397]，楊景行不懼危言，才最終依法懲治雲住。

金溪疏山寺只是元代江西地區佛教勢力擴張的一個縮影。元中期，江西許多寺僧「豐車肥馬，要結權勢，暱聲色，殖貨產，大者可以埒封君，不知朝廷所以尊尚覆護者，欲其超出諸塵，見性成佛，或足以裨治化」[398]。此語出自危素，時在泰定元年（1324 年），反映的應是危素足跡所至的撫州、饒州、信州一帶的情況，但又何嘗不是當時整個江西地區乃至全國佛教勢力真實狀況的描述。

395 《元史》卷一九二《良吏傳二・楊景行傳》。
396 吳澄：《吳文正公全集》卷三二《題四君子贈疏山長老卷後》。
397 《元史》卷一九二《良吏二・楊景行傳》。
398 危素：《危太朴文集》卷二《趙步院記》。

參考文獻

正史政書類

脫脫等：《宋史》，中華書局 1977 年版。

宋濂等：《元史》，商務印書館 1935 年百衲本。

宋濂等：《元史》，中華書局 1976 年版。

陸心源：《宋史翼》，續修四庫全書本。

柯劭忞：《新元史》，上海古籍出版社 1989 年據天津徐氏退耕堂木刻本影印本。

張廷玉等：《明史》，中華書局 1974 年版。

徐松輯：《宋會要輯稿》，中華書局 1957 年版。

馬端臨：《文獻通考》，商務印書館 1937 年萬有文庫本。

佚名：《大元聖政國朝典章》（《元典章》），中國廣播電視出版社 1998 年版。

黃時鑑點校：《通制條格》，浙江古籍出版社 1986 年版。

王頲點校：《廟學典禮（外二種）》，浙江古籍出版社 1992 年版。

王士點、商企翁編，高榮盛點校：《秘書監志》，浙江古籍出版社 1992 年版。

楊訥點校：《吏學指南（外三種）》，浙江古籍出版社 1988 年版。

《明太祖實錄》，台灣「中央研究院」歷史語言研究所校印本。

文集

陸游：《陸游集》，中華書局 1976 年版。

楊萬里：《誠齋集》，四部叢刊本初編本。

孛術魯翀：《菊潭集》，藕香拾零本。

陳旅：《安雅堂集》，景印文淵閣四庫全書本。

陳高：《不繫舟漁集》，敬鄉樓叢書本。

程端禮：《畏齋集》，四明叢書本。

程鉅夫：《雪樓集》，清宣統陶氏涉園景刊明洪武本。

戴良：《九靈山房集》，叢書集成本。

戴表原：《剡源戴先生文集》，四部叢刊初編本。

鄧雅：《玉笥集》，景印文淵閣四庫全書。

方回：《桐江續集》，景印文淵閣四庫全書本。

傅若金：《傅與礪詩文集》，景印文淵閣四庫全書本。

傅若金：《傅與礪詩集》，嘉業堂叢書本。

貢師泰：《玩齋集》，景印文淵閣四庫全書本。

甘復：《山窗余稿》，豫章叢書本。

顧瑛：《草堂雅集》，陶氏涉園影刊元槧本。

郭鈺：《靜思集》，景印文淵閣四庫全書本。

何中：《知非堂外稿》，《全元文》版，江蘇古籍出版社 2001 年版。

胡祗遹：《紫山大全集》，景印文淵閣四庫全書本。

胡炳文：《雲峰集》，景印文淵閣四庫全書本。

黃震：《黃氏日鈔》，景印文淵閣四庫全書本。

黃溍：《金華黃先生文集》，四部叢刊初編本。

揭傒斯：《揭文安公全集》，四部叢刊初編本。

孔齊：《至正直記》，「宋元筆記小說大觀」本，上海古籍出版社 2001 年版。

藍浦、鄭廷桂著，歐陽琛、周秋生校，盧家明、左行培註：《景德鎮陶錄》，江西人民出版社 1996 年版。

雷思齊：《易圖通變》，清康熙十九年（1680 年）通志堂經解本。

李存：《番昜仲公李先生文集》，明永樂三年（1405 年）李光刻本。

李存：《俟庵集》，景印文淵閣四庫全書本。

李祁：《雲陽集》，景印文淵閣四庫全書本。

梁寅：《新喻梁石門先生集》，清光緒新喻鐘體志重刊本。

梁寅：《詩演義》，景印文淵閣四庫全書本。

梁寅：《周易參義》，清康熙通志堂經解本。

劉壎：《水雲村泯稿》，明天啟刊本、清道光愛余堂刊本。

劉詵：《桂隱文集》，景印文淵閣四庫全書本。

劉崧：《槎翁文集》，景印文淵閣四庫全書本。

劉岳申：《申齋劉先生文集》，元代珍本文集彙刊本。

劉敏中：《平宋錄》，墨海金壺本。

劉仁本：《羽庭集》，景印文淵閣四庫全書本。

劉辰翁撰，吳企明校註：《須溪詞》，上海古籍出版社 1998 年版。

劉辰翁：《須溪集》，景印文淵閣四庫全書本。

劉將孫：《養吾齋集》，四庫全書珍本初集。

柳貫：《柳待制文集》，四部叢刊初編本。

馬金鵬譯：《伊本·白圖泰遊記》，寧夏人民出版社 1985 年版。

歐陽玄：《圭齋文集》，四部叢刊初編本。

權衡：《庚申外史》，豫章叢書本。

任士林：《松鄉文集》，景印文淵閣四庫全書本。

薩都剌：《薩天錫詩集》，四部叢刊初編本。

釋大訢：《蒲室集》，景印文淵閣四庫全書本。

釋圓至：《牧潛集》，景印文淵閣四庫全書本。

宋褧：《燕石集》，北京圖書館古籍珍本叢刊本。

宋濂：《宋學士全集》，四部叢刊初編本。

孫淑：《綠窗遺稿》，嘉業堂叢書本。

蘇伯衡：《蘇平仲文集》，四部叢刊初編本。

蘇繼廎：《島夷志略校釋》，中華書局 1981 年版。

蘇天爵：《滋溪文稿》，元人文集珍本彙刊本。

陶宗儀：《南村輟耕錄》，中華書局 1959 年版。

陶宗儀：《書史會要》，景印文淵閣四庫全書本。

唐元：《筠軒集》，景印文淵閣四庫全書本。

王逢：《浯溪集》，叢書集成初編本。

王結：《文忠集》，景印文淵閣四庫全書本。

王禮：《麟原文集》，四庫全書珍本初集本。

王冕：《王冕集》，浙江古籍出版社 1999 年版。

王惲：《秋澗先生大全文集》，四部叢刊初編本。

王禎著，王毓瑚校：《農書》，農業出版社 1981 年版。

王國瑞：《扁鵲神應針灸玉龍經》，景印文淵閣四庫全書本。

王義山：《稼村類稿》，景印文淵閣四庫全書本。

危素：《危太朴文集》、《續集》，吳興劉氏嘉業堂刊本。

危素：《雲林集》，景印文淵閣四庫全書本。

危素：《元海運志》，叢書集成本。

吳澄：《吳文正公全集》，清乾隆二十一年（1756 年）萬璜刊本。

吳澄：《吳文正集》，景印文淵閣四庫全書本。

吳當：《學言稿》，清乾隆吳之仁、吳日昇刊本。

吳海：《聞過齋集》，正誼堂叢書本。

吳臯：《吾吾類稿》，豫章叢書本。

吳萊：《淵穎集》，叢書集成本。

吳師道：《吳禮部文集》，續金華叢書本。

謝枋得：《疊山集》，四部叢刊續編本。

徐明善：《芳谷集》，豫章叢書本。

徐一夔：《始豐稿》，景印文淵閣四庫全書本。

許有壬：《至正集》，景印文淵閣四庫全書本。

楊翮：《佩玉齋類稿》，四庫全書珍本初集。
姚燧：《牧庵集》，四部叢刊初編本。
葉子奇：《草木子》，中華書局 1959 年版。
陰時夫：《韻府群玉》，景印文淵閣四庫全書本。
袁桷：《清容居士集》，四部叢刊初編本。
虞集：《道園學古錄》，四部叢刊初編本。
虞集：《道園類稿》，元人文集珍本叢刊本。
余闕：《青陽先生文集》，四部叢刊續編本。
趙汸：《東山存稿》，景印文淵閣四庫全書本。
趙文：《青山集》，四庫全書珍本初集。
趙孟頫：《松雪齋文集》，四部叢刊初編本。
趙友欽：《革象新書》，景印文淵閣四庫全書本。
鄭元祐：《僑吳集》，元代珍本文集彙刊本。
周伯琦：《周翰林近光集》，明澹生堂祁氏抄本。
周德清：《中原音韻》，中華書局 1978 年版。
周霆震：《石初集》，豫章叢書本。
朱善：《朱一齋文集》，四庫全書存目叢書本。
朱思本：《貞一齋雜著》，適園叢書本。
陶安：《陶學士文集》，景印文淵閣四庫全書本。
劉基：《誠意伯文集》，四部叢刊初編本。
張宇初：《峴泉集》，景印文淵閣四庫全書本。
解縉：《文毅集》，景印文淵閣四庫全書本。
楊士奇著，劉伯涵、朱海點校：《東里文集》，中華書局 1998 年版。

錢大昕：《十駕齋養新錄》，江蘇古籍出版社 2000 年版。

錢大昕：《廿二史考異》，商務印書館 1958 年版。

葉德輝：《書林清話》，民國六年葉氏觀古堂刊本。

地方志

謝旻等監修：雍正《江西通志》，景印文淵閣四庫全書本。

劉坤一、劉繹、趙之謙纂修：光緒《江西通志》，光緒七年（1881 年）刊本。

范淶修，章潢修：萬曆《南昌府志》，台北成文出版有限公司 1989 年版。

謝應鏍、王之藩、曾作舟等纂修：同治《南昌府志》，同治十二年（1873 年）刻本。

葉舟、陳弘緒纂修：康熙《南昌郡乘》，北京圖書館古籍珍本叢刊本。

江召棠、魏元曠纂修：民國《南昌縣誌》，台北成文出版有限公司 1970 年版。

魏元曠輯：《南昌詩征》，台北成文出版有限公司 1970 年版。

黄虞再、閔鉞纂修：康熙《奉新縣誌》，康熙元年建昌胡時雨刻本。

熊相纂修：正德《瑞州府志》，天一閣藏明代方志選刊續編本。

陶屢中等纂修：崇禎《瑞州府志》，台北成文出版有限公司 1983 年版。

陳廷舉、郭廷俊纂修：嘉靖《上高縣誌》，台北成文出版有限公司 1989 年版。

劉儲、顧謝纂修：隆慶《瑞昌縣誌》，天一閣藏明代方志選刊本。

管大勳、劉松纂修：隆慶《臨江府志》，天一閣藏明代方志選刊本。

德馨、鮑孝光、朱孫詒等纂修：同治《臨江府志》，同治十年（1871 年）刻本。

方湛、詹相延纂修：康熙《樂安縣誌》，台北成文出版有限公司 1989 年版。

胡亦堂、謝元仲等纂修：康熙《臨川縣誌》，台北成文出版有限公司 1989 年版。

李興元修，歐陽主生等纂：順治《吉安府志》，台北成文出版有限公司 1989 年版。

康河、董天錫纂修：嘉靖《贛州府志》，天一閣藏明代方志選刊本。

婁近垣編輯，張煒、汪繼東校註：《龍虎山志》，江西人民出版 1996 年版。

滿岱、唐光云纂修：乾隆《豐城縣誌》，乾隆十七年（1752 年）刻本。

楊淵等纂：弘治《撫州府志》，天一閣藏明代方志選刊續編本，上海古籍書店 1990 年版。

沈士秀、梁奇等纂修：康熙《東鄉縣誌》，稀見中國地方誌彙刊本。

謝希楨編纂，吳小紅校註：《華蓋山志》，江西人民出版社 2002 年版。

謝胤璜修、劉壽祺纂、陳潛續修：雍正《崇仁縣誌》，清代孤本方志選第一輯。

史念征、札隆阿、程卓樑等纂修：道光《宜黄縣誌》，道光五年（1825 年）刻本。

王有年纂修：康熙《金溪縣誌》，稀見中國地方誌彙刊本，中國書店 1992 年版。

夏良勝纂修：正德《建昌府志》，天一閣藏明代方志選刊本，上海古籍書店 1964 年版。

徐璉、嚴嵩纂修：正德《袁州府志》，天一閣藏明代方志選刊本，上海古籍書店 1963 年版。

嚴嵩原修，季德甫增修：嘉靖《袁州府志》，台北成文出版有限公司 1989 年版。

魏瀛、鐘音鴻、蘭技奇纂修：同治《贛州府志》，同治十二年（1873 年）刻本。

劉節纂修：嘉靖《南安府志》，天一閣藏明代方志選刊續編本。

陳奕禧等修，劉文友等纂：康熙《南安府志》，台北成文出版有限公司 1989 年版。

俞云耕等修：乾隆《婺源縣誌》，台北成文出版有限公司 1985 年版。

杜春生輯：《越中金石記》，清道光刊本。

俞希魯等纂：至順《鎮江志》，宋元方志叢刊本，中華書局

1990 年版。

熊夢祥著，北京圖書館善本組輯：《析津志輯佚》，北京古籍出版社 1983 年版。

資料集

陳得芝、邱樹森、何兆吉輯點：《元代奏議集錄》，浙江古籍出版社 1998 年版。

陳柏泉編著：《江西出土墓誌選編》，江西教育出版社 1991 年版。

陳元靚：《事林廣記》，中華書局 1999 年版。

杜本編：《谷音》，四部叢刊本。

顧嗣立編：《元詩選》，中華書局 1987 年版。

黄虞稷：《千頃堂書目》，上海古籍出版社排印本。

李修生主編：《全元文》，江蘇古籍出版社（鳳凰出版社）1999-2004 年版。

倪燦、黄虞稷、錢大昕等撰：《遼金元藝文志》，商務印書館 1958 年版。

錢謙益：《國初群雄事略》，中華書局 1982 年版。

錢曾：《讀書敏求記》，書目文獻出版社 1983 年版。

薩德彌實：《瑞竹堂經驗方》，景印文淵閣四庫全書本。

蘇天爵輯：《元文類》，國學基本叢書本。

解縉、姚廣孝等：《永樂大典》，中華書局 1960 年影印本。

楊訥、陳高華編：《元代農民戰爭史料彙編（上編）》，中華書局 1985 年版。

楊訥、陳高華、朱國照、劉炎編：《元代農民戰爭史料彙編（中編）》，中華書局 1986 年版。

楊訥編：《元代白蓮教資料彙編》，中華書局 1989 年版。

永瑢等撰：《四庫全書總目》，中華書局 1965 年版。

臧晉叔編：《元曲選》，中華書局 1958 年版。

張星烺：《中西交通史料彙編》，中華書局 1977 年版。

鐘嗣成：《錄鬼簿（外四種）》，上海古籍出版社 1978 年版。

周南瑞編：《天下同文集》，景印文淵閣四庫全書本。

朱存理：《趙氏鐵網珊瑚》，景印文淵閣四庫全書本。

研究著作

陳得芝主編：《中國通史》第八卷《中古朝代·元時期》，上海人民出版社 1997 年版。

陳得芝：《蒙元史研究叢稿》，人民出版社 2005 年版。

陳高華、史衛民：《中國經濟通史·元代經濟卷》，經濟日報出版社 2000 年版。

陳高華：《元史研究論稿》，中華書局 1991 年版。

陳谷嘉、鄧洪波：《中國書院制度研究》，浙江教育出版社 1997 年版。

陳紅彥：《中國版本文化叢書·元本》，江蘇古籍出版社 2002 年版。

陳立立、習罡華：《吉州窯研究與永和鎮旅遊開發》，人民日報出版社 2003 年版。

陳垣：《南宋初河北新道教考》，中華書局 1962 年版。

陳垣：《元西域人華化考》，上海古籍出版社 2000 年。

鄧紹基主編：《元代文學史》，人民文學出版社 1991 年版。

方旭東：《尊德性與道問學——吳澄哲學思想研究》，人民出版社 2005 年版。

高榮盛：《元代海外貿易研究》，四川人民出版社 1998 年版。

葛劍雄：《中國古代的地圖測繪》，商務印書館 1998 年版。

葛劍雄主編：《中國人口史》，復旦大學出版社 2000 年版。

桂棲鵬：《元代進士研究》，蘭州大學出版社 2001 年版。

郭預衡主編：《中國古代文學史長編（三）》，上海古籍出版社 2007 年版。

胡務：《元代廟學——無法割捨的儒學教育鏈》，巴蜀書社 2005 年版。

胡昭曦等主編：《宋蒙（元）關係史》，四川大學出版社 1992 年版。

黃宗羲原著，全祖望補修，陳金生、梁運華點校：《宋元學案》，中華書局 1986 年版。

黎傳紀、易平：《江西古志考》，南海出版公司 1989 年版。

李才棟：《江西古代書院研究》，江西教育出版社 1993 年版。

李國強、李放主編：《江西科學技術史》，海洋出版社 2007 年版。

李治安：《元代分封制度研究》，天津古籍出版社 1992 年版。

李治安主編：《唐宋元明清中央與地方關係研究》，南開大學出版社 1996 年版。

李治安：《行省制度研究》，南開大學出版社 2000 年版。

李約瑟：《中國科技史》，中華書局香港分局 1978 年版。

梁方仲：《中國曆代戶口、田地、田賦統計》，上海人民出版社 1980 年版。

梁淼泰：《明清景德鎮城市經濟研究（增訂版）》，江西人民出版社 2004 年版。

劉金成：《高安元代窖藏瓷器》，朝華出版社 2006 年版。

呂思勉：《理學綱要》，東方出版社 1996 年版。

馬建春：《元代東遷西域人及其文化研究》，民族出版社 2003 年版。

蒙思明：《元代社會階級制度》，中華書局 1980 年版。

漆俠：《宋代經濟史》，上海人民出版社 1988 年版。

錢基博：《中國文學史》，中華書局 1983 年版。

卿希泰、唐大潮主編：《道教史》，江蘇人民出版社 2006 年版。

邱樹森：《賀蘭集》，江蘇古籍出版社 1997 年版。

任宜敏：《中國佛教史・元代》，人民出版社 2005 年版。

史衛民：《元代軍事史》（《中國軍事通史》第十四卷），軍事科學出版社 1998 年版。

田建平：《元代出版史》，河北人民出版社 2003 年版。

王成組：《中國地理學史》，商務印書館 1982 年版。

吳海、曾子魯主編：《江西文學史》，江西人民出版社 2005

年版。

吳晗：《朱元璋傳》，生活・讀書・新知三聯書店 1965 年版。

吳宏岐：《元代農業地理》，西安地圖出版社 1997 年版。

蕭啟慶：《元代史新探》，台灣新文豐出版公司 1983 年版。

蕭啟慶：《蒙元史新研》，台灣允晨文化實業股份有限公司 1994 年版。

蕭啟慶：《元朝史新論》，台灣允晨文化實業股份有限公司 1999 年版。

徐遠和：《理學與元代社會》，人民出版社 1992 年版。

許懷林：《江西史稿》，江西高校出版社 1998 年第 2 版。

許敬生主編：《危亦林醫學全書》，中國中醫藥出版社 2006 年版。

楊訥：《元代白蓮教研究》，上海古籍出版社 2004 年版。

楊鐮：《元詩史》，人民文學出版社 2003 年版。

楊志玖：《元代回族史稿》，南開大學出版社 2003 年版。

姚從吾：《姚從吾先生全集（七）・遼金元史論文（下）》，台灣正中書局 1982 年版。

姚大力：《千秋興亡・元朝》，長春出版社 2000 年版。

余家棟：《江西陶瓷史》，河南大學出版社 1997 年版。

余嘉錫：《四庫提要辨證》，雲南人民出版社 2004 年版。

查洪德、李軍：《元代文學文獻學》，中國社會科學出版社 2002 年版。

張國淦：《中國古方志考》，中華書局 1962 年版。

植松正：《元代江南社會政治史研究》，東京汲古書院 1997 年版。

張立文、祁潤興：《中國學術通史・宋元明卷》，人民出版社 2004 年版。

張金銑：《元代地方行政制度研究》，安徽大學出版社 2001 年版。

中國大百科全書總編輯委員會《中國歷史》編輯委員會：《中國大百科全書・中國歷史》，中國大百科全書出版社 1992 年版。

周良霄：《忽必烈》，吉林教育出版社 1986 年版。

周少川：《元代史學思想研究》，社會科學文獻出版社 2001 年版。

朱漢民等：《中國學術史・宋元卷》，江西教育出版社 2001 年版。

研究論文

陳柏泉：《吉州窯燒資歷史初探》，載《江西歷史文物》1982 年第 3 期。

陳柏泉：《元明時期江西鑄造的銅鏡》，載《江西歷史文物》1986 年第 2 期。

陳兵：《元代江南道教》，載《世界宗教研究》1986 年第 2 期。

陳定榮：《元代江西籍鑄鏡師何德正及其作品》，載《南方文物》1992 年 1 期。

陳高華：《元朝科舉詔令文書考》，載《暨南史學》第一輯，暨南大學出版社 2002 年版。

陳高華：《兩種〈三場文選〉中所見元代科舉人物名錄——兼說錢大昕〈元進士考〉》，載《中國社會科學院歷史研究所學刊》第一集，社會科學文獻出版社 2001 年版。

曹松葉：《宋元明清書院概況》，載《中山大學語言歷史研究所週刊》第十集，第 111-114 期。

曹樹基：《〈禾譜〉及其作者研究》，載《中國農史》1984 年第 3 期。

董瑋、方廣 、金志良：《元代官刻大藏經的發現》，載《文物》1984 年第 12 期。

高榮盛：《元代海運試析》，載《元史及北方民族史研究集刊》第七輯。

高曉業：《回回藥方考略》，載《中華醫史雜誌》1987 年第 2 期。

何佑森：《元代書院之地理分布》，載《新亞學報》1956 年第 2 卷第 1 期。

胡春濤：《江西蒙山古銀礦小考》，載《江西文物》1990 年第 3 期。

戶亭風、王少華：《九江出土元代燒鈔庫印》，載《文物》1984 年第 10 期。本文又全文轉載於《中國錢幣》1985 年第 3 期。

黃頤壽：《「吉」字幕「至正之寶」》，載《江西歷史文物》1981 年第 4 期。

吉林、谷潛：《元代蒙山歲課銀錠的發現和研究》，載《中國錢幣》1986年第3期。

江西省文物工作隊、吉安縣文物管理辦公室：《吉州窯遺址發掘報告》，載《江西歷史文物》1982年3期。

江西省文物考古研究所：《江西進賢縣李渡燒酒作坊遺址的發掘》，載《考古》2003年第7期。

廖大珂：《〈島夷志〉非汪大淵撰〈島夷志略〉辨》，載《中國史研究》2001年第4期。

劉禮純：《瑞昌縣出土元代銅權》，載《江西歷史文物》1983年第2期。

劉錫濤：《宋代江西文化地理》，陝西師範大學中國歷史地理專業2001年申請博士學位論文（史念海指導）。

劉新園：《蔣祈〈陶記〉著作時代考辨》，載《景德鎮陶瓷》1981年《陶記》研究專刊。

劉新園、白焜：《高嶺土史考》，載《中國陶瓷》1982年第7期。

劉新園：《景德鎮宋、元芒口瓷與覆燒工藝初步研究》，載《考古》1974年第6期。

南延宗、楊振翰：《上高縣蒙山地質礦產》，載江西省地質調查所《地質館刊》第6號（1941年7月）。

邱樹森：《元末紅巾軍的政權建設》，載《元史論叢》第一輯。

邱樹森：《朱思本和他的〈輿地圖〉》，載《元史及北方民族史研究集刊》第六輯。

曲利平、倪任福：《江西鷹潭發現紀年元墓》，載《南方文物》1993 年 4 期。

任宜敏：《白蓮宗的興衰及其與白蓮教的區別》，載《人文雜誌》2005 年第 2 期。

陶希聖：《元代長江流域以南的暴動》，載《食貨》第三卷六期（1936 年）。

涂偉華：《元代銅權考析》，載《南方文物》2006 年第 2 期。

王光堯、王上海、江建新：《景德鎮市麗陽鄉元、明瓷窯址》，載《南方文物》2006 年第 3 期。

王明蓀：《人傑地靈——歷代學風的地理分佈》，載林慶彰主編《中國文化新論・學術篇——浩瀚的學海》，台灣聯經出版事業公司 1983 年修訂版。

王慶莘：《上高縣蒙山銀礦遺址》，載《江西歷史文物》1983 年第 4 期。

王頲：《元代書院考略》，載《中國史研究》1984 年第 1 期。

王煒民：《再談馬端臨卒年》，載北京師範大學古籍所編：《元代文化研究》第一輯，北京師範大學出版社 2001 年版。

王秀麗：《元代文人筆下的東南賈客》，載中國元史研究會編《元史論叢》第十輯，中國廣播電視出版社 2005 年版。

吳小紅：《元代江西驛站及站戶考》，載《江西師範大學學報》2000 年第 3 期。

吳小紅：《元代撫州鄉紳研究》，南京大學歷史系中國古代史專業蒙元史方向 2004 年申請博士學位論文（高榮盛指導）。

蕭啟慶：《元統元年進士錄校注》，載《食貨月刊》（復刊）

第十三卷（1983 年）第一、二期合刊和第三、四期合刊。

蕭啟慶：《元代多族士人網絡中的師生關係》，載《歷史研究》2005 年第 1 期。

修曉波：《元代色目商人的分佈》，載《元史論叢》第六輯。

楊訥：《天完大漢紅巾軍史述論》，載《元史論叢》第一輯。

楊訥：《元代的白蓮教》，載《元史論叢》第二輯。

姚大力：《元朝科舉制度的行廢及其社會背景》，載《元史及北方民族史研究集刊》第六輯。

曾召南：《元代道教龍虎宗支派玄教紀略》，載《世界宗教研究》1988 年第 1 期。

張澤洪：《淨明道在江南的傳播及其影響——以道派關係史為中心》，載《中國史研究》2002 年第 3 期。

江西文庫 A0701A20

江西通史：元代卷　下冊

主　　編　鍾啟煌
作　　者　吳小紅
責任編輯　楊家瑜

發 行 人　陳滿銘
總 經 理　梁錦興
總 編 輯　陳滿銘
副總編輯　張晏瑞
編 輯 所　萬卷樓圖書股份有限公司
排　　版　菩薩蠻數位文化有限公司
印　　刷　百通科技股份有限公司
封面設計　菩薩蠻數位文化有限公司

出　　版　昌明文化有限公司
桃園市龜山區中原街 32 號
電話 (02)23216565
發　　行　萬卷樓圖書股份有限公司
臺北市羅斯福路二段 41 號 6 樓之 3
電話 (02)23216565
傳真 (02)23218698
電郵 SERVICE@WANJUAN.COM.TW
大陸經銷　廈門外圖臺灣書店有限公司
　電郵 JKB188@188.COM

ISBN 978-986-496-189-4
2018 年 1 月初版
定價：新臺幣 260 元

如何購買本書：
1. 轉帳購書，請透過以下帳戶
　合作金庫銀行　古亭分行
　戶名：萬卷樓圖書股份有限公司
　帳號：0877717092596
2. 網路購書，請透過萬卷樓網站
　網址　WWW.WANJUAN.COM.TW
大量購書，請直接聯繫我們，將有專人為您服務。客服：(02)23216565　分機 610
如有缺頁、破損或裝訂錯誤，請寄回更換

國家圖書館出版品預行編目資料

江西通史 元代卷 / 鍾啟煌主編. -- 初版. --
桃園市 : 昌明文化出版 ; 臺北市 : 萬卷樓發行, 2018.01
　冊 ;　公分
ISBN 978-986-496-189-4(下冊 : 平裝)
1.歷史 2.江西省
672.41　107001899

本書為金門大學華語文學系產學合作成果。　校對：邱淳榆／華語文學系三年級